à conserver

1865

28117

C. Eisen. inv. et fecit. 1778. De Longueil. Sculp.

HISTOIRE

PHILOSOPHIQUE

ET

POLITIQUE

Des établiſſemens & du commerce des
Européens dans les deux Indes.

TOME SECOND.

A LA HAYE,

Chez GOSSE, Fils.

M. DCC. LXXIV.

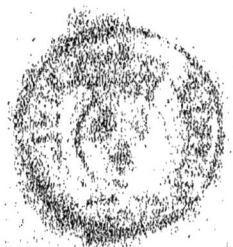

TABLE
DES CHAPITRES.

LIVRE QUATRIEME.

LIVRE CINQUIEME.

Commerce du Danemarck, d'Ostende, de la Suéde, de la Prusse, de l'Espagne, de la Russie, aux Indes Orientales. Questions importantes sur les liaisons de l'Europe avec les Indes, page 141

Fin de la Table des Chapitres.

HISTOIRE

HISTOIRE

PHILOSOPHIQUE

ET

POLITIQUE

Des établissemens & du commerce des Européens dans les deux Indes.

LIVRE QUATRIEME.

Voyages, Etablissemens, guerres & commerce des François dans les Indes Orientales.

LES anciens Gaulois, presque toujours en guerre les uns avec les autres, n'avoient entr'eux d'autre communication que celle qui peut convenir à des peuples sauvages, dont les besoins font toujours très-bornés. Leurs liaisons au-dehors étoient encore plus resserrées. Quelques navigateurs de Vannes portoient dans la Grande-Bretagne de la poterie, qu'ils échangeoient contre des

Tome II. A

chiens, des eſclaves, de l'étain, & des fourrures. Ceux de ces objets qui ne trouvoient pas des acheteurs dans la Gaule même, paſſoient à Marſeille, où ils étoient payés avec des vins, des étoffes, des épiceries, que les négo-cians de l'Italie ou de la Grece y avoient apportés.

Ce genre de trafic ne s'étendoit pas à tous les Gaulois. On voit dans Céſar que les habitans de la Belgique avoient proſcrit chez eux les productions étrangeres, comme ca-pables de corrompre les mœurs : ils penſoient que leur ſol étoit aſſez fertile, pour ſuffire à tous leurs beſoins. La police des Celtes & des Aquitains étoit moins rigide. Pour être en état de payer les marchandiſes que leur of-froit la Méditerranée, & dont la paſſion devenoit tous les jours plus vive, ces peuples ſe livrerent à un travail dont ils ne s'étoient pas aviſés juſqu'alors : ils ramaſſe-rent avec ſoin les paillettes d'or que pluſieurs de leurs rivieres charioient avec leurs ſables.

Quoique les Romains n'aimaſſent ni n'eſtimaſſent le commerce, il devint néceſſairement plus conſidérable dans la Gaule, après qu'ils l'eurent ſoumiſe, & en quel-que ſorte policée. On vit ſe former des ports de mer à Arles, à Narbonne, à Bordeaux, dans d'autres lieux en-core. Il fut conſtruit de toutes parts de grandes & magni-fiques voies, dont les débris nous cauſent encore de l'é-tonnement. Toutes les rivieres navigables eurent des compagnies de marchands, auxquelles on avoit accordé de grands priviléges, & qui ſous le nom général de *Nau-tes*, étoient les agens, les reſſorts d'un mouvement con-tinuel.

Les invaſions des Francs & des autres barbares, ar-rêterent cette activité naiſſante. Elle ne reprit pas mê-me ſon cours, lorſque ces brigands ſe furent affermis dans leurs conquêtes. A leur férocité fuccéda une aveugle paſſion des richeſſes. Pour la ſatisfaire, on eut recours à tous les genres de vexation. Un bateau qui arrivoit à une ville, devoit payer un droit pour ſon entrée, un droit pour le ſalut, un droit pour le pont, un droit pour approcher du bord, un droit d'ancrage, un droit pour la liberté de décharger, un droit pour le lieu où il devoit placer ſes marchandiſes. Les voitures de terre n'étoient pas traitées plus favorablement. Des commis répandus par-tout, les accabloient de tyrannies intolérables. Ces excès furent pouſſés au point, que quelquefois le prix des effets conduits au marché, n'étoit pas ſuffiſant pour payer les frais préliminaires à la vente. Un découragement univerſel devenoit la ſuite néceſſaire de pareils déſordres.

Bientôt il n'y eut plus d'induſtrie, de manufactures que dans le cloître. Les moines n'étoient pas alors des hommes corrompus par l'oiſiveté, par l'intrigue & par la débauche. Des ſoins utiles rempliſſoient tous les inſtans d'une vie édifiante & retirée. Les plus humbles, les plus robuſtes d'entr'eux, partageoient avec leurs ſerfs les travaux de l'agriculture. Ceux à qui la nature avoit donné ou moins de force, ou plus d'intelligence, recueilloient dans des atteliers les arts fugitifs & abandonnés. Les uns & les autres ſervoient, dans le ſilence & la retraite, une patrie, dont leurs ſucceſſeurs n'ont jamais ceſſé de dévorer la ſubſtance, & de troubler la tranquillité.

Dagobert réveilla un peu les eſprits au ſeptiéme ſiécle. Auſſi-tôt on vit accourir aux foires nouvellement établies, les Saxons avec l'étain & le plomb de l'Angleterre; les Juifs, avec des bijoux & des vaſes d'argent ou d'or; les Eſclavons, avec tous les métaux du Nord; les Lombards, les Provençaux, les Espagnols, avec les marchandises de leur pays, & celles qui leur arrivoient d'Afrique, d'Egypte & de Syrie; les négocians de toutes les provinces du royaume, avec ce que pouvoit fournir leur sol & leur industrie. Malheureusement cette prospérité fut courte; elle disparut sous les rois fainéans, pour renaître sous Charlemagne.

Ce prince, que l'histoire pourroit placer sans flatterie à côté des plus grands hommes, s'il n'eût pas été quelquefois un vainqueur sanguinaire & un tyran persécuteur, parut suivre les traces de ces premiers Romains, que les travaux champêtres délassoient des fatigues de la guerre. Il s'occupa du soin de ses vastes domaines, avec une suite & une intelligence qu'on attendroit à peine du particulier le plus appliqué. Tous les grands de l'état se livrerent, à son exemple, à l'agriculture, & aux arts qui la précédent ou qui la suivent. Dès-lors les François eurent beaucoup de productions à échanger, & une facilité extrême à les faire circuler dans l'immense empire qui alors recevoit leurs loix.

Une situation si florissante, offrit un nouvel attrait au penchant qu'avoient les Normands à la piraterie. Ces barbares accoutumés à chercher dans le pillage des biens que leur sol ne pouvoit pas leur procurer, sortirent en foule de leur âpre climat, pour amasser du butin. Ils se jetterent sur toutes les côtes, mais plus avidement sur celles de France, qui leur offroient une plus riche proie. Ce qu'ils commirent de ravages, ce qu'ils se permirent de cruautés, ce qu'ils allumerent d'incendies pendant un siécle entier dans ces fertiles provinces, ne se peut imaginer sans horreur. Durant ce funeste période, on ne songeoit qu'à éviter l'esclavage ou la mort. Il n'y avoit point de communication entre les peuples, & il n'y avoit point par conféquent de commerce.

Cependant les feigneurs chargés de l'adminiftration des provinces, s'en étoient infenfiblement rendus les maîtres, & avoient réuffi à rendre leur autorité héréditaire. Ils n'avoient pas rompu tout lien avec le chef de l'empire; mais fous le nom modefte de vaffaux, ils n'étoient guère moins redoutables à l'état, que les rois voifins de fes frontieres. On les confirma dans leurs ufurpations, à l'époque mémorable qui fit paffer le fceptre de la famille de Charlemagne dans celle des Capets. Dès-lors il n'y eut plus d'affemblée nationale, plus de tribunaux, plus de loix, plus de gouvernement. Dans cette confufion meurtriere, le glaive tenoit lieu de juftice; & ceux des citoyens qui n'é oient pas encore ferfs, furent obligés de le devenir, pour acheter la protection d'un chef en état de les défendre.

Il étoit impoffible que le commerce profpérât fous les chaînes de l'efclavage, & au milieu des troubles continuels qu'enfantoit la plus cruelle des anarchies. L'induftrie ne fe plaît qu'à l'ombre de la paix : elle craint furtout la fervitude. Le génie s'éteint lorfqu'il eft fans efpérance, fans émulation; & il n'y a ni efpérance ni émulation, où il n'y a point de propriété. Rien ne fait mieux l'éloge de la liberté, & ne prouve mieux les droits de l'homme, que l'impoffibilité de travailler avec fuccès pour enrichir des maîtres barbares.

Plufieurs rois de France foupçonnerent cette importante vérité : ils travaillerent à donner un frein à ces tyrans fubalternes, qui en ruinant leurs malheureux vaffaux, perpétuoient les calamités de la monarchie.

Cependant Saint Louis fut le premier qui fit entrer dans le ſyſtême du gouvernement, le commerce, qui juſqu'alors n'avoit été que l'ouvrage du hazard & des circonſtances. Il lui donna des loix conſtantes: il dreſſa lui-même des ſtatuts, qui ont ſervi de modele à ceux qu'on a faits depuis.

Ces premiers pas conduiſirent à de plus grandes opérations. Il exiſtoit depuis bien long-tems une défenſe formelle de tranſporter hors du royaume aucune de ſes denrées. La culture étoit découragée par cette aveugle prohibition. Le ſage monarque abattit des barrieres ſi funeſtes. Il eſpéra avec raiſon que la liberté des exportations feroit rentrer dans l'état, les tréſors que ſon imprudente expédition d'Aſie en avoit fait ſortir.

Des événemens politiques ſeconderent ces vues ſalutaires. Juſqu'à Saint Louis, les rois avoient eu peu de ports ſur l'Océan, & aucun ſur la Méditerranée. Les côtes ſeptentrionales étoient partagées entre les comtes de Flandres, les ducs de Bourgogne, de Normandie & de Bretagne; le reſte avoit ſubi le joug Anglois. Les côtes méridionales appartenoient aux comtes de Toulouſe, aux rois de Majorque, d'Arragon & de Caſtille. Par cette diſpoſition des choſes, les provinces de l'intérieur ne pouvoient que très-difficilement ouvrir une communication libre avec les marchés étrangers: la réunion du comté de Toulouſe à la couronne, leva ce puiſſant obſtacle, du moins pour une partie du territoire dont elle jouiſſoit.

Philippe, fils de Saint Louis, pour mettre de plus en plus à profit cette eſpece de conquête, voulut attirer à Niſmes, ville de ſa dépendance, une partie du commerce fixé à Montpellier, qui appartenoit au roi

d'Arragon. Les priviléges qu'il accorda, produifirent
l'effet qu'il en attendoit; mais on ne tarda pas à s'appercevoir que ce n'étoit pas un fi grand bonheur. Les Ita-
liens remplirent la France d'épiceries, de parfums, de
foieries, de toutes les riches étoffes de l'Orient. Les
arts n'étoient pas affez avancés dans le royaume, pour
donner leurs ouvrages en échange; & les produits de
l'agriculture ne fuffifoient pas pour payer tant d'objets
de luxe. Une confommation fi chere n'auroit pû fe foutenir qu'avec des métaux; & la nation, quoiqu'une des
moins pauvres de l'Europe, en avoit fort peu, fur-tout
depuis les croifades.

Philippe le Bel démêla ces vérités : il réuffit à donner
aux travaux champêtres affez d'accroiffement, pour
payer les importations étrangeres, en même tems qu'il
en diminuoit la quantité, par l'établiffement de nouvelles manufactures, & par le dégré de perfection où il
porta les anciennes. Sous ce régne, le miniftere entreprit
pour la premiere fois de guider la main de l'artifte, de
diriger fes ouvrages. La largeur, la qualité, l'apprêt des
draps furent fixés. On défendit la fortie des laines que
les nations voifines venoient acheter pour les mettre en
œuvre. C'étoit ce que dans les fiécles d'ignorance on
pouvoit faire de moins déraifonnable.

Depuis cette époque, le progrès des arts fût proportionné à la décadence de la tyrannie féodale. Cependant
le goût des François ne commença à fe former que durant leurs expéditions en Italie. Gênes, Venife, Floren-
ce, leur offrirent mille objets nouveaux qui les éblouï-
rent. L'auftérité que maintenoit Anne de Bretagne, fous
les régnes de Charles VIII & de Louis XII, empêcha
d'abord les conquérans de fe livrer à l'attrait qu'ils fe

sentoient pour l'imitation. Mais aussi-tôt que François I.
eut appellé les femmes à la cour ; aussi-tôt que Catherine de Médicis eut passé les Alpes , les grands affecte-
rent une magnificence inconnue depuis la fondation de
la monarchie. La nation entiere se laissa entraîner à ce
luxe séduisant , & ce fut une nécessité que les manufactures se perfectionnassent.

Depuis Henri II jusqu'à Henri IV , les guerres civiles,
les méprisables querelles de religion, l'ignorance du gouvernement, l'esprit de finance qui commençoit à s'introduire dans la conseil, la barbare & dévorante cupidité
des gens d'affaires, à qui la protection donnoit un nouvel essor ; toutes ces causes retarderent les progrès de
l'industrie , & ne purent la détruire. Elle reparut avec
éclat sous le ministere économe de Sully. On la vit presque s'anéantir sous ceux de Richelieu & de Mazarin,
livrés tous deux aux traitans; occupés, l'un de sa domination & de ses vengeances, l'autre d'intrigues & de brigandages.

II.
Premiers
voyages
des Fran-
çois aux In-
des.

Aucun roi de France n'avoit pensé sérieusement aux
avantages que pouvoit procurer le commerce des Indes;
& l'éclat qu'il donnoit aux autres nations, n'avoit pas
réveillé l'émulation des François. Ils consommoient plus
de productions orientales que les autres peuples ; ils
étoient aussi favorablement situés pour les aller chercher
à leur source, & ils se bornoient à payer à l'activité étrangere, une industrie qu'il ne tenoit qu'à eux de partager.
A la vérité, quelques négocians de Rouen avoient ha-
zardé en 1535 un foible armement; mais Genonville qui
le commandoit, fut accueilli au cap de Bonne-Espérance
par de violentes tempêtes , qui le jetterent sur des côtes
inconnues, d'où il eut bien de la peine à regagner l'Europe.

En 1601, une fociété formée en Bretagne, expédia deux navires, pour prendre part, s'il étoit poffible, aux richeffes de l'Orient, que les Portugais, les Anglois & les Hollandois fe difputoient. Pyrard qui les commandoit, arriva aux Maldives, & ne revit fa patrie qu'après dix ans d'une navigation malheureufe.

Une nouvelle compagnie, dont Girard le Flamand étoit le chef, fit partir de Normandie en 1616 & en 1619 quelques vaiffeaux pour l'ifle de Java. Ils en revinrent avec des cargaifons fuffifantes pour dédommager les intéreffés, mais trop foibles pour les encourager à de nouvelles entreprifes.

Le capitaine Reginon voyant cet octroi inutile expiré en 1633, engagea deux ans après plufieurs négocians de Dieppe à entrer dans une carriere, qui pouvoit donner de grandes richeffes à quiconque fauroit la parcourir avec intelligence. La fortune trahit les efforts des nouveaux avanturiers. L'unique fruit de ces expéditions répétées, fut une haute opinion de l'ifle de Madagafcar, découverte en 1506 par les Portugais.

L'idée avantageufe qu'on en avoit prife, donna naiffance en 1642 à une compagnie qui devoit y former un grand établiffement, pour affurer à fes vaiffeaux la facilité d'aller plus loin.

Lorfqu'on eût parcouru cette ifle, on trouva qu'elle étoit fituée le long des côtes orientales de l'Afrique; qu'elle avoit trois cens trente-fix lieues de long, cent vingt dans fa plus grande largeur, & environ huit cens de circonférence. Par quelque vent qu'un navigateur y aborde, il n'apperçoit que des fables triftes & tout-à-fait ftériles. Mais à mefure qu'il s'éloigne du rivage, il trouve un fol tantôt noir, tantôt rougeâtre, com-

III. Etabliffement des François à Madagafcar. Defcription de cette ifle.

munément aſſez fertile, & par-tout arroſé par un grand
nombre de rivieres. La nature y eſt toujours en végéta-
tion, & produit, ſans beaucoup de travail, du riz,
des patates, des bananes, des ananas, de l'indigo, du
chanvre, du coton, de la ſoie, du ſucre, des pal-
miers, des cocotiers, des orangers, des arbres gom-
miers, des bois propres à la conſtruction & à tous les
arts. Les pâturages ſont excellens; on y voit paître des
bœufs de la plus grande eſpece, & des bêtes à laine entierement ſemblables à celles de barbarie.

L'iſle de Madagaſcar eſt partagée en un grand nombre de provinces. Chacune a un chef nommé *Dian*,
mot qui répond à celui de ſeigneur : des eſclaves &
des troupeaux, c'eſt tout ce qu'il a pour ſoutenir la
dignité de ſon rang. Sa place eſt héréditaire; mais s'il
meurt ſans poſtérité, elle appartient de droit au plus
ancien de ſes délégués. Quelques-uns de ces magiſtrats
qu'il choiſit lui-même, forment ſon conſeil, pendant
que le plus grand nombre va maintenir la tranquillité
dans les villages, & y rendre la juſtice. Il ne peut
entreprendre la guerre que de leur aveu, ni la ſoutenir qu'avec les contributions & les efforts volontaires
de ſes peuples.

Telle eſt la forme du gouvernement établie généralement dans l'iſle : on ne s'en eſt écarté que dans la province d'Anoſſi, où les Arabes s'établirent il y a pluſieurs ſiécles. Quoique peu nombreux, ils s'y rendirent bientôt
les plus forts, & partagerent le pays en vingt-deux diftricts, dont chacun eut un maître de leur nation qu'on
nomma *Boandrian*, ou deſcendant d'Abraham. Ces eſpeces de ſouverains ſe font perpétuellement la guerre;
mais ils ne manquent jamais de ſe réunir contre les au-

tres princes de Madagafcar, auxquels la qualité d'étrangers & d'ufurpateurs les rend extrêmement odieux. C'eft
là partie de l'ifle où il y a moins de mœurs, d'activité,
d'induftrie & de bravoure, parce que c'eft la feule où il
n'y a point de liberté.

Des François établis au Fort-Dauphin dans le pays
d'Anoffi, ont découvert depuis peu dans leurs courfes
une nouvelle efpece d'hommes, appellés *Kimos*, dont
les plus grands n'ont pas quatre pieds. Ils forment une
quarantaine de villages dans l'intérieur des terres, au
Nord-Oueft de l'ifle. On les dit plus méchans, & ce
qui paroît bien extraordinaire, moins poltrons que tous
leurs voifins. Ils ne fortent pas de leurs montagnes, &
ne permettent à perfonne d'y pénétrer.

Les autres habitans de Madagafcar font grands, agi-
les, d'une contenance fiere. Ils cachent fous un air riant,
un grand deffein ou une paffion forte avec autant d'art
que les fourbes des nations civilifées. Leurs loix, dont
ils ignorent eux-mêmes l'origine, s'obfervent avec beaucoup d'uniformité. Les vieillards chargés de les maintenir, ne reçoivent jamais aucun honoraire pour le procès
d'un criminel, & croient affez gagner en délivrant leur
pays d'un malfaiteur. Dans les caufes civiles, on leur
amene un nombre d'animaux proportionné à l'importance des affaires.

Le délit qui arme le plus fouvent la juftice, c'eft le
vol. Malgré l'ufage où l'on eft de percer la main à ceux
qui en font convaincus, la paffion pour le brigandage eft
univerfelle. Les citoyens inquiets pour leurs propriétés,
vivent dans une continuelle méfiance les uns des autres.
Pour fe raffurer mutuellement, autant qu'il eft poffible,
ils fcellent leurs engagemens par les fermens les plus fo-

lemnels. L'habitude de ces formalités est si bien établie, qu'ils les observent lors même qu'ils traitent avec les Européens. Dans ces occasions importantes, celui qui représente la nation, met dans un vase rempli d'eau-de-vie, de l'or, de l'argent, une pierre à fusil, de la poudre à canon, s'il se peut, de la Poussiere du tombeau de ses ancêtres, souvent même du sang, qu'à la maniere des anciens Scythes, les contractans font sortir de leur bras par une incision. Durant ces préparatifs, les armes font posées à terre en forme de croix. Bientôt après, les deux parties intéressées les ramassent, & en tiennent la pointe dans la coupe, en remuant sans cesse ce qu'elle contient, jusqu'à ce que les engagemens aient été contractés. Alors les négociateurs, les témoins, les spectateurs, tout le monde boit dans le vase, jusqu'à ce qu'il ait été vuidé. On s'embrasse, & l'on se retire.

Des principes religieux n'arrêtent pas les infidélités des habitans de Madagascar. Quoiqu'ils admettent confusément la doctrine si répandue des deux principes, ils n'ont point de culte. Cette indifférence n'empêche pas qu'il ne foient livrés à des superstitions de tous les genres. Dans leurs idées grossieres d'astrologie, ils ne voient rien, ils n'imaginent rien, à quoi ils n'attachent quelque liaison avec l'avenir.

Le plus dangereux de leurs préjugés, est sans doute, celui qui a établi la distinction des jours heureux & malheureux. On fait inhumainement mourir tous les enfans nés sous des auspices funestes. C'est un principe de destruction qui, joint à beaucoup d'autres, empêche le pays de se peupler.

Ceux qui ne font pas la victime de cette cruelle superstition, font la plupart circoncis à deux ans, ou à vingt-

quatre lunes, felon leur maniere de s'exprimer. On donne
à la cérémonie le plus d'éclat qu'il eft poffible. Pendant
qu'on fait l'amputation, un des parens de l'enfant tient
une coupe fous le couteau facré du prêtre ou de l'om-
biaffe; l'oncle le plus diftingué avale la partie du prépuce
qui a été coupée. Le refte de la famille & des affiftans,
trempe le doigt dans le fang & le goûte. Des feftins, des
danfes, des plaifirs de tous les genres, terminent enfin
ces finguliers myftères.

Parvenu à l'âge viril, fans avoir reçu aucune. éducation, l'habitant de Madagafcar fe marie. L'homme du
peuple, l'efclave même, prend autant de femmes qu'il
veut, ou qu'il en peut trouver. Les gens. au-deffus du
commun n'ont qu'une époufe légitime; mais ils fe dé-
dommagent avec des concubines des ennuis de l'uniformité. Les unes & les autres rompent, quand bon leur
femble, un nœud qu'ils trouvent mal afforti; & les deux
fexes ont alors un droit égal de former de nouveaux
liens, ou de refter libres.

C'eft par une vie oifive & corrompue que l'habitant de
Madagafcar, arrive à la fin de fa carriere. Elle eft rarement très-longue. Un climat mal fain, de mauvais alimens, une débauche continuelle, le défaut de fecours,
d'autres caufes encore la précipitent ordinairement. Un
homme eft-il mort, des cris de douleur, exprimés par
des chants continuels & monotones, en avertiffent tout
le voifinage. Les parens s'affemblent. Ils fe livrent
aux profufions des feftins, tandis que le plus affe-
ctionné des efclaves eft occupé à demander à celui qui
a ceffé d'être, quelles raifons l'ont déterminé à fe fé-
parer de ce qu'il avoit de plus cher. Au bout de huit
jours le cadavre eft enterré avec fes bijoux les plus

précieux. Cependant il n'est pas oublié. Le respect
pour les ancêtres est incroyable dans ces régions barbares. Il est ordinaire de voir des hommes de tous les
âges aller pleurer sur le tombeau de leurs peres, &
leur demander des conseils dans les actions les plus
intéressantes de leur vie.

Le riz, qui malgré la plus mauvaise des cultures
se multiplie au centuple, est la nourriture ordinaire des
habitans de Madagascar. Ils ont pour boisson une espece d'hydromel & du vin de sucre & de banane. Le
habit le plus somptueux est un pagne sur leurs épaules, & un autre au milieu du corps.

Madagascar avoit été visité par les Portugais, le
Hollandois & les Anglois, qui, n'y trouvant aucun
des objets qui les attiroient dans l'Orient, l'avoient
dédaigné. Les François qui ne paroissoient pas avoir
de but bien arrêté, employerent à le conquérir le
fonds qu'ils avoient faits pour étendre leur commerce.
Quelque or qu'ils trouverent répandu dans un coin de
l'isle, leur fit présumer qu'il devoit y avoir des mines.
Leur avidité les empêcha de soupçonner que ce métal
qui diminuoit tous les jours sensiblement avoit été
porté par les Arabes; & ils furent punis de leur aveuglement par la perte entiere de leurs capitaux. A l'expi-
ration de leur octroi, il ne leur restoit que quelques
habitations situées en cinq ou six endroits de la côte, construites de planches, couvertes de feuilles, en-
tourées de pieux, & honorées du nom imposant de
forts, parce qu'on y voyoit quelques mauvais canons.
Leurs défenseurs étoient réduits à une centaine de brigands, qui par leur cruauté ajoutoient tous les jours
à la haine qu'on avoit conçue contre leur nation. Que

ques petits diftricts abandonnés par les nature's du pays, quelques cantons plus étendus d'où la force arrachoit un tribut en denrées, formoient toutes leurs conquêtes.

Le Maréchal de la Meilleraie s'empara de ces débris, & conçut le deflein de relever pour fon utilité particuliere une entreprife fi mal conduite. Il y réuflit fi peu, que fa propriété ne fut vendue que vingt mille francs; & c'étoit tout ce qu'elle pouvoit valoir.

Enfin Colbert préfenta, en 1664, à Louis XIV le plan d'une Compagnie des Indes. La France avoit alors une agriculture fi floriflante & une indûftrie fi animée, qu'il fembloit que cette branche de commerce lui fut inutile. Son miniftre penfa autrement. Il prévit que les nations d'Europe établiroient à fon exemple des manufactures de toute efpece, & qu'elles auroient de plus que la France leurs liaifons avec l'Orient. Cette vue fut trouvée profonde, & l'on créa une Compagnie des Indes avec tous les priviléges dont jouiffoit celle de Hollande. On alla même plus loin. Colbert confidérant qu'il y a naturellement pour les grandes entreprifes de commerce une confiance dans les républiques, qui ne fe trouve pas dans les monarchies, eut recours à tous les expédiens propres à la faire naître.

Le privilége exclufif fut accordé pour cinquante ans, afin que la Compagnie fût enhardie à former de grands établiffemens dont elle auroit le tems de recueillir le fruit.

Tous les étrangers qui y prendroient un intérêt de vingt mille livres devenoient régnicoles, fans avoir befoin de fe faire naturalifer.

Au même prix, les officiers, à quelques corps qu'ils

fuſſent attachés, étoient diſpenſés de réſidence, ſans rien perdre des droits & des gages de leurs places.

Ce qui devoit ſervir à la conſtruction, à l'armement à l'avitaillement des vaiſſeaux, étoit déchargé de tous les droits d'entrée & de ſortie, ainſi que des droits de l'amirauté.

L'état s'obligeoit à payer cinquante francs par tonneau des marchandiſes qu'on porteroit de France aux Indes & ſoixante-quinze livres pour chaque tonneau qu'on rapporteroit.

On s'engageoit à ſoutenir les établiſſemens de la Compagnie par la force des armes, à eſcorter ſes envois, ſes retours, par des eſcadres auſſi nombreuſes que circonſtances l'exigeroient.

La paſſion dominante de la nation fut intéreſſée à établiſſement. On promit des honneurs & des titres héréditaires à tous ceux qui ſe diſtingueroient au ſervice de la Compagnie.

Comme le commerce ne faiſoit que de naître en France, & qu'il étoit hors d'état de fournir les quinze millions qui devoient former le fonds de la nouvelle ſociété, le miniſtére s'engagea à en prêter juſqu'à trois. Les grands, les magiſtrats, les citoyens de tous les ordres furent invités à prendre part au reſte. La nation jalouſe de plaire à ſon prince qui ne l'avoit pas encore écraſé du poids de ſa fauſſe grandeur, s'y porta avec un empreſſement extrême.

L'obſtination de s'établir à Madagaſcar fit perdre le fruit de la premiere expédition. Il fallut enfin renoncer à cette iſle, dont le peuple ſauvage & indomptable ne s'accommodoit ni des marchandiſes, ni du culte, ni des mœurs de l'Europe.

A cette époque, les vaiſſeaux de la Compagnie priſ-
rent directement la route des Indes. Par les intrigues de
Marcara, né à Iſpahan, mais attaché au ſervice de France, on obtint la liberté d'établir des comptoirs ſur diverſes côtes de la peninſule. On tenta même d'avoir part au
commerce du Japon. Colbert offrit de n'y envoyer que des
proteſtans; mais les artifices des Hollandois firent refuſer
aux François l'entrée de cet empire, comme ils l'avoient
fait refuſer aux Anglois.

Surate avoit été choiſie pour être le centre de toutes
les affaires que la Compagnie devoit faire dans l'Inde.
C'étoit de cette ville principale du Guzurate que devoient
partir les ordres pour les établiſſemens ſubalternes : c'étoit
là que devoient ſe réunir les différentes marchandiſes
qu'on expédieroit pour l'Europe.

IV.
Les Fran-
çois font
deSurate le
centre de
leur com-
merce. I-
dée de cet-
te ville cé-
lèbre, & du
Guzurate
où elle eſt
ſituée.

Le Guzurate forme une preſqu'iſle entre l'Indus & le
Malabar. Il a environ cent ſoixante milles de long, & une
largeur à-peu-près égale. Les montagnes de Marva le
ſéparent du royaume d'Agra. Les pluies y ſont continuelles, depuis juin juſqu'en ſeptembre; le reſte de l'année, le ciel eſt ſi ſerein, qu'on y apperçoit rarement un
nuage. Heureuſement les ardeurs du ſoleil ſont tempérées
par une roſée bienfaiſante, qui rafraîchit l'air & humecte
la terre. La richeſſe d'un ſol abondant en bled, en riz, en
ſucre, en coton, en troupeau, en gibier, en fruits de toute
eſpèce qui ſe ſuccédent ſans interruption, jointe à pluſieurs
manufactures importantes, ſuffiſoit au bonheur des habitans; lorſque des étrangers leur porterent, au commencement du huitiéme ſiécle, de nouvelles branches d'induſtrie.

Des Perſans perſécutés dans leurs opinions, par les
Saraſins leurs vainqueurs, ſe refugierent dans l'iſle d'Or-
mus, d'où quelque tems après, ils firent voile pour l'Inde,

& prirent terre à Diu. Ils ne s'arrêterent que dix-neuf
ans dans cet asyle, & se rembarquerent. Les vents les
poufferent sur une plage riante, entre Daman & Baçaim.
Le prince qui donnoit des loix à cette contrée, ne con-
sentit à les admettre parmi ses sujets, qu'à condition qu'ils
dévoileroient les mystères de leur croyance, qu'ils quit-
teroient leurs armes, qu'ils parleroient indien, qu'ils feroient paroître leurs femmes en public sans voile, &
qu'ils célebreroient leurs mariages à l'entrée de la nuit, selon l'usage du pays ; comme ces stipulations n'avoient
rien de contraire à leurs idées religieuses, les réfugiés
les accepterent. On leur donna un terrein où ils bâtirent
une ville, d'où ils ne tarderent pas à se répandre dans
l'intérieur des terres.

L'habitude du travail contractée & perpétuée par une
heureuse nécessité, fit prospérer entre leurs mains les terres & les manufactures de l'état. Affez sages pour ne se
mêler ni du gouvernement, ni de la guerre, ils jouirent
d'une paix profonde au milieu des révolutions. Cette circonspection & leur aisance multiplierent leur nombre. Ils
formerent toujours sous le nom de Parsis un peuple sé-
paré, par l'attention qu'ils eurent de ne point s'allier
aux Indiens, & par l'attachement aux principes qui les
avoient fait proscrire. Ce sont ceux de Zoroastre, mais
un peu altérés par le tems, par l'ignorance & par l'a-
vidité des prêtres.

La prospérité du Guzurate qui étoit en partie l'ouvrage des Persans réfugiés ; excita l'ambition de deux
puissances redoutables. Tandis que les Portugais le pres-
soient du côté de la mer par les ravages qu'ils faisoient,
par les victoires qu'ils remportoient, par la conquête de
Diu, regardé avec raison comme le boulevard du royaume

les Mogols , déja maîtres du Nord de l'Inde , & qui bru-
loient d'avancer vers les contrées méridionales où étoient le
commerce & les richeffes , le menaçoient dans le continent.

Badur, Patane de nation , qui gouvernoit alors le Guzurate fentit l'impoffibilité de réfifter à la fois à deux ennemis fi acharnés. Il crut avoir moins à craindre d'un
peuple dont les forces étoient féparées de fes états par des
mers immenfes, que d'une nation puiffamment établie
aux frontieres de fes provinces: Cette confidération le ré-
concilia avec les Portugais. Les facrifices qu'il leur fit les
déterminerent même à joindre leurs troupes aux fiennes
contre Akebar, dont ils ne redoutoient guère moins que
lui l'activité & le courage.

Cette alliance déconcerta des hommes qui avoient compté n'avoir affaire qu'à des Indiens. Ils ne pouvoient fe
réfoudre à combattre des Européens qui paffoient pour
invincibles. Les naturels du pays, encore pleins de l'ef-
froi que ces conquérans leur avoient caufé , les peignoient
aux foldats Mogols comme des hommes defcendus du
ciel ou fortis des eaux, d'une efpece infiniment fupérieure
aux Afiatiques en valeur , en génie & en connoiffances.
Déja l'armée faifie de frayeur , preffoit fes généraux de
la ramener à Delhi ; lorfqu'Akebar convaincu qu'un Prince
qui entreprend une grande conquête, doit lui-même commander fes troupes, vole à fon camp. Il ne craint pas
d'affurer fes troupes qu'elles battront un peuple amolli
par le luxe, les richeffes, les délices, les chaleurs des Indes; & que la gloire de purger l'Afie de cette poignée de
brigands leur eft réfervée. L'armée raffurée, applaudit à
l'Empereur & marche avec confiance. La bataille s'enga-
ge; les Portugais mal fecondés par leurs alliés, font en-
veloppés & taillés en piéces. Badur s'enfuit & difparoît.

pour toujours. Toutes les villes du Guzurate s'empreſ-
ſent d'ouvrir leurs portes au vainqueur. Ce beau royaume devient en 1565 une province du vaſte empire, qui
doit bientôt envahir tout l'Indoſtan.

Le gouvernement Mogol, qui étoit alors dans ſa force,
fit jouir le Guzurate de plus de tranquillité qu'il n'en
avoit eu. Les manufactures ſe multiplièrent à Cambaye,
à Amadabad, à Broitſchia, dans pluſieurs autres villes.
Il s'en établit dans celles qui n'avoient pas connu cette induſtrie. Les campagnes étendirent leurs productions &
leur culture. Bientôt la partie du Malabar qui en eſt voi-
ſine, fatiguée depuis long-temps par les vexations des
Portugais, y porta ſes fabriques de toile. On y vit arriver auſſi les marchandiſes des bords de l'Indus, qu'il étoit
difficile de déboucher par le haut du fleuve, à cauſe de ſa
rapidité, & par le bas, parce que ſes eaux ſe déchargeant
dans la mer par un très-grand nombre d'embouchures, ſe
perdent, pour ainſi dire, dans les ſables.

Toutes ces richeſſes ſe réuniſſoient à Surate, bâtie ſur
la rivière de Tapti, à quelques milles de l'Océan. Cette
ville dut cet avantage à un fort qui faiſoit la ſûreté des
marchands, & à ſon port, le meilleur de la côte, ſans être
excellent. Les Mogols, dont c'étoit alors la ſeule place maritime, y prenoient tout ce qui ſervoit alors à leur luxe,
ou à leur volupté; & les Européens qui n'avoient encore aucun des grands établiſſemens qu'ils ont formés depuis dans le Bengale & au Coromandel, y achetoient la
plûpart des marchandiſes des Indes. Elles s'y trouvoient
toutes réunies par l'attention qu'avoit eu Surate de ſe
procurer une marine ſupérieure à celle de ſes voiſins.

Ses vaiſſeaux qui duroient des ſiécles entiers, étoient
la plûpart de mille ou douze cens tonneaux. Ils étoient

conftruits d'un bois très-dur qu'on appelle tecke. L'oin de lancer les navires à l'eau, par des apprêts coûteux & des machines compliquées ; on introduifoit dans le chantier la marée qui les enlevoit. Les cordages faits d'écorce de cocotier étoient plus rudes, moins maniables que les nôtres ; mais ils avoient autant ou plus de folidité. Si leurs voiles de toiles de coton n'étoient ni fi fortes, ni fi durables que celles de chanvre, elles étoient plus pliantes & moins fujettes à fe fendre. Au lieu de poix, ils employoient la gomme d'un arbre nommé damar, qui valoit peut-être mieux. La capacité de leurs officiers, quoique médiocre, étoit fuffifante, pour les mers, pour les faifons où ils naviguoient. A l'égard de leurs matelots appellés Lafcars ; les Européens les ont trouvés bons, pour leurs voyages d'Inde en Inde. On s'en eft même quelquefois fervi avec fuccès pour ramener dans nos parages orageux, des vaiffeaux qui avoient perdu leurs équipages.

Tant de moyens réunis avoient attiré à Surate une infinité de Mogols, d'Indiens, de Perfans, d'Arabes, d'Arméniens, de Juifs & d'Européens. Nous foupçonnions à peine que le commerce pût avoir des principes, & ils étoient connus, pratiqués dans cette partie de l'Afie. On y trouvoit de l'argent à bas prix, & des lettres de change pour tous les marchés des Indes. Les affurances pour les navigations les plus éloignées, y étoient d'une reffource très-ufitée. Il régnoit tant de bonne-foi que les facs étiquetés, & cachetés par les banquiers, circuloient des années entieres, fans être ni comptés, ni pefés. Les fortunes étoient proportionnées à cette facilité de s'enrichir par l'induftrie. Celles de cinq à fix millions n'étoient pas rares, & il y en avoit de plus confidérables.

B 3

Elles étoient la plupart entre les mains des Banians. Ces négocians étoient renommés pour leur franchise. Quelques momens leur suffisoient, pour terminer les affaires les plus importantes. Ils conservoient, dans les discussions les plus compliquées, une égalité & une politesse dont nous nous formerions difficilement l'idée.

Leurs enfans qui assistoient à tous les marchés, se formoient de bonne heure à ces mœurs paisibles. A peine avoient-ils une lueur de raison, qu'ils étoient initiés dans tous les mystères du commerce. Il étoit ordinaire d'en voir de dix ou douze ans en état de remplacer leur pere. Quel contraste, quelle distance de cette éducation, à celle que nos enfans reçoivent; & cependant, quelle différence entre les lumieres des Indiens & les progrès de nos connoissances!

Les Banians qui avoient quelques esclaves Abyssins, ce qui étoit rare chez des hommes si doux, les traitoient avec une humanité qui doit nous paroître bien singuliere. Ils les élevoient comme s'ils eussent été de leur famille, les formoient aux affaires, leur avançoient des fonds, ne les laissoient pas seulement jouir des bénéfices; ils leur permettoient même d'en disposer en faveur de leurs descendans, lorsqu'ils en avoient.

La dépense des Banians ne répondoit pas à leur fortune. Réduits par principe de religion à se priver de viandes & de liqueurs spiritueuses; ils ne vivoient que de fruits & de quelques ragoûts simples. On ne les voyoit s'écarter de cette économie que pour l'établissement de leurs enfans. Dans cette occasion unique, tout étoit prodigué pour le festin, pour la musique, la danse, les feux d'artifice. Leur ambition étoit de pouvoir se vanter de la dépense que leur avoient coûté ces nôces. Elle montoit quelquefois à cent mille écus.

Leurs femmes même, avoient du goût pour ces mœurs simples. Leur unique gloire, étoit de plaire à leurs époux. Peut-être la grande vénération qu'elles avoient pour le lien conjugal, venoit-elle de l'usage où l'on étoit de les engager dès l'âge le plus tendre. Ce sentiment étoit à leurs yeux le point le plus sacré de leur religion. Jamais elles ne se permettoient le plus court entretien avec des étrangers. Moins de réserve n'auroit pas suffi à des maris qui ne pouvoient revenir de leur étonnement, quand on leur parloit de la familiarité qui régnoit en Europe entre les deux sexes. Ceux qui leur assuroient que des manieres si libres, n'avoient aucune influence sur la conduite, ne les persuadoient pas. Ils répondoient, en secouant la tête, par un de leurs proverbes, qui signifie que *si l'on approche le beurre trop près du feu, il est bien difficile de l'empêcher de fondre.*

A l'exception des Mogols qui possédoient toutes les charges du gouvernement ; qui dépensoient beaucoup pour leurs écuries, pour leurs bains, pour leur serrail ; & qui pour oublier les violences du despotisme sous lequel ils vivent, outroient tous les genres de volupté ; l'économie des Banians étoit devenue celle des autres négocians de Surate ; autant que la différence de religion le permettoit. Leur plus grande dépense, étoit l'embellissement de leurs maisons.

Elles étoient construites de la maniere la plus convenable à la chaleur du climat. De très-belles boiseries couvroient les murs extérieurs ; & les murs intérieurs, ainsi que les plafonds, étoient incrustés de porcelaine. Les fenêtres recevoient le jour par des carreaux d'écaille ou de

Elles étoient la plupart entre les mains des Banians.
Ces négocians étoient renommés pour leur franchiſe.
Quelques momens leur ſuffiſoient, pour terminer les
affaires les plus importantes. Ils conſervoient, dans les
diſcuſſions les plus compliquées, une égalité & une
politeſſe dont nous nous formerions difficilement l'idée.

Leurs enfans qui aſſiſtoient à tous les marchés, ſe
formoient de bonne heure à ces mœurs paiſibles. A
peine avoient-ils une lueur de raiſon, qu'ils étoient initiés dans tous les myſtères du commerce. Il étoit ordinaire d'en voir de dix ou douze ans en état de remplacer leur pere. Quel contraſte, quelle diſtance de cette
éducation, à celle que nos enfans reçoivent; & cependant, quelle différence entre les lumieres des Indiens,
& les progrès de nos connoiſſances!

Les Banians qui avoient quelques eſclaves Abyſſins,
ce qui étoit rare chez des hommes ſi doux, les traitoient avec une humanité qui doit nous paroître bien
finguliere. Ils les élevoient comme s'ils euſſent été de
leur famille, les formoient aux affaires, leur avançoient
des fonds; ne les laiſſoient pas ſeulement jouir des bénéfices; ils leur permettoient même d'en diſpoſer en
faveur de leurs deſcendans, lorſqu'ils en avoient.

La dépenſe des Banians ne répondoit pas à leur fortune. Réduits par principe de religion à ſe priver de
viandes & de liqueurs ſpiritueuſes; ils ne vivoient que
de fruits & de quelques ragoûts ſimples. On ne les
voyoit s'écarter de cette économie que pour l'établiſſement de leurs enfans. Dans cette occaſion unique,
tout étoit prodigué pour le feſtin, pour la muſique,
la danſe, les feux d'artifice. Leur ambition étoit de
pouvoir ſe vanter de la dépenſe que leur avoient coûté

ces nôces. Elle montoit quelquefois à cent mille écus.

Leurs femmes même, avoient du goût pour ces mœurs simples. Leur unique gloire, étoit de plaire à leurs époux. Peut-être la grande vénération qu'elles avoient pour le lien conjugal, venoit-elle de l'usage où l'on étoit de les engager dès l'âge le plus tendre. Ce sentiment étoit à leurs yeux le point le plus sacré de leur religion. Jamais elles ne se permettoient le plus court entretien avec des étrangers. Moins de réserve n'auroit pas suffi à des maris qui ne pouvoient revenir de leur étonnement, quand on leur parloit de la familiarité qui régnoit en Europe entre les deux sexes. Ceux qui leur assuroient que des manieres si libres, n'avoient aucune influence sur la conduite, ne les persuadoient pas. Ils répondoient, en secouant la tête, par un de leurs proverbes, qui signifie que *si l'on approche le beurre trop près du feu, il est bien difficile de l'empêcher de fondre.*

A l'exception des Mogols qui possédoient toutes les charges du gouvernement ; qui dépensoient beaucoup pour leurs écuries, pour leurs bains, pour leur serrail; & qui pour oublier les violences du despotisme sous lequel ils vivent, outroient tous les genres de volupté; l'économie des Banians étoit devenue celle des autres négocians de Surate ; autant que la différence de religion le permettoit. Leur plus grande dépense, étoit l'embellissement de leurs maisons.

Elles étoient construites de la maniere la plus convenable à la chaleur du climat. De très-belles boiseries couvroient les murs extérieurs; & les murs intérieurs, ainsi que les plafonds, étoient incrustés de porcelaine. Les fenêtres recevoient le jour par des carreaux d'écaille ou de

nâcre qui tempéroient l'éclat du soleil, sans en trop afoi-
blir la lumiere. Entre les appartemens, dont la distribution
& l'ameublement étoient agréablement assortis aux usages
du pays ; l'on distinguoit la piéce où jaillissoit dans un
bassin de marbre une fontaine, dont la fraîcheur & le
murmure invitoit à un doux sommeil.

Dans le tems de leur repos , le plus grand plaisir,
le plaisir le plus ordinaire des habitans de Surate, étoit
de s'étendre sur un sopha, où des hommes d'une dex-
térité singuliere les pétrissoient , pour ainsi dire, comme on pétrit la pâte. Le besoin de faciliter la circulation
des fluides , souvent rallentie par la trop grande chaleur,
avoit donné l'idée de cette opération, source féconde d'u-
ne infinité de sensations délicieuses. On éprouvoit une
tendre langueur, qui alloit quelquefois jusqu'à l'évanouis-
sement. Cet usage étoit, dit-on, passé de la Chine aux
Indes ; & quelques épigrammes de Martial, quelques dé-
clamations de Sénéque , paroissent indiquer qu'il n'étoit
pas inconnu aux Romains, dans le tems où ils rafinoient
sur tous les plaisirs , comme les tyrans qui mirent aux fers
ces maîtres du monde, rafinerent dans la suite sur tous
les supplices.

Il y avoit à Surate, un autre genre de délices, que
notre mollesse lui eût peut-être encore plus envié : c'é-
toient ses danseuses, ou *balliaderes* , nom que les Européens leur ont toujours donné d'après les Portugais.

Elles sont réunies en troupes , dans des séminaires
de volupté. Les sociétés de cette espece les mieux com-
posées , sont consacrées aux pagodes riches & fréquentées. Leur destination est de danser dans les temples
aux grandes solemnités , & de servir aux plaisirs des
Brames. Ces prêtres qui n'ont pas fait le vœu artifi-

cieux & impofteur de renoncer à tout, pour mieux
jouir de tout, aiment mieux avoir des femmes qui leur
appartiennent, que de corrompre à la fois le célibat &
le mariage. Ils n'attentent pas aux droits d'autrui par
l'adultere; mais ils font jaloux des danfeufes, dont ils
partagent & le culte & les vœux avec leurs dieux, jufqu'à ne permettre jamais fans répugnance, qu'elles aillent amufer les rois & les grands.

On ignore comment cette inftitution finguliere s'eft
formée. Il eft vraifemblable qu'un Brame qui avoit fa
concubine ou fa femme, s'affocia d'abord avec un autre Brame, qui avoit auffi fa concubine ou fa femme;
mais qu'à la longue, le mélange d'un grand nombre
de Brames & de femmes, occafionna tant d'infidélités,
que les femmes devinrent communes entre tous ces
prêtres. Réuniffez dans un feul cloître des célibataires
des deux fexes, & vous ne tarderez pas à voir naître
la communauté des hommes & des femmes.

Il eft vraifemblable qu'au moyen de cette communauté
d'hommes & de femmes, la jaloufie s'éteignit, & que
les femmes virent fans peine le nombre de leurs fem-
blables fe multiplier, & les hommes, le nombre des
Brames s'accroître. C'étoit moins une rivalité qu'une
conquête nouvelle.

Il eft vraifemblable que pour pallier aux peuples le
fcandale d'une vie fi licencieufe, toutes ces femmes furent confacrées au fervice des autels. Il ne l'eft pas moins
que les peuples fe prêterent d'autant plus volontiers à
cette efpece de fuperftition, qu'elle renfermoit dans une
feule enceinte les defirs effrénés d'une troupe de moines,
& mettoit ainfi leurs femmes & leurs filles à l'abri de la
féduction.

Il eſt vraiſemblable qu'en attachant un caractere ſacr[...]
à ces eſpeces de courtiſannes, les parens virent ſans r[...]
pugnance leurs plus belles filles, entraînées par cette v[...]
cation, quitter la maiſon paternelle, pour entrer dans c[...]
ſéminaire, d'où les femmes ſurannées pouvoient retou[...]
ner ſans honte dans la ſociété : car il n'y a aucun crim[...]
que l'intervention des dieux ne conſacre, aucune ver[...]
qu'elle n'aviliſſe. La notion d'un être abſolu eſt entre l[...]
mains des prêtres qui en abuſent, une deſtruction de tou[...]
morale. Une choſe ne plaît pas aux dieux, parce qu'elle[...]
bonne ; mais elle eſt bonne, parce qu'elle plaît aux dieu[...]

Il ne reſtoit plus aux Brames qu'un pas à faire, po[...]
porter l'inſtitut à la derniere perfection : c'étoit de p[...]
ſuader aux peuples qu'il étoit agréable aux dieux, honn[...]
& ſaint, d'épouſer une Balladiere de préférence à tou[...]
autre femme, & de faire ſolliciter comme une grace ſp[...]
ciale le reſte de leurs débauches.

Il eſt des troupes moins choiſies dans les grandes v[...]
les, pour l'amuſement de tous les gens riches. Les Ma[...]
res & les Gentils peuvent également ſe procurer le ſp[...]
ctacle de ſes danſeuſes, dans leurs maiſons de campag[...]
ou dans leurs aſſemblées publiques. Il y a même de c[...]
troupes ambulantes conduites par de vieilles femme[...]
qui, d'éleves de ces ſortes de ſéminaires, en devienne[...]
à la fin les directrices.

Par un contraſte bizarre, & dont l'effet eſt toujo[...]
choquant, ces belles filles traînent à leur ſuite un muſi[...]
cien difforme & d'un âge avancé, dont l'emploi eſt [...]
battre la meſure avec un inſtrument de cuivre, que no[...]
avons depuis peu emprunté des Turcs pour ajouter [...]
notre muſique militaire, & qui aux Indes ſe nomme *Ta*[...]
Celui qui le tient répete continuellement ce mot a[...]

une telle vivacité, qu'il arrive par dégrés à des convulsions affreuses, tandis que les Balladieres, échauffées par
le desir de plaire & par les odeurs dont elles sont parfumées, finissent par être hors d'elles-mêmes.

Les danses sont presque toutes des pantomimes d'amour : le plan, le dessein, les attitudes, les mesures, les
sons, & les cadences de ces ballets, tout respire cette
passion, & en exprime les voluptés & les fureurs.

Tout conspire au prodigieux succès de ces femmes
voluptueuses ; l'art & la richesse de leur parure, l'adresse
qu'elles ont à façonner leur beauté. Leurs longs cheveux noirs, épars sur leurs épaules ou relevés en tresses,
sont chargés de diamans & parsemés de fleurs. Des
pierres précieuses enrichissent leurs colliers & leurs brasselets. Les bijoux même attachés à leurs narines, cette parure qui choque au premier coup-d'œil, est d'un agrément qui plaît & releve tous les autres ornemens, par
le charme de la symmétrie, & d'un effet inexplicable,
mais sensible avec le tems.

Rien n'égale sur-tout leur attention à conserver leur
sein, comme un des trésors les plus précieux de leur
beauté. Pour l'empêcher de grossir ou de se déformer,
elles l'enferment dans deux étuis d'un bois très-léger,
joints ensemble & bouclés par derriere. Ces étuis sont si
polis & si souples, qu'ils se prêtent à tous les mouvemens du corps, sans applatir, sans offenser le tissu-délicat
de la peau. Le dehors de ces étuis est revêtu d'une
feuille d'or parsemée de brillans. C'est-là sans contredit
la parure la plus recherchée, la plus chere à la beauté.
On la quitte, on la reprend avec une légéreté singuliere. Ce
voile qui couvre le sein n'en cache point les palpitations, les
soupirs, les molles ondulations ; il n'ôte rien à la volupté.

La plupart de ces danseuses croient ajouter à l'éclat de leur teint, à l'impression de leurs regards, en formant autour de leurs yeux un cercle noir, qu'elles tracent avec une éguille de tête teinte d'une poudre d'antimoine. Cette beauté d'emprunt, relevée par tous les poëtes Orientaux, après avoir paru bizarre aux Européens, qui n'y étoient pas accoutumés, a fini par leur être agréable.

Cet art de plaire est toute la vie, toute l'occupation, tout le bonheur des Balladieres. On résiste difficilement à leur séduction. Elles obtiennent même la préférence sur ces belles Cachemiriennes, qui remplissent les serrails de l'Indostan, comme les Georgiennes & les Circassiennes peuplent ceux d'Ispahan & de Constantinople. La modestie, ou plutôt la réserve naturelle à de superbes esclaves séquestrées de la société des hommes, ne peut balancer les prestiges de ces courtisannes exercées.

Nulle part elles n'étoient à la mode comme à Surate, la ville la plus riche, la plus peuplée de l'Inde. Elle commença à déchoir en 1664. Le fameux Sevagi la saccagea, & en emporta vingt-cinq à trente millions. Le pillage eût été infiniment plus considérable, si les Anglois & les Hollandois n'avoient échappé au malheur public, par l'attention qu'ils avoient eu de fortifier leurs comptoirs; & si le château où l'on avoit retiré tout ce qu'on avoit de plus précieux, n'eût été hors d'insulte. Cette perte inspira des précautions. On entoura la ville de murs, pour prévenir un pareil désastre. Il étoit réparé, lorsque les Anglois arrêterent en 1686, par une coupable & honteuse avidité, tous les bâtimens que Surate expédioit pour différentes mers. Ce brigandage qui dura trois ans, détourna de ce fameux entrepôt la plupart des branches de commerce qui ne lui appartenoient pas en propre. Il fut prefque réduit à fes richeffes naturelles.

D'autres pirates ont depuis infefté fes parages, & troublé à diverfes reprifes fes expéditions. Ses carava- nes mêmes qui tranfportoient les marchandifes à Agra, à Delhy, dans tout l'empire, n'ont pas été toujours ref- pefées par les fujets des Rajas indépendans, qu'on trouve fur différentes routes. On avoit imaginé autre- fois un moyen fingulier pour la fûreté de ces carava- nes; c'étoit de les mettre fous la protefion d'une femme ou d'un enfant d'une race facrée, chez les peu- ples qu'on avoit à craindre. Lorfque ces brigands ap- prochoient pour piller, le gardien menaçoit de fe don- ner la mort, s'ils perfiftoient dans leur réfolution; & fi l'on ne cédoit pas à fes remontrances, il fe la don- noit effefivement. Les hommes irreligieux, que le ref- pefl pour un fang révéré de leur nation n'avoit pas arrêtés, étoient excommuniés, dégradés, exclus de leur cafte. La crainte de ces peines rigoureufes enchaînoit quelquefois l'avarice; mais depuis que tout eft en com- buftion dans l'Indoftan, aucune confidération n'y peut éteindre la foif de l'or.

Malgré ces malheurs, Surate eft encore une ville de grand commerce. Tout le Guzurate verfe dans fes magafins, le produit de fes innombrables manufafures. Une grande partie eft tranfportée dans l'intérieur des terres; le refte paffe, par le moyen d'une navigation fuivie, dans toutes les parties du globe. Les marchan- difes les plus connues, font les douttis, groffe toile écrue qui fe confomme en Perfe, en Arabie, en Abyf- finie, fur la côte orientale de l'Afrique, & les toiles bleues qui ont la même deftination, & que les An- glois & les Hollandois placent utilement dans leur com- merce de Guinée.

Les toiles de Cambaye, à carreaux bleus & blancs
qui ſervent de mante en Arabie & en Turquie. Il
en a de groſſieres, il y en a de fines, il y en a même
où l'on mêle de l'or, pour l'uſage des gens riches.

Les toiles blanches de Broitſchia, ſi connues ſous le
nom de baftas. Comme elles ſont d'une fineſſe extrême, elles ſervent pour le caftan d'été des Turcs & des
Perſans. L'eſpece de mouſſeline terminée par une raie d'or
dont ils font leurs turbans, ſe fabrique dans le même lieu.

Les toiles peintes d'Amadabad, dont les couleurs
ſont auſſi vives, auſſi belles, auſſi durables que celles
de Coromandel; on s'en habille en Perſe, en Turquie
en Europe. Les gens riches de Java, de Sumatra
des Moluques, en font des pagnes & des couvertures.

Les gazes de Bairapour, les bleues ſervent en Perſe
& en Turquie à l'habillement d'été des hommes du
commun, & les rouges à celui des gens plus diſtingués. Les Juifs à qui la Porte a interdit la couleur
blanche, s'en ſervent pour leurs turbans.

Les étoffes mêlées de ſoie & de coton, unies
rayées, ſatinées, mêlées d'or & d'argent. Si leur prix
n'étoit pas ſi conſidérable, elles pourroient plaire à
l'Europe même, malgré la médiocrité de leur deſſein
par la vivacité des couleurs, par la belle exécution
des fleurs. Elles durent peu; mais c'eſt à quoi l'on ne
regarde guère dans les ſerrails de Turquie & de Perſe
où s'en fait la conſommation.

Quelques étoffes purement de ſoie, appellées tapis.
Ce ſont des pagnes de pluſieurs couleurs, fort recherchées dans l'eſt de l'Inde. Il s'en fabriqueroit davantage
ſi l'obligation d'y employer des matieres étrangeres, n'en
augmentoit trop le prix.

Les chaales , draps très-légers , très-chauds & très-fins, fabriqués avec des laines de Cachemire. On les teint en différentes couleurs, & l'on y mêle des fleurs & des rayures. Ils fervent à l'habillement d'hyver en Turquie, en Perfe, & dans les contrées de l'Inde où le froid fe fait fentir. On fait avec cette laine précieufe des turbans d'une aune de large, & d'un peu plus de trois aunes de long , qui fe vendent depuis 2400 livres jufqu'à 3600 livres. Quoiqu'elle foit mife quelquefois en œuvre à Surate , les plus beaux ouvrages fortent de Cachemire même.

Indépendamment de la quantité prodigieufe de coton que Surate employe dans fes manufactures, elle en envoye annuellement fept ou huit mille bales au moins dans le Bengale. La Chine, la Perfe & l'Arabie réunies en reçoivent beaucoup davantage, lorfque la récolte eft très-abondante. Si elle eft médiocre tout le fuperflu va fur le Gange, où le prix eft toujours plus avantageux.

Quoique Surate reçoive en échange de fes exportations des porcelaines de la Chine; des foies de Bengale & de Perfe; des mâtures & du poivre de Malabar ; des gommes, des dattes, des fruits fecs, du cuivre , des perles de Perfe; des parfums & des efclaves d'Arabie; beaucoup d'épiceries des Hollandois; du fer, du plomb, des draps, de la cochenille, quelques clincailleries des Anglois; la balance lui eft fi favorable, qu'il lui revient tous les ans en argent vingt-cinq ou vingt-fix millions. Le profit augmenteroit de beaucoup ; fi la fource des richeffes de la cour de Delhy n'étoit pas détournée.

Cette balance cependant ne pourroit jamais redevenir auffi confidérable qu'elle l'étoit, lorfqu'en 1668 les François s'établirent à Surate. Leur chef fe nommoit Caron.

C'étoit un négociant d'origine Françoiſe qui avoit v[...]
au ſervice de la compagnie de Hollande. Hamilton [...]
conte que cet habile homme qui s'étoit rendu agré[...]
à l'empereur du Japon , en avoit obtenu la permiſ[...]
de bâtir dans l'iſle où étoit le comptoir qu'il dirigeo[...]
une maiſon pour le compte de ſes maîtres. Ce bâtime[...]
devint un château , ſans aucune défiance des natu[...]
du pays qui n'entendent rien aux fortifications. Ils [...]
prirent des canons qu'on envoyoit de Batavia , & inſtr[...]
firent la cour de ce qui ſe paſſoit. Caron reçut or[...]
d'aller à Jedo rendre compte de ſa conduite. Comme [...]
ne put alléguer rien de raiſonnable pour ſa juſtificatio[...]
il fut traité avec beaucoup de ſévérité & de mépris. [...]
lui arracha poil à poil la barbe ; on lui mit un bonnet[...]
un habit de fou ; on l'expoſa en cet état à la riſée pub[...]
que , & il fut chaſſé de l'empire. L'accueil qu'il reçut[...]
Java acheva de le dégoûter des intérêts qu'il avoit e[...]
braſſés ; & un motif de vengeance l'attacha à la co[...]
pagnie Françoiſe , dont il devint l'agent.

V.
Entrepriſe des François ſur l'iſle de Ceylan & ſur Saint-Thomé. Leur établiſſement à Pondichety.

Surate où on l'avoit fixé , ne rempliſſoit pas l'id[...]
qu'il s'étoit formée d'un établiſſement principal. Il [...]
trouvoit la poſition mauvaiſe. Il gémiſſoit d'être obli[...]
d'acheter ſa ſûreté par des ſoumiſſions. Il voyoit du dé[...]
vantage à négocier en concurrence avec des natio[...]
plus riches, plus inſtruites, plus accréditées. Il voul[...]
un port indépendant au centre de l'Inde , dans quelqu'u[...]
des lieux où croiſſent les épiceries, ſans quoi il croy[...]
impoſſible qu'une compagnie pût ſe ſoutenir. La baie d[...]
Trinquemale dans l'iſle de Ceylan lui parut réunir tou[...]
ces avantages, & il y conduiſit une forte eſcadre qu'o[...]
lui avoit envoyée d'Europe ſous les ordres de la Haye[...]
& dont il devoit diriger les opérations. On crut, o[...]
l'[...]

l'on feignit de croire qu'on pouvoit s'y fixer fans blef-
fer les droits des Hollandois, dont la propriété n'avoit
jamais été reconnue par le fouverain de l'ifle, avec qui
l'on avoit un traité.

Tout cela pouvoit être vrai, mais l'événement n'en
fut pas plus heureux. On publia un projet qu'il falloit
taire. On exécuta lentement une entreprife qu'il falloit
brufquer. On fe laiffa intimider par une flotte qui étoit
hors d'état de combattre, & qui ne pouvoit pas avoir
ordre de hafarder une action. La difette & les maladies
firent périr la majeure partie des équipages & des troupes de débarquement. On laiffa quelques hommes dans
un petit fort qu'on avoit bâti, & où ils furent bientôt
réduits à fe rendre. Avec le refte on alla chercher des vivres à la côte de Coromandel. On n'en trouva ni chez
les Danois de Trinquebar, ni ailleurs; & le défefpoir fit
attaquer Saint-Thomé, où l'on fut averti qu'il régnoit
une grande abondance.

Cette ville long-tems floriffante avoit été bâtie il y
avoit plus d'un fiécle par les Portugais. Le roi de Gol-
conde ayant conquis le Carnate, ne vit pas fans chagrin
dans des mains étrangeres une place de cette importance. Il la fit attaquer en 1662 par fes généraux, qui s'en
rendirent maîtres. Ses fortifications, quoique confidérables & bien confervées, n'arrêterent pas les François qui
les emporterent d'affaut en 1672. Ils s'y virent bientôt
inveftis, & forcés deux ans après de fe rendre; parce
que les Hollandois qui étoient en guerre avec Louis XIV,
joignirent leurs armes à celles des Indiens.

Ce dernier événement auroit achevé de rendre inutile
la dépenfe que le gouvernement avoit faite en faveur de
la compagnie, fi Martin n'avoit pas été du nombre des

négocians envoyés fur l'efcadre de la Haye. Il recueillit les débris des colonies de Ceylan & de Saint-Thomé; & il en peupla la petite bourgade de Pondichery qu'on lui avoit nouvellement cédée, & qui devenoit une ville lorfque la compagnie conçut les plus belles efpérances d'un nouvel établiffement qu'on eut occafion de former dans l'Inde.

V I.

Etabliffe-
ment des
François à
Siam.
Leurs vues
fur le Ton-
quin & fur
la Cochin-
chine.

Quelques prêtres des miffions étrangeres avoient prê-ché l'Evangile à Siam. Ils s'y étoient fait aimer par leur morale & par leur conduite. Simples, doux, humains, fans intrigue & fans avarice, ils ne s'étoient rendus fufpects ni au gouvernement, ni aux peuples; ils leur avoient infpiré du refpect & de l'amour pour les François en général, pour Louis XIV en particulier.

Un Grec d'un efprit inquiet & ambitieux, nommé Conftantin Phaulcon, voyageant à Siam, avoit plu au prince, & en peu de tems il étoit parvenu à l'emploi de principal miniftre, ou Barcalon, charge à-peu-près fem-blable à celle de nos anciens maires du palais.

Phaulcon gouvernoit defpotiquement le peuple & le roi. Ce prince étoit foible, valétudinaire & fans pofté-rité. Son miniftre forma le projet de lui fuccéder, peut-être même celui de le détrôner. On fait que ces entrepri-fes font auffi faciles & auffi communes dans les pays fou-mis aux defpotes, qu'elles font difficiles & rares dans les pays où le prince regne par la juftice; dans les pays où fon autorité a pour principes, pour mefure & pour régle des loix fondamentales & immuables dont la garde eft confiée à des corps de magiftrature éclairés & nom-breux. Là, les ennemis du fouverain fe montrent les ennemis de la nation. Là, ils fe trouvent arrêtés dans leurs projets, par toutes les forces de la nation; par que, en s'élevant contre le chef de l'état, ils s'élevent contre les loix qui font les volontés communes & immuables de la nation.

Phaulcon imagina de faire fervir les François à fon projet: comme quelques ambitieux s'étoient fervis auparavant d'une garde de fix cents Japonois, qui avoient difpofé plus d'une fois de la couronne de Siam. Il envoya en 1684 des ambaffadeurs en France pour y offrir l'alliance de fon maître, des ports aux négocians François, & pour y demander des vaiffeaux & des troupes.

La vanité faftueufe de Louis XIV tira un grand parti de cette ambaffade. Les flatteurs de ce prince, digne d'éloges, mais trop loué, lui perfuaderent que fa gloire répandue dans le monde entier lui attiroit les hommages de l'Orient. Il ne fe borna pas à jouir de ces vains honneurs. Il voulut faire ufage des difpofitions du roi de Siam en faveur de la compagnie des Indes, & plus encore en faveur des miffionnaires. Il fit partir une efcadre fur laquelle il y avoit plus de Jéfuites que de négocians; & dans le traité qui fut conclu entre les deux rois, les ambaffadeurs de France dirigés par le Jéfuite Tachard, s'occuperent beaucoup plus de religion que de commerce.

La Compagnie avoit cependant conçu les plus grandes efpérances de l'établiffement de Siam, & ces efpérances étoient fondées.

Ce royaume, quoique coupé par une chaîne de montagnes qui va fe réunir aux rochers de la Tartarie, eft d'une fertilité fi prodigieufe, qu'une grande partie des terres cultivées y rend deux cents pour un. Il y en a même qui, fans les travaux du laboureur, fans le fecours de la femence, prodiguent d'abondantes récoltes de riz.

Moiſſonné comme il eſt venu, ſans ſoin & ſans attention, ce grain abandonné, pour ainſi dire, à la nature,
tombe & meurt dans le champ où il eſt né, pour ſe re-
produire dans les eaux du fleuve qui traverſe le royaume.

Peut-être n'y a-t-il point de contrée ſur la terre où les
fruits ſoient en auſſi grande abondance, auſſi variés, auſſi
ſains que dans cette terre délicieuſe. Elle en a qui lui
ſont particuliers; & ceux qui lui ſont communs avec d'autres climats, ont un parfum, une ſaveur qu'on ne leur
trouve point ailleurs.

La terre toujours chargée de ces tréſors ſans ceſſe re-
naiſſans, couvre encore ſous une légere ſuperficie des
mines d'or, de cuivre, d'aiman, de fer, de plomb & de
calin, cet étain ſi recherché dans toute l'Aſie.

Le deſpotiſme le plus affreux rend inutiles tant d'a-
vantages. Un prince corrompu par ſa puiſſance même,
opprime du fond de ſon ſerrail par ſes caprices, ou laiſſe
opprimer par ſon indolence les peuples qui lui ſont ſoumis. A Siam, il n'y a que des eſclaves & point de ſujets. Les hommes y ſont diviſés en trois claſſes. Ceux
de la premiere compoſent la garde du monarque, cultivent ſes terres, travaillent aux atteliers de ſon palais. La
ſeconde eſt deſtinée aux travaux publics, à la défenſe de
l'état. Les derniers ſervent les magiſtrats, les miniſtres,
les premiers officiers du royaume. Jamais un Siamois n'eſt
élevé à un emploi diſtingué, qu'on ne lui donne un certain nombre de gens de corvée. Ainſi les gages des grandes places ſont bien payés à la cour de Siam; parce que
ce n'eſt pas en argent, mais en hommes qui ne coûtent
rien au prince. Ces malheureux ſont inſcrits dès l'âge
de ſeize ans dans des regiſtres. A la premiere ſomma-
tion, chacun doit ſe rendre au poſte qui lui eſt aſſigné,

sous peine d'être mis aux fers, ou condamné à la baſtonade.

Dans un pays où les hommes doivent ſix mois de leur travail au gouvernement ſans être payés ni nourris, & travaillent les autres ſix mois pour gagner de quoi vivre toute l'année : dans un tel pays, la tyrannie doit s'étendre des perſonnes aux terres. Il n'y a point de propriété. Les fruits délicieux, qui font la richeſſe des jardins du monarque & des grands, ne croiſſent pas impunément chez les particuliers. Si les ſoldats envoyés pour la viſite des vergers, y trouvent quelque arbre dont les productions ſoient précieuſes, ils ne manquent jamais de le marquer pour la table du deſpote ou de ſes miniſtres. Le propriétaire en devient le gardien; & quand le temps de cueillir les fruits eſt arrivé, il en eſt reſponſable, ſous des peines ou des traitemens ſévères.

C'eſt peu que les hommes y ſoient eſclaves de l'homme, ils le font même des bêtes. Le roi de Siam entretient un grand nombre d'éléphans. Ceux de ſon palais ſont traités avec des honneurs & des ſoins extraordinaires. Les moins diſtingués ont quinze eſclaves à leur ſervice, continuellement occupés à leur couper de l'herbe, des bananes, des cannes à ſucre. Ces animaux qui ne ſont d'aucune utilité réelle, flattent tellement l'orgueil du prince, qu'il meſure plutôt ſa puiſſance ſur leur nombre, que ſur celui de ſes provinces. Sous prétexte de les bien nourrir, leurs conducteurs les font entrer dans les terres & dans les jardins pour les dévaſter, à moins qu'on ne ſe rédime de cette vexation par des préſens continuels. Perſonne n'oſeroit fermer ſon champ aux éléphans du roi, dont pluſieurs ſont décorés de titres honorables & élevés aux premieres dignités de l'état.

Tant d'eſpeces de tyrannie font que les Siamois déteſ-

tent leur patrie, quoiqu'ils la regardent comme le meilleur
pays de la terre. La plupart se dérobent à l'oppression en
fuyant dans les forêts, où ils ménent une vie sauvage
cent fois préférable à celle des sociétés corrompues par
le despotisme. Cette désertion est devenue si considérable, que, depuis le port de Mergui jusqu'à Juthia, capitale de l'empire, on marche huit jours entiers sans
trouver la moindre population, dans des plaines immenses,
bien arrosées, dont le sol est excellent, & où l'on découvre les traces d'une ancienne culture. Ce beau pays est
abandonné aux tigres.

On y voyoit autrefois des hommes. Indépendamment
des naturels du pays, il étoit couvert de colonies qu'
avoient successivement formées toutes les nations situées
à l'est de l'Asie. Cet empressement tiroit son origine du
commerce immense qui s'y faisoit. Tous les historiens
attestent qu'au commencement du seizième siécle, il arrivoit tous les ans un très-grand nombre de vaisseaux dans
ses rades. La tyrannie qui commença peu de tems
après, anéantit successivement les mines, les manufactures, l'agriculture. Avec elles disparurent les négocians
étrangers, les nationaux même. L'état tomba dans la
confusion & dans la langueur qui en est la suite. Les François, à leur arrivée, le trouverent parvenu à ce point de
dégradation. Il étoit en général pauvre, sans arts, soumis à un despote qui voulant faire le commerce de ses
états, ne pouvoit que l'anéantir. Le peu d'ornemens &
de marchandises de luxe qui se consommoient à la cour
& chez les grands, étoient tirés du Japon. Le Siamois
avoit un respect extrême pour les Japonois, un goût exclusif pour leurs ouvrages.

Il étoit difficile de faire changer cette opinion, & il le

falloit cependant pour donner quelque débit aux productions de l'induſtrie Françoiſe. Si quelque choſe pouvoit
amener le changement, c'étoit la religion Chrétienne que
les prêtres des miſſions étrangeres avoient annoncée avec
ſuccès, mais les Jéſuites trop livrés à Phaulcon qui devenoit odieux, & abuſant de leur faveur à la cour, ſe
firent haïr, & cette haîne retomba ſur leur religion. Des
égliſes furent bâties avant qu'il y eût des Chrétiens. On
fonda des maiſons religieuſes, & on révolta ainſi le peuple & les Talapoins. Ce ſont des moines; les uns ſolitai-
res, les autres intriguans. Ils prêchent au peuple les dogmes & la morale de Sommonacodam. Ce légiſlateur des
Siamois fut long-tems honoré comme un ſage, & il a
été honoré depuis comme un dieu, ou comme une éma-
nation de la divinité, un fils de Dieu. Il n'y a pas de
merveille qu'ils n'en racontent. Il vivoit avec un grain de
riz par jour. Il arracha un de ſes yeux pour le donner à
un pauvre auquel il n'avoit rien à donner. Une autre fois il
donna ſa femme. Il commandoit aux aſtres, aux rivieres,
aux montagnes; mais il avoit un frere qui le contrarioit beaucoup dans ſes projets de faire du bien aux hommes. Dieu
le vengea, & crucifia lui-même ce malheureux frere. Cette
fable avoit indiſpoſé les Siamois contre la religion d'un
Dieu crucifié; & ils ne pouvoient révérer Jeſus-Chriſt,
parce qu'il étoit mort du même genre de ſupplice que le
frere de Sommonacodom.

S'il n'étoit pas poſſible de porter des marchandiſes à
Siam, on pouvoit travailler à en inſpirer peu-à-peu le
goût, préparer un grand commerce dans le pays même, &
ſe ſervir de celui qu'on trouvoit en ce moment, pour ouvrir
des liaiſons avec tout l'Orient. La ſituation du royaume
entre deux golfes où il occupe cent ſoixante lieues de

côtes ſur l'un, & environ deux cens ſur l'autre, auro
ouvert la navigation de toutes les mers de cette par
de l'univers. La fortereſſe de Bankok bâtie à l'embo
chure du Menan, qu'on avoit remiſe aux François
étoit un excellent entrepôt pour toutes les opération
qu'on auroit voulu faire à la Chine, aux Philippine
dans tout l'eſt de l'Inde. Le port de Mergui, le pri
cipal de l'état, & l'un des meilleurs d'Aſie, qu'o
leur avoit auſſi cédé, leur donnoit de grandes fac
tés pour la côte de Coromandel, ſur-tout pour le B
gale. Il leur aſſuroit une communication avantage
avec les royaumes de Pegu, d'Ava, d'Arrakam,
Lagos, pays plus barbares encore que Siam, mais
l'on trouve les plus beaux rubis de la terre, & de
poudre d'or. Tous ces états offrent de même que Sia
l'arbre d'où découle cette gomme précieuſe avec
quelle les Chinois & les Japonois compoſent leur v
nis; & quiconque poſſédera le commerce de cette d
rée, en fera un très-lucratif à la Chine & au Japon.

Outre l'avantage de trouver de bons établiſſemens t
formés, qui ne coûtoient rien à la compagnie, & q
pouvoient mettre dans ſes mains une grande partie
commerce de l'orient; elle auroit pu tirer de Siam po
l'Europe de l'ivoire, du bois de teinture ſemblable à ce
qu'on coupe à la baie de Campeche, beaucoup de caf
cette grande quantité de peaux de buffle, & de daim qu
alloient chercher autrefois les Hollandois. On auroit
y cultiver le poivre, & peut-être d'autres épiceries qu'
n'y recueilloit point, parce qu'on en ignoroit la cultu
& que le malheureux habitant de Siam indifférent à t
ne réuſſiſſoit à rien.

Les François ne s'occupèrent point de ces objets. L

facteurs de la compagnie, les officiers, les troupes, les Jéfuites n'entendoient rien au commerce; ils ne fongeoient qu'aux converfions, & à fe rendre les maîtres. Enfin, après avoir mal fecouru Phaulcon au moment où il vouloit exécuter fes defíeins, ils furent entraînés dans fa chûte; & les forterefíes de Mergui & de Bankok défendues par des garnifons Françoifes, furent reprifes par le plus lâche de tous les peuples.

Pendant le peu de tems que les François furent établis à Siam, la compagnie chercha à s'introduire au Tonquin. Elle fe flattoit de pouvoir n'gocier avec sûreté, avec utilité, chez une nation que les Chinois avoient pris foin d'inftruire il y avoit environ fept fiécles. Le théifme y domine, c'eft la religion de Confucius, dont les dogmes & les livres y font révérés plus qu'à la Chine même. Mais il n'y a pas comme à la Chine, le même accord entre les principes du gouvernement, la religion, les loix, l'opinion & les rites. Auffi, quoique le Tonquin ait le même légiflateur; il s'en faut bien qu'il ait les mêmes mœurs. Il n'a ni ce refpect pour les parens, ni cet amour pour le prince, ni ces égards réciproques, ni ces vertus fociales qui régnent à la Chine. Il n'en a point le bon ordre, la police, l'induftrie & l'activité.

Cette nation, livrée à une pareffe exceffive, à une volupté fans goût & fans délicateffe, vit dans une défiance continuelle de fes fouverains & des étrangers; foit qu'il y ait dans fon caractere un fonds d'inquiétude; foit que fon humeur féditieufe vienne de ce que la morale des Chinois qui a éclairé le peuple, n'a pas rendu le gouvernement meilleur. Quel que foit le cours des lumieres, qu'elles aillent de la nation au gouvernement, ou du gouvernement à la na-

tion ; il faut toujours que l'un & l'autre se perfection
à la fois & de concert, sans quoi les états sont exp
aux plus grandes révolutions. Aussi, dans le Tonq
voit-on un choc continuel des eunuques qui gou
nent, & des peuples qui portent impatiemment le j
Tout languit, tout dépérit au milieu de ces dissension
& le mal doit empirer, jusqu'à ce que les sujets a
forcé leurs maîtres à s'éclairer, ou que les maîtres a
achevé d'abrutir leurs sujets. Les Portugais, les Ho
dois qui avoient essayé de former quelques liaisons
Tonquin, s'étoient vus forcés d'y renoncer. Les F
çois ne furent pas plus heureux. Il n'y a eu depuis e
les Européens que quelques négocians particulier
Madras qui ayent suivi, abandonné & repris cette
gation. Ils partagent avec les Chinois l'exportation
cuivre & des soies communes, les seules marchan
de quelque importance que fournisse le pays.

La Cochinchine étoit trop voisine de Siam pour n
attirer aussi l'attention des François, & il est vraisem
ble qu'ils auroient cherché à s'y fixer, s'ils avoient
sagacité de prévoir ce que cet état naissant devoit
nir un jour. L'Europe doit à un voyageur philosop
peu qu'elle sçait avec certitude de ce beau pays. V
quoi ces connoissances se réduisent.

Lorsque les François arriverent dans ces co
éloignées, il n'y avoit pas plus d'un demi siécle,
prince du Tonquin fuyant devant son souverain q
poursuivoit comme un rébelle, avoit franchi avec se
dats & ses partisans, le fleuve qui sert de barriere
le Tonquin & la Cochinchine. Les fugitifs aguer
policés, chasserent bientôt des habitans épars qu
roient sans société policée, sans forme de gouvern

que, & fans autres loix que celles de l'intérêt mutuel & fenfible qu'ils avoient à ne point fe nuire réciproquement. Ils y fondèrent un empire fur la culture & la propriété. Le riz étoit la nourriture la plus facile & la plus abondante : il eut les premiers foins des nouveaux colons. La mer & les rivières attirèrent des habitans fur leurs bords, par une profufion d'excellent poiffon. On éleva des animaux domeftiques, les uns pour s'en nourrir, les autres pour s'en aider au travail. On cultiva les arbres les plus néceffaires, tels que le cotonier pour fe vêtir. Les montagnes & les forêts qu'il n'étoit pas poffible de défricher donnèrent du gibier, des métaux, des gommes, des parfums & des bois admirables. Ces productions fervirent de matériaux, de moyens & d'objets de commerce. On conftruifit les cent galères qui défendent conftamment les côtes du royaume.

Tous ces avantages de la nature & de la fociété étoient dignes d'un peuple qui a les mœurs douces, un caractère humain, dont il eft en partie redevable aux femmes ; foit que l'afcendant de ce fexe tienne à fa beauté, ou que ce foit un effet particulier de fon affiduité au travail & de fon intelligence pour les affaires. En général, dans le commencement des fociétés, les femmes font les premières à fe policer. Leur foibleffe même, & leur vie fédentaire, plus occupée de détails variés & de petits foins, leur donnent plutôt ces lumières & cette expérience, ces attachemens domeftiques qui font les premiers inftrumens & les liens les plus forts de la fociabilité. C'eft peut-être pour cela qu'on voit chez plufieurs peuples fauvages les femmes chargées des premiers objets de l'adminiftration civile, qui font une fuite de l'œconomie domeftique. Tant que l'état n'eft qu'une efpèce de ménage, elles gouver-

nent l'un & l'autre. C'eſt alors ſans doute que les p
ſont les plus heureux, ſur-tout quand ils vivent ſou
climat où la nature n'a preſque rien laiſſé à faire
hommes.

Tel eſt celui qu'habitent les Cochinchinois. Auſ
peuple goute-t-il dans l'imperfection de ſa police un
heur qu'on ne ſauroit trop lui envier dans le progrès
ne ſociété plus avancée. Il ne connoît ni voleurs
mendians. Tout le monde a droit d'y vivre dan
champ ou chez autrui. Un voyageur entre dans une
ſon de la peuplade où il ſe trouve, s'aſſeoit à t
mange, boit, ſe retire, ſans invitation, ſans rem
ment, ſans queſtion. C'eſt un homme ; dès-lors
ami, parent de la maiſon. Fût-il d'un pays étrange
le regarderoit avec plus de curioſité ; mais il ſeroit
avec la même bonté.

Ce ſont les ſuites & les reſtes du gouvernemen
ſix premiers rois de la Cochinchine, & du contrat
qui ſe fit entre la nation & ſon conducteur, avant d
ſer le fleuve qui ſépare les Cochinchinois du Ton
C'étoient des hommes las d'oppreſſion. Ils prévirē
malheur qu'ils avoient éprouvé, & voulurent ſe pré
contre les abus de l'autorité, qui, d'elle-même,
greſſe ſes limites. Leur chef qui leur avoit donné l'
ple & le courage de ſe révolter, leur promit un bo
dont il vouloit jouir lui-même, celui d'un gouvern
juſte, modéré, paternel. Il cultiva avec eux la ter
ils s'étoient ſauvés enſemble. Il ne leur demanda j
qu'une ſeule rétribution annuelle, & volontaire,
l'aider à défendre l'état contre le deſpote Tonqui
qui les pourſuivit long-tems au-delà du fleuve
avoient mis entr'eux & ſa tyrannie.

Ce contrat primitif a été religieufement obfervé du-
plus d'un fiécle, fous cinq ou fix fucceffeurs de ce
libérateur : mais il s'eft enfin altéré & corrompu.
è engagement réciproque & folemnel fe renouvelle en-
ore tous les ans, à la face du ciel & de la terre, dans
ne affemblée générale de la nation, qui fe tient en plein
hamp, où le plus ancien préfide, où le roi n'affifte que
omme un particulier. Ce prince honore & protege en-
ore l'agriculture, mais fans donner l'exemple du labou-
age comme fes ancêtres. En parlant de fes fujets, il dit
ncore : *ce font mes enfans*; mais ils ne le font plus.
es courtifans fe font appellés fes efclaves, & lui ont
orné le titre faftueux & facrilége de *roi du ciel*. Dès ce
oment, les hommes n'ont dû être devant lui que des in-
ectes rampans fur la terre. L'or qu'il a fait déterrer dans
es mines, a defféché l'agriculture. Il a méprifé le toît
imple & modefte de fes peres; il a voulu un palais. On
en a creufé l'enceinte, d'une lieue de circonférence. Des
milliers de canons autour des murailles de ce palais, le
rendent redoutable au peuple. On n'y voit plus qu'un
defpote. Bientôt on ne le verra plus fans doute; & l'in-
vifibilité qui caractérife la majefté des rois de l'orient,
fera fuccéder le tyran au pere de la nation.

La découverte de l'or a naturellement amené celle des
impôts; & le nom d'adminiftration des finances, ne tar-
dera pas à remplacer celui de légiflation civile, & de
contrat focial. Les tributs ne font plus des offrandes volontaires, mais des exactions par contrainte. Des hommes adroits vont furprendre au palais du roi, le privilége
de piller les provinces. Avec de l'or, ils achetent à la
fois le droit du crime & de l'impunité : ils corrompent
les courtifans, fe dérobent aux magiftrats, & vexent les

laboureurs. Déja les grands chemins offrent aux v[...]
geurs des villages abandonnés par leurs habitans, &[...]
terres négligées. *Le roi du ciel*, femblable aux d[...]
d'Epicure, laiffe tomber les fléaux & les calamités[...]
les campagnes. Il ignore & les maux, & les larme[...]
fes peuples. Bientôt ils retomberont dans le néant,[...]
font enfevelis les fauvages qui leur céderent leur t[...]
toire. Ainfi périffent, ainfi périront les nations go[...]
nées par le defpotifme. Si la Cochinchine retombe [...]
le cahos dont elle eft fortie il y a environ cent cinq[...]
ans, elle deviendra indifférente aux navigateurs qu[...]
quentent fes ports. Les chinois, qui font en poff[...]
d'y faire le principal commerce, en tirent aujou[...]
en échange des marchandifes qu'ils y portent, des[...]
de menuiferie, des bois pour la charpente des maif[...]
la conftruction des vaiffeaux

Une immenfe quantité de fucre, le brut à q[...]
livres le cent, le blanc à huit, & à dix le cand[...]

De la foie de bonne qualité, des fatins agréa[...]
& du pitre, filament d'un arbre reffemblant au [...]
nier, qu'ils mêlent en fraude dans leurs manufac[...]

Du thé noir & mauvais, qui fert à la confo[...]
tion du peuple.

De la canelle fi parfaite, qu'on la paye troi[...]
quatre fois plus cher que celle de Ceylan. Il y [...]
peu; elle ne croît que fur une montagne toujou[...]
tourée de gardes.

Du poivre excellent, & du fer fi pur, qu'on le [...]
fortant de la mine, fans le faire fondre.

De l'or, au titre de vingt-trois karats. Il y eft [...]
abondant que dans aucune autre contrée de l'O[...]

Du bois d'aigle, qui eft plus ou moins parfait

qu'il eſt plus ou moins réſineux. Les morceaux
contiennent le plus de cette réſine, ſont commu-
nt tirés du cœur de l'arbre ou de ſa racine. On
nomme calunbac, & ils ſont toujours vendus au
ids de l'or aux Chinois, qui les regardent comme
premier des cordiaux. On les conſerve avec un ſoin
xtrême dans des boëtes d'étain, pour qu'ils ne ſé-
hent pas. Quand on veut les employer, on les broye
ur un marbre avec des liquides convenables aux dif-
érentes maladies qu'on éprouve. Le bois d'aigle in-
érieur, qui ſe vend au moins cent francs la livre,
ſt porté en Perſe, en Turquie & en Arabie. On l'y
employe à parfumer les habits, & même dans les
grandes occaſions, les appartemens, en y mêlant de
l'ambre. Il a encore une autre deſtination. C'eſt un uſage
chez ces peuples, que ceux qui reçoivent une viſite de
quelqu'un auquel on veut témoigner de la conſidération,
lui préſentent à fumer; ſuit le café, accompagné de con-
fitures. Lorſque la converſation commence à languir,
arrive le ſorbet, qui ſemble annoncer le départ. Dès
que l'étranger ſe leve pour s'en aller, on lui préſente
une caſſolette où brûle du bois d'aigle, dont on fait
exhaler la fumée ſous ſa barbe, qu'on parfume d'eau
de roſe.

Quoique les François, qui ne pouvoient guère porter
que des draps, du plomb, de la poudre à canon & du
ſouffre, à la Cochinchine, euſſent été réduits à y faire
le commerce, principalement avec de l'argent, il falloit le ſuivre en concurrence avec les Chinois. Les
bénéfices qu'on auroit faits ſur les marchandiſes envoyées en Europe, ou qui ſe feroient vendues dans
l'Inde, auroient fait diſparoître cet inconvénient. Mais

il n'eſt plus tems de revenir ſur ſes pas. La pro
& la bonne-foi qui ſont eſſentiellement la baſe
commerce actif & ſolide, diſparoiſſent de ces com
autrefois ſi floriſſantes, à meſure que le gouvern
y devient arbitraire, & par conſéquent injuſte. Bie
on ne verra pas dans leurs ports un plus grand n
bre de navigateurs, que dans ceux des états vo
dont on connoît à peine l'exiſtence.

Quoi qu'il en ſoit de ces obſervations, la com
gnie Françoiſe chaſſée de Siam, & n'eſpérant poin
s'établir aux extrémités de l'Aſie, commença d
gretter ſon comptoir de Surate, où elle n'oſoit
ſe montrer depuis qu'elle en étoit ſortie ſans paye
dettes. Elle avoit perdu le ſeul débouché qu'elle
nût alors pour ſes draps, ſon plomb, ſon fer; &
éprouvoit des embarras continuels dans l'acha
marchandiſes que demandoient les fantaiſies de la
tropole, ou qu'exigeoient les beſoins des colonies
faiſant face à ſes engagemens, elle eût pû reco
la liberté dont elle s'étoit privée. Le gouvernement
gol qui deſiroit une plus grande concurrence dans ſa
& qui auroit préféré les François aux Anglois, à
cour avoit vendu le privilége de ne payer aucun
d'entrée, l'en preſſa ſouvent. Soit défaut de pro
d'intelligence, ou de moyens, elle n'effaça pas la
dont elle s'étoit couverte. Toute ſon attention ſe bo
à ſe fortifier à Pondichery, lorſqu'elle vit ſes p
arrêtés par une guerre ſanglante dont l'origine
éloignée.

VII.
Perte & re-
couvre-
ment de
Pondiche-
Les barbares du Nord qui avoient renverſé l'e
Romain, maître du monde, établirent une forme de
vernement qui ne leur permit pas de pouſſer leurs

qu

quêtes, & qui maintint chaque état dans ses limites na- ry, devenü le principal établisse- ment dans l'Inde.
turelles. La ruine des loix féodales, & les changemens
qui en furent les suites nécessaires sembloient conduire à
voir une seconde fois s'établir une sorte de monarchie universelle ; mais la puissance Autrichienne, affoiblie par la
grandeur même de ses possessions, & par là distance où
elles étoient les unes des autres, ne réussit pas à renverser
les boulevards qui s'élevoient contre elle. Après un siécle
de travaux, d'espérances & de revers, elle fut réduite à
céder son rôle à une nation que ses forces, sa position &
son activité rendoient plus redoutable aux libertés de l'Europe. Richelieu & Mazarin commencerent cette révolution par leurs intrigues. Turenne & Condé l'acheverent
par leurs victoires. Colbert l'affermit par la création des
arts, & par tous les genres d'industrie. Si Louis XIV,
qu'on doit peut-être moins regarder comme le plus grand
monarque de son siécle, que comme celui qui représenta
sur le trône avec le plus de dignité, eût voulu modérer
l'usage de sa puissance & le sentiment de sa supériorité, il
est difficile de prévoir jusqu'où il auroit poussé sa fortune.
Sa vanité nuisit à son ambition. Après avoir plié ses sujets
à ses volontés, il voulut y assujettir ses voisins. Son orgueil lui suscita plus d'ennemis, que son ascendant & son
génie ne pouvoient lui procurer d'alliés & de ressources.
Le goût qu'il sembloit prendre aux flatteries de ses pané-
gyristes & de ses courtisans, qui lui promettoient l'empire
universel, servit plus que l'étendue même de son pouvoir
à faire naître la crainte d'une conquête & d'une servitude
générales. Les pleurs & les satyres de ses sujets protestans
dispersés par un fanatisme tyrannique, mirent le comble
à la haine que ses succès & l'abus de ses prospérités avoient
inspirée.

Le prince d'Orange, eſprit juſte, ferme, profond, doué de toutes les vertus que n'exclut pas l'ambition, devint le centre de tant de reſſentimens, qu'il fomentoit depuis long-tems par ſes négociations & ſes émiſſaires. La France fut attaquée par la plus formidable confédération dont l'hiſtoire ait conſervé le ſouvenir, & la France fut par-tout & conſtamment triomphante.

Elle ne fut pas auſſi heureuſe en Aſie qu'en Europe. Les Hollandois eſſayèrent d'abord de faire attaquer Pondichery par les naturels du pays, qui ne pouvoient être jamais contraints de le reſtituer. Le prince Indien auquel ils s'adreſſèrent, ne fut pas tenté par l'argent qu'on lui offrit, de ſe prêter à cette perfidie. *Les François*, répondit-il conſtamment, *ont acheté cette place, il ſeroit injuſte de les en déloger.* Ce que ce Raja refuſoit de faire, fut exécuté par les Hollandois eux-mêmes. Ils aſſiégèrent la place en 1693, & furent forcés de la rendre à la paix de Riſwick, en beaucoup meilleur état qu'ils ne l'avoient priſe.

Martin y fut placé de nouveau comme directeur, & conduiſit les affaires de la compagnie avec la ſageſſe, l'intelligence & la probité qu'on attendoit de lui. Cet habile & vertueux négociant attira de nouveaux colons à Pondichery; & il leur en fit aimer le ſéjour par le bon ordre qu'il y fit régner, par ſa douceur & par ſa juſtice. Il fut plaire aux princes voiſins, dont l'amitié étoit néceſſaire à une colonie foible & naiſſante. Il choiſit ou forma des ſujets excellens, qu'il envoya dans les différens marchés d'Aſie, & chez les différens princes. Il avoit perſuadé aux François, qu'étant arrivés les derniers dans l'Inde, s'y trouvant ſans force, & n'y ayant aucune eſpérance d'être ſecourus par leur patrie, ils ne pouvoient y réuſſir qu'en y donnant une idée avantageuſe de leur caractère

Il leur fit perdre ce ton léger & méprifant, qui rend fi
fouvent leur nation infupportable aux étrangers. Ils furent doux, modeftes, appliqués. Ils furent fe conduire felon le génie des peuples, & fuivant les circonftances.
Ceux qui ne fe bornoient pas aux emplois de la compagnie
répandus dans les différentes cours, y apprirent à connoître les lieux où fe fabriquoient les plus belles étoffes,
les entrepôts des marchandifes les plus précieufes, & enfin tous les détails du commerce intérieur de chaque pays.

Préparer de loin des fuccès à la compagnie par l'opinion qu'il donnoit des François, par le foin de lui former des agens, par les connoiffances qu'il faifoit prendre,
& par le bon ordre qu'il favoit maintenir dans Pondichery, où fe rendoient de jour en jour de nouveaux habitans; c'étoit le feul fervice que Martin pouvoit rendre,
mais ce n'étoit pas affez pour donner de la vigueur à un
corps atteint dès fon berceau de maladies vifiblement mor-
telles.

Ses premieres opérations eurent pour but d'établir un
grand empire à Madagafcar. Un feul armement y porta
feize cens quatre-vingt-huit perfonnes, à qui on avoit
fait efpérer un climat délicieux, une fortune rapide, &
qui n'y trouverent que la famine, la difcorde & la mort.
Un commencement fi ruineux dégoûta d'une entreprife
à laquelle on ne s'étoit porté que par une efpece de mode, ou par complaifance. Les actionnaires ne remplirent
pas les obligations de leur foufcription avec l'exactitude
néceffaire dans les affaires de commerce. Le gouvernement qui s'étoit engagé à prêter gratuitement le cinquiéme des fommes qui feroient verfées dans les caiffes de la
compagnie, & qui n'avoit dû y fournir jufqu'alors que
deux millions, tira encore en 1668 deux millions du tré-

VIII.
Décadence
de la Com-
pagnie de
France.
Caufes de
fon dépé-
riffement.

for public , dans l'efpérance de foutenir fon ouvrage, poufla quelque tems après la générofité plus loin, e donnant ce qui n'avoit été d'abord qu'avancé.

Ce facrifice de la part du miniftère, n'empêcha pas que la compagnie ne fe vît réduite à concentrer fes opération à Surate & à Pondichery. Il lui fallut abandonner fes é bliffemens de Bantam , de Rajapour , de Tilferi , de M zulipatam , de Bender-Abaffi , de Siam. On ne peut do ter que les comptoirs ne fuffent trop multipliés , qu'il n' en eût même plufieurs de mal placés ; mais ce ne fure pas ces raifons qui les firent profcrire ; il n'y eut que l'i puiffance abfolue de les foutenir , qui les fit déferter.

Bientôt après il fallut faire un pas de plus. En 168 on permit également aux régnicoles & aux étranger de faire pendant cinq ans le commerce des Indes fur vaiffeaux de la compagnie, en lui payant le fret dont conviendroit , & à condition que les marchandifes en tour , feroient dépofées dans fes magafins , vendues av les fiennes , & lui payeroient un droit de cinq pour ce L'empreffement du public à profiter de ces facilités, tout efpérer aux directeurs de la multiplication des pe profits qu'on feroit continuellement fans courir de rifq Mais les actionnaires, moins touchés des avantages m diocres qu'ils retiroient de cet arrangement , que ble des bénéfices confidérables que faifoient les négocians bres, obtinrent au bout de deux ans qu'il leur feroit p mis de redonner à leur privilége toute fon étendue.

Pour foutenir ce monopole avec quelque bienféance, falloit des fonds. En 1684 , la compagnie fit ordonn par le gouvernement, à tous les affociés, de donner co me par fupplément le quart de la valeur de leur intér fous peine aux actionnaires qui ne fourniroient pas l'

pel, de voir paffer leurs droits entiers à ceux qui auroient payé à leur place. Soit humeur, foit raifon, foit
impuiffance, un grand nombre de perfonnes ne nourri-
rent pas leurs actions, qui perdoient alors les trois quarts
de leur prix originaire ; & à la honte de la nation, il fe
trouva des hommes affez barbares ou affez injuftes,
pour s'enrichir de ces dépouilles.

Un expédient fi déshonorant, mit en état d'expédier
quelques vaiffeaux pour l'Afie ; mais de nouveaux befoins
fe firent bientôt fentir. Cette fituation cruelle, & qui em-
piroit fans ceffe, fit imaginer de redemander aux actionnaires en 1697, les répartitions, de dix & de vingt pour
cent, qui avoient été faites en 1687 & en 1691. Une
propofition fi extraordinaire révolta tous les efprits. Il
fallut recourir à la voie déja ufée des emprunts. Plus on
les multiplioit & plus ils devenoient onéreux, parce que
le payement étoit toujours moins affuré.

Comme la compagnie manquoit d'argent & de crédit,
le vuide de fa caiffe la mettoit dans l'impoffibilité de
donner dans l'Inde des avances au marchand, qui, fans
cet encouragement, ne travaille pas & ne fait pas travailler. Cette impuiffance réduifoit à rien les ventes françoifes. Il eft prouvé que depuis 1664 jufqu'en 1684,
c'eft-à-dire dans l'efpace de vingt ans, elles ne s'éleverent pas en totalité au-deffus de neuf millions cent mille
livres.

A ces fautes s'étoient joints d'autres abus. La conduite des adminiftrateurs, des agens de la compagnie,
n'avoit été ni bien dirigée ni bien furveillée. On avoit
pris fur les capitaux, des dividendes qui ne devoient fortir que des bénéfices. Le plus brillant & le moins heureux des régnes avoit fervi de modele à une fociété de

négocians. On avoit abandonné à un corps particulier le commerce de la Chine, le plus facile, le plus sûr, le plus avantageux de tous ceux qu'on peut faire dans l'Asie.

La sanglante guerre de 1689, ajouta aux calamités de la compagnie, par les succès même de la France. Des essaims de corsaires sortis des différents ports du royaume, désolerent par leur activité & par leur courage, le commerce de la Hollande & de l'Angleterre. Dans leurs innombrables prises, se trouva une quantité prodigieuse de marchandises des Indes : elles se répandirent à vil prix. La compagnie qui étoit forcée par cette concurrence de vendre à perte, chercha des tempéramens qui pussent la tirer de ce précipice; elle n'en imagina aucun qui pût se concilier avec l'intérêt des armateurs, & le ministre ne jugea pas devoir sacrifier des hommes utiles à un corps qui depuis si long-tems le fatiguoit de ses besoins & de ses murmures.

Après tout, la compagnie avoit bien d'autres causes d'inquiétude. Les financiers lui avoient montré une haine ouverte : ils la traversoient, ils la gênoient continuellement. Appuyés par ces vils associés, qu'ils ont en tout tems à la cour, ils tenterent, sous le spécieux prétexte de favoriser les manufactures nationales, d'anéantir le commerce de l'Inde. Le gouvernement craignit d'abord de s'avilir, en prenant une conduite opposée aux principes de Colbert, & en révoquant les édits les plus solemnels : mais les traitans trouverent des expédiens pour rendre inutiles des priviléges qu'on ne vouloit pas abolir; & sans en être dépouillée, la compagnie cessa d'en jouir.

On surchargea successivement de droits tout ce qui venoit des Indes. Il se passoit rarement six mois, sans qu'on vit paroître des réglemens qui autorisoient, qui proscrivoient l'usage de ces marchandises : c'étoit un flux, un reflux continuels de contradictions, dans une partie d'administration qui auroit exigé des principes réfléchis & invariables. Toutes ces variations firent penser à l'Europe, que le commerce s'établiroit, se fixeroit difficilement dans un empire où tout dépend des caprices d'un ministre, & des intérêts de ceux qui gouvernent.

La conduite d'une administration ignorante & corrompue ; la légéreté, l'impatience des actionnaires, la jalousie intéressée de la finance, l'esprit oppresseur du fisc, d'autres causes encore, avoient préparé la chûte de la compagnie. Les malheurs de la guerre pour la succession d'Espagne, précipiterent sa ruine.

Toutes les ressources étoient épuisées. Les plus confians ne voyoient point de jour à faire le moindre armement. Il étoit d'ailleurs à craindre, que si par quelque bonheur inespéré, on réussissoit à expédier quelques foibles bâtimens, ils ne fussent arrêtés en Europe ou aux Indes, par des créanciers qui devoient être aigris des infidélités continuelles qu'ils éprouvoient. Ces puissans motifs déterminerent la compagnie en 1707 à consentir que de riches négocians envoyassent leurs propres vaisseaux dans l'Inde, sous la condition qu'elle retireroit quinze pour cent de bénéfice sur les marchandises qu'ils rapporteroient, & qu'elle auroit le droit de prendre sur ces navires l'intérêt que ses facultés lui permettroient. Bientôt même on la vit réduite à céder l'exercice entier & exclusif de son privilége à quelques armateurs de Saint-Malo, mais sous la réserve du même indult, qui depuis quelques années lui conservoit un reste de vie.

Cette fituation défefpérée ne l'empêcha pas de folli-
ter en 1714, le renouvellement de fon privilége qui alloit
expirer, & dont elle avoit joui un demi-fiécle. Il lui fut
accordé une prorogation de dix ans, par un miniftre
qui ne favoit pas ou ne vouloit pas voir qu'il y avoit
prendre des mefures plus raifonnables. Ce nouvel arrangement n'eut lieu qu'en partie, par des événemens extraordinaires dont il faut développer les caufes.

IX.
La Com-
pagnie de
France re-
çoit un
éclat paffa-
ger du fy-
ftême de
Law, & re-
tombe dans
l'obfcurité.

Les efprits accoutumés à fuivre la marche des empires, ont toujours regardé la mort de Colbert comme le
terme de la vraie profpérité de la France. Elle jetta enco-
quelque éclat au-dehors; mais le dépériffement de fon intérieur devenoit tous les jours plus grand. Ses finances adminiftrées fans ordre & fans principes, furent la proie
d'une foule de traitans avides. Ils fe rendirent néceffaires
par leurs brigandages même, & parvinrent à donner la
loi au gouvernement. La confufion, l'ufure, les muta-
tions continuelles dans les monnoies, les reductions
forcées d'intérêt, les aliénations du domaine & des
impofitions, des engagemens impoffibles à tenir, la
création des rentes & des charges, les priviléges, les
exemptions de toute efpece; cent maux plus ruineux
les uns que les autres, furent la fuite d'une adminiftration fi vicieufe.

Le difcrédit devint bientôt univerfel. Les banquerou-
tes fe multiplierent. L'argent difparut. Le commerce fut
anéanti. Les confommations diminuerent. On négligea
la culture des terres. Les ouvriers pafferent chez l'étranger. Le peuple n'eut ni nourriture, ni vêtement. La Nobleffe fit la guerre fans appointement, & engagea fes poffeffions. Tous les ordres de l'état accablés fous le poids
des taxes, manquoient du néceffaire. Les effets roy-

rolent dans l'avilillement; les contrats fur l'hôtel-de-ville ne fe vendoient que la moitié de leur valeur, & les billets d'uftenfiles perdoient quatre-vingt & quatre-vingt-dix pour cent. Louis XIV eut un befoin preffant fur la fin de fes jours de huit millions : il fut obligé de les acheter par trente-deux millions de refcriptions. C'étoit emprunter à quatre pour cent.

Tel étoit le défordre des affaires, lorfque le duc d'Orléans prit les rênes du gouvernement. Les gens extrêmes vouloient que dans l'impoffibilité de faire face à tout, on facrifiât aux propriétaires des terres les créanciers de l'état, qui n'étoient tout au plus que comme un à fix cents. Le régent fe refufa à une violence qui auroit imprimé une tache ineflaçable fur fon adminiftration. Il préféra un examen des engagemens publics à une banqueroute entiere.

Malgré la réduction de fix cents millions d'effets au porteur, à deux cents cinquante millions de billets d'état, la dette nationale fe monta à deux milliards foixante-deux millions cent trente-huit mille une livres, à vingt-huit francs le marc, dont les intérêts au denier vingt-cinq montoient à quatre-vingt-neuf millions neuf cents quatre-vingt trois mille quatre cent cinquante-trois livres.

L'énormité de ces engagemens qui abforboient prefqu'entiérement les revenus de l'état, fit adopter l'idée d'une chambre de juftice deftinée à pourfuivre ceux qui avoient caufé la mifere publique, & qui en avoient profité. Cette inquifition ne fit que mettre au grand jour l'incapacité des miniftres qui avoient conduit les finances, les rufes des traitans qui les avoient englouties, la baffeffe des courtifans qui vendoient leur crédit à qui vouloit l'acheter. Les bons efprits furent affermis par cette

nouvelle expérience, dans l'horreur qu'ils avoient t[...]
jours eue pour un tribunal pareil. Il avilit la dignité[...]
prince qui manque à fes engagemens, & met fous[...]
yeux des peuples les moins éclairés les vices d'une[...]
miniftration corrompue. Il anéantit les droits du cit[...]
qui ne doit compte de fes actions qu'à la loi. Il fait[...]
lir tous les hommes riches, que leur fortune bien ou[...]
acquife défigne à la profcription. Il encourage les [...]
teurs, qui marquent du doigt à la tyrannie ceux qu'il[...]
avantageux de ruiner. Il eft compofé de fangfues in[...]
toyables qui voient des criminels par-tout où ils fo[...]
çonnent des richeffes. Il épargne des brigands qui fa[...]
fe mutiler à tems, pour dépouiller des ames honnê[...]
défendues feulement par leur innocence. Il facrifie les[...]
térêts du fifc aux fantaifies de quelques favoris avi[...]
débauchés & diffipateurs.

Tandis que la France donnoit à l'Europe le fpect[...]
cruel & déshonorant de tant de maux, elle vit arri[...]
dans fa capitale un empirique Ecoffois, qui promet[...]
depuis long-tems fes talens & fon inquiétude. Son g[...]
ardent & décifif étoit fait pour braver les raifonnemt[...]
pour furmonter les difficultés. Il fit goûter en 1716[...]
dée d'une banque, dont les fuccès confondirent fes con[...]
dicteurs, furpafferent même fes efpérances. Avec qu[...]
vingt-dix millions que lui fournit la compagnie d'C[...]
dent, elle redonna la vie à l'agriculture, au comm[...]
aux arts, à l'état entier. Son auteur paffa pour un g[...]
jufte, étendu, élevé, qui dédaignoit la fortune,[...]
aimoit la gloire, qui vouloit arriver à la poftérité p[...]
grandes chofes. La reconnoiffance le jugeoit digne[...]
monumens publics les plus honorables. Cette étonn[...]
profpérité lui procura une autorité entiere. Il s'en f[...]

pour réunir en 1719 les compagnies d'Occident, d'Afrique, de la Chine, des Indes, dans un même corps. Des ts de commerce furent ceux qui occuperent le moins nouvelle société. Elle porta son ambition jusqu'à vouloir rembourser toutes les dettes de l'état. Le gouvernement lui accorda la vente du tabac, les monnoies, les recettes & les fermes générales, pour la mettre en état de suivre un si grand projet.

Ses premieres opérations subjuguerent toutes les imaginations. Six cents vingt-quatre mille actions, achetées la plupart avec des billets d'état, & qui, l'une dans l'autre, ne coûtoient pas réellement cinq cents livres, valurent jusqu'à dix mille francs payables en billets de banque. Les François, l'étranger, les gens les plus sensés vendoient leurs contrats, leurs terres, leurs bijoux, pour jouer un jeu si extraordinaire. L'or & l'argent tomberent dans le plus grand avilissement. On ne vouloit que du papier.

Cet enthousiasme le fit multiplier à l'infini. Il fut porté à six milliards cent trente-huit millions deux cents quarante-trois mille cinq cents quatre-vingt-dix livres en actions de la compagnie des Indes, ou en billets de banque, quoiqu'il n'y eût dans le royaume que douze cents millions d'especes à soixante francs le marc.

Une pareille disproportion eût été peut-être soutenable chez un peuple libre où elle se feroit formée par dégrés. Les citoyens accoutumés à regarder la nation comme un corps permanent & indépendant, l'acceptent d'autant plus volontiers pour caution, qu'ils ont rarement une connoissance exacte de ses facultés, & qu'ils ont de la justice une idée favorable, fondée ordinairement sur l'expérience. Avec ce préjugé, le crédit y est souvent

porté au-delà des reſſources & des ſûretés. Il n'en
pas ainſi dans les monarchies abſolues, dans celles
tout qui ont ſouvent violé leurs engagemens. Si dans
inſtant de vertige on leur accorde une confiance a
gle, elle finit toujours avec la folie qui l'a vu na
Leur inſolvabilité frappe tous les yeux. La bonn
du monarque, l'hypotheque, les fonds, tout paroît
ginaire. Le créancier revenu de ſon premier éblou
ment revendique ſon argent, avec une impatience
portionnée à ſes inquiétudes. L'hiſtoire du ſyſtême
à l'appui de cette vérité.

Pour pouvoir faire face aux premieres demandes
eut recours à des expédiens bien extraordinaires.
fut proſcrit dans le commerce. Il fut défendu de g
chez ſoi plus de cinq cens livres en eſpeces. Un édit
nonça pluſieurs diminutions ſucceſſives dans les
noies. Ces moyens n'arrêterent pas ſeulement l'empr
ment qu'on avoit eu à retirer l'argent de la banque
y firent encore porter, dans moins d'un mois, quar
quatre millions ſix cens quatre-vingt-ſeize mille
quatre-vingt-dix livres d'eſpéces à quatre-vingts fran
marc.

Comme cet aveuglement ne pouvoit pas être dura
on penſa que pour rapprocher le papier de l'argent,
convenoit de réduire le billet de banque à la moitié
valeur, & l'action à cinq neuviemes. Le marc de l'ar
fut porté à quatre-vingt-deux livres dix ſols. Cette op
tion, la plus raiſonnable peut-être qu'on pût faire
la criſe où l'on s'étoit mis, acheva de tout confon
La conſternation fut univerſelle. Chacun s'imagina
perdu la moitié de ſon bien, & s'empreſſa de retir
reſte. La banque manquoit de fonds, & il ſe trouv

es agioteurs n'avoient embraffé que des chimeres. Les
oins malheureux furent les étrangers, qui, les pre-
, avoient réalifé leur papier, & qui emporterent le
des métaux qui étoient dans le royaume. Les efpé-
nces qu'avoit conçues le gouvernement de payer fes
ettes, difparurent avec Law, & il ne refta de monu-
ent folide du fyftême qu'une compagnie des Indes,
ont les actions fixées par la liquidation de 1723, au
ombre de cinquante-fix mille, furent réduites par des
événemens poftérieurs à cinquante mille deux cens foi-
xante-huit quatre dixiemes.

Malheureufement elle conferva les priviléges des différentes compagnies dont elle étoit formée ; & cette préro-
gative ne fervit pas à lui donner de la puiffance & de la
fageffe. Elle gêna la traite des négres; elle arrêta les progrès des colonies à fucre. La plupart de fes priviléges ne
firent qu'autorifer des monopoles odieux. Les pays les
plus fertiles de la terre ne furent entre fes mains ni peu-
plés, ni cultivés. L'efprit de finance qui rétrécit les vues,
comme l'efprit de commerce les étend, s'empara de la
compagnie, & ne la quitta plus. Les directeurs ne fon-
gerent qu'à tirer de l'argent des droits cédés en Amérique, en Afrique, en Afie, à la compagnie. Elle devint
une fociété de fermiers, plutôt que de négocians. Si
elle n'eût eu la probité de payer les dettes accumulées
depuis un fiécle par la nation dans l'Inde; fi elle n'eût
eu la précaution de mettre Pondichéry à l'abri de l'invafion en l'entourant de murs, on fe trouveroit réduit
à l'impoffibilité de louer aucune partie de fon adminiftration. Son commerce fut foible & précaire,
jufqu'au moment où Orri fut chargé des finances du
royaume.

Ce miniſtre, dont l'intégrité & le déſintéreſſement [...]
moient le caractère, gâtoit ſes vertus par une ru[...]
qu'il juſtifioit d'une maniére peu honorable pour ſa nat[...]
Comment cela pourroit-il être autrement, diſoit-i[...]
jour à un de ſes amis qui lui reprochoit ſa brutal[...]
*ſur cent perſonnes que je vois par jour, cinquant[...]
prennent pour un ſot, & cinquante pour un fri[...]*
Il avoit un frere nommé Fulvy, dont les principes éto[...]
moins auſteres, mais qui avoit plus de liant & de [...]
pacité. Il lui confia le ſoin de la Compagnie, qui [...]
voit prendre néceſſairement de l'activité dans de te[...]
mains.

Les deux freres, malgré les préjugés anciens & n[...]
véaux; malgré l'horreur qu'on avoit pour un rejetton[...]
ſyſtême; malgré l'autorité de la Sorbonne, qui avoit [...]
claré le dividende des actions uſuraires; malgré l'aver[...]
ment d'une nation aſſez crédule pour n'être pas rev[...]
d'une déciſion ſi abſurde, réuſſirent à perſuader au [...]
dinal de Fleury qu'il convenoit de protéger efficace[...]
la compagnie des Indes. Ils engagerent même ce m[...]
ſtre, quelquefois trop économe, à prodiguer les b[...]
faits du roi à cet établiſſement. Le ſoin d'en con[...]
le commerce & d'en augmenter les forces, fut en[...]
confié à pluſieurs ſujets d'une capacité connue.

Dumas fut envoyé à Pondichéry. Bientôt il obtin[...]
la cour de Delhy la permiſſion de battre monnoie; p[...]
lége qui valut quatre à cinq cents mille francs par [...]
Il ſe fit céder le territoire de Karical, qui donna une [...]
conſidérable dans le commerce du Tanjaour. Qu[...]
tems après, cent mille Marattes firent une invaſion [...]
le Decan. Ils attaquerent le Nabab d'Arcate, qu[...]
vaincu & tué. Sa famille & pluſieurs de ſes ſujets [...]

fugerent à Pondichéry. On les reçut avec les égards qu'étoient dûs à des alliés malheureux. Ragogi Bouffo-la, général du parti victorieux, demandoit qu'on les lui livrât. Il voulut même exiger douze cents mille livres, en vertu d'un tribut auquel il prétendoit que les François s'étoient anciennement foumis.

Dumas répondit que tant que les Mogols avoient été les maîtres de ces contrées, ils avoient toujours traité les François avec la confidération dûe à l'une de plus illuftres nations du monde, & qu'elle fe faifoit gloire de protéger à fon tour fes bienfaiteurs ; qu'il n'étoit pas dans le caractere de ce peuple magnanime d'abandonner une troupe de femmes, d'enfans, de malheureux fans défenfe, pour les voir égorger ; que les fugitifs renfermés dans la ville étoient fous la protection de fon roi, qui s'honoroit fur-tout de la qualité de protecteur des infortu-nés ; que tout ce qu'il y avoit de François dans Pondi-chéry perdroit volontiers la vie pour les défendre ; qu'il lui en coûteroit la tête, fi fon fouverain favoit qu'il eût feulement écouté la propofition d'une redevance. Il ajouta qu'il étoit difpofé à défendre fa place jufqu'à la derniere extrêmité, & que fi la fortune lui étoit contrai-re, il s'en retourneroit en Europe fur fes vaiffeaux. Que c'étoit à Ragogi à juger s'il lui convenoit d'expofer à une deftruction entiere une armée, dont le plus grand bonheur devoit être de s'emparer d'un monceau de ruines.

Les Indiens n'étoient pas accoutumés à entendre par-ler les François avec tant de dignité. Cette fierté jetta le général des Marattes dans l'incertitude, des négociations habilement conduites le deciderent à accorder la paix à Pondichéry.

Tandis que Dumas donnoit des richeſſes & de la
fidération à la compagnie, le gouvernement envoy
Bourdonnais à l'Iſle de France.

Au tems de leurs premieres navigations aux Inde
Portugais avoient découvert à l'Eſt de Madagaſcar,
le dix-neuviéme & le vingtiéme dégrés de latitude,
iſles, qu'ils appellerent Maſcarenhas, Cerné & Roo
Ils n'y trouverent ni hommes, ni quadrupedes, (
formerent aucun établiſſement. La plus occident
ces iſles, qu'ils avoient nommée Maſcarenhas,
d'aſyle vers l'an 1665 à quelques François établis
ravant à Madagaſcar. Leur nouvelle patrie leur oll
eſpace de ſoixante milles de long ſur quarante-c
large, où il y avoit peu de plaines & beaucoup de
tagnes. Ils y éleverent d'abord des troupeaux; enſ
cultiverent des grains d'Europe, les fruits de l'Aſ
l'Afrique, quelques végétaux propres à ce doux
La ſanté, l'aiſance, la liberté dont ils jouiſſoient,
minerent pluſieurs matelots des vaiſſeaux qui y
prendre des rafraîchiſſemens, à ſe joindre à eux.
ſtrie augmenta avec la population. En 1718,
d'Arabie quelques pieds de café, qui ſe multiplier
lement, quoique le fruit eût beaucoup perdu de ſ
ſum. Leur culture, ainſi que les autres travaux p
devinrent le partage des eſclaves qu'on tiroit de
d'Afrique ou de Madagaſcar. Alors, l'iſle Maſc
qui avoit quitté ſon nom pour prendre celui de B
devint pour la compagnie un objet important. Sa
tion en 1763 étoit de 4627 blancs & de 15145
8702 bœufs, 4084 moutons, 7405 chevres, 7
chons, formoient ſes troupeaux. Sur un eſpace de
arpens de terre mis en valeur, elle récoltoit le

néceffaire à la nourriture de fes efclaves, 1135000 livres
de bled, 844100 livres de riz, 2879100 livres de mays,
& enfin, 2535100 livres de café, que la compagnie lui
achetoit à raifon de fix fols la livre.

Malheureufement cette poffeffion précieufe n'a point
de port. Cet inconvénient tourna les yeux des François
vers l'ifle de Cerné, où les Portugais, felon leur méthode, avoient jetté quelques quadrupedes & des volailles,
pour les befoins des vaiffeaux de leur nation que les circonftances détermineroient à y relâcher. Les Hollandois,
qui s'y fixerent depuis, l'abandonnerent, pour ne pas
trop multiplier leurs établiffemens. Elle étoit déferte,
lorfque les François y aborderent en 1720, & changerent
fon nom de Maurice en celui de l'ifle de France, qu'elle
porte encore.

Les premiers habitans qu'on y fit paffer, étoient partis
de Bourbon. On les oublia pendant quinze ans. Ils ne
formerent, pour-ainfi-dire, qu'un corps-de-garde, chargé
d'arborer un pavillon qui apprît aux nations que cette
ifle avoit un maître. La compagnie, long-tems incertaine,
fe décida enfin à la conferver, & la Bourdonais fut chargé
en 1735 de la rendre utile.

Cet homme, depuis fi célebre, étoit né à Saint-Malo.
A dix ans il s'étoit embarqué : rien n'avoit interrompu
fes voyages, & dans tous il s'étoit fait remarquer. Il avoit
reconcilié les Arabes & les Portugais, prêts à s'égorger
dans la rade de Moka. Il s'étoit diftingué dans la guerre
de Mahé. Il étoit le premier des François qui eût imaginé
d'armer dans les mers des Indes. On le connoiffoit également propre à conftruire des vaiffeaux, à les conduire &
à les défendre. Ses projets portoient l'empreinte du génie; & l'efprit de détail qu'il avoit fupérieurement, ne

Tome II.   E

rétréciffoit pas fes vues. Les difficultés ne fervoi[..]
qu'à exciter fon activité, & à montrer le talent q[..]
avoit pour tirer parti des hommes foumis à fes or[..]
On ne lui reprocha qu'une paffion démefurée pour[..]
richeffes; & il faut convenir, qu'il n'étoit pas dé[..]
fur le choix des moyens qui pouvoient lui en p[..]
curer.

Dès qu'il fut arrivé à l'Ifle de France, il s'att[..]
à la connoître. Il lui trouva 31890 toifes dans fon[..]
grand diametre, 22124 dans fa plus grande larg[..]
& 432680 arpens de fuperficie. La majeure parti[..]
cet efpace étoit couverte de forêts prefque impén[..]
bles, & de montagnes dont l'élévation ne paffoit[..]
400 toifes. La plupart de ces hauteurs étoient r[..]
plies de réfervoirs, dont les eaux alloient arrofer [..]
terre d'un noir cendré, criblée de trous, & le [..]
fouvent remplie de pierres.

Les côtes attirerent principalement l'attention d[..]
Bourdonais; & les deux ports qu'elles offrent aux n[..]
gateurs, furent ce qu'il y obferva avec plus de [..]
Il ne fit pas grand cas de celui du Sud-Eft, dont[..]
vents réguliers & forts, rendent la fortie impoffibl[..]
très-difficile durant prefque toute l'année. Celui[..]
Nord-Oueft lui parut mériter une préférence enti[..]
quoiqu'on y arrive entre deux bas-fonds par un c[..]
étroit, qu'il faille fe faire remorquer pour y entr[..]
& qu'il ne puiffe guére contenir que trente-cinq[..]
quarante vaiffeaux.

Dès que la Bourdonais fe fut procuré ces con[..]
fances néceffaires, on le vit occupé à infpirer de [..]
mulation aux premiers colons de l'ifle, entierement[..]
couragés par l'abandon où on les avoit laiffés, [..]

affujettir à l'ordre les brigands récemment arrivés de la métropole. Il fit cultiver le riz & le bled, pour la nourriture des Européens. Le manioc, qu'il avoit porté du Bréfil, fut deftiné à la fubfiftance des efclaves. Madagafcar devoit lui fournir la viande néceffaire à la confommation journaliere des navigateurs & des colons ailés, jufqu'à ce que les troupeaux qu'il en avoit tirés, fuffent affez multipliés, pour qu'on pût fe paffer de ces fecours étrangers. Un pofte qu'il avoit placé à la petite ifle de Rodrigue, ne le laiffoit pas manquer de tortues pour les pauvres. Bientôt les vaiffeaux qui alloient aux Indes, trouverent les rafraîchiffemens, les commodités néceffaires après une longue navigation. On vit fortir des arfenaux trois navires, dont l'un étoit de cinq cens tonneaux. Si le fondateur n'eut pas la confolation de porter la colonie au dégré de profpérité dont elle étoit fufceptible, il eut du moins la gloire d'avoir découvert ce qu'elle pourroit devenir dans des mains habiles.

Cependant ces créations, quoique faites comme par magie, n'eurent pas l'approbation de ceux qu'elles intéreffoient le plus. La Bourdonais fut réduit à fe juftifier. Un des directeurs lui demandoit un jour, comment il avoit fi mal fait les affaires de la compagnie, & fi bien les fiennes. *C'eft*, répondit-il, *que j'ai fait mes affaires felon mes lumieres, & celles de la compagnie d'après vos inftructions.*

Par-tout les grands hommes ont plus fait que les grands corps. Les peuples & les fociétés né font que les inftrumens des hommes de génie : ce font eux qui ont fondé des états, des colonies. L'Efpagne, le Portugal, la Hollande & l'Angleterre, doivent leurs conquêtes ou leurs établiffemens des Indes à des navigateurs, des guer-

E 2

riers, ou des légiflateurs d'une ame fupérieure. La Fra-
ce, fur-tout, eft plus redevable de fa gloire à quelque
heureux particuliers, qu'à fon gouvernement. Un de ces
fujets rares venoit d'établir la puiffance des François ds
deux ifles importantes de l'Afrique ; un autre encore plu
extraordinaire, l'illuftroit en Afie : c'étoit Dupleix.

Il fut d'abord envoyé fur les bords du Gange, où il
avoit la direction de la colonie de Chandernagor. Cet é-
bliffement, quoique formé dans la région de l'univers
plus propre aux grandes entreprifes de commerce, n'a-
voit fait que languir jufqu'au tems de fon adminiftrati.
La compagnie ne s'étoit pas trouvée en état d'y fa
paffer des fonds confidérables ; & fes agens tranfph
tés dans l'Inde fans un commencement de fortu
n'avoient pû profiter de la liberté qu'on leur laif
d'avancer leurs affaires particulieres. L'activité du n-
veau gouverneur, qui apportoit des richeffes confi
rables acquifes par dix ans d'heureux travaux, fe co
muniqua à tous les efprits. Dans un pays qui rego
d'argent, ils trouverent aifément du crédit, lorfqu
commencerent à s'en montrer dignes. Chanderna
devint bientôt un fujet d'étonnement pour fes voifi
& de jaloufie pour fes rivaux. Dupleix qui avoit a
cié à fes vaftes fpéculations les autres François, s
vrit des fources de commerce dans tout le Mogol
jufques dans le Thibet. En arrivant il n'avoit pas tra
une chaloupe, & il arma jufqu'à quinze bâtimens
fois. Ces vaiffeaux négocioient d'Inde en Inde. Il en
pédioit pour la mer Rouge, pour le golfe Perfique, p
Surate, pour Goa, pour les Maldives, pour Man
pour toutes les mers où il étoit poffible de faire un c
merce avantageux.

Il y avoit douze ans que Dupleix foutenoit l'honneur du nom François dans le Gange, qu'il étendoit la fortune publique & les fortunes particulières, lorfqu'en 1742 il fut appellé à Pondichery pour y prendre la direction générale des affaires de la compagnie dans l'Inde. Elles étoient alors plus floriffantes qu'elles ne l'avoient jamais été, qu'elles ne l'ont été depuis, puifque les retours de cette année s'éleverent à vingt-quatre millions. Si l'on eût continué à fe bien conduire, fi l'on eût voulu prendre plus de confiance en deux hommes tels que Dupleix & la Bourdonais, il eft vraifemblable qu'on auroit acquis une puiffance qui eût été difficilement détruite.

La Bourdonais prévoyoit alors une rupture entre l'Angleterre & la France; & il propofa un projet qui devoit donner aux vaiffeaux de fa nation l'empire des mers de l'Afie pendant toute la guerre. Convaincu que celle des deux nations qui feroit la première en armes dans l'Inde, auroit un avantage décifif, il demanda une efcadre qu'il conduiroit à l'ifle de France, où il attendroit le commencement des hoftilités. Alors il devoit partir de cette ifle, & aller croifer dans le détroit de la Sonde, par lequel paffent la plupart des vaiffeaux qui vont à la Chine, & tous ceux qui en reviennent. Il y auroit intercepté les bâtimens Anglois, & fauvé ceux de fon pays. Il s'y feroit même emparé de la petite efcadre que l'Angleterre envoya dans les mêmes parages; & maître des mers de l'Inde, il y auroit ruiné tous les établiffemens Anglois.

Le miniftère approuva ce plan. On accorda à la Bourdonais cinq vaiffeaux de guerre, & il mit à la voile.

A peine étoit-il parti, que les directeurs également bleffés du myftère qu'on leur avoit fait de la deftination

de l'eſcadre, de la dépenſe où elle les engageoit, des avantages qu'elle devoit procurer à un homme qu'ils ne tro-
voient pas aſſez dépendant, renouvellerent les cris qu'ils
avoient déja pouſſés ſur l'inutilité de cet armement, ils
étoient ou paroiſſoient ſi perſuadés de la neutralité q..
s'obſerveroit dans l'Inde entre les deux compagnies,
qu'ils en convainquirent le miniſtre, dont la foibleſſe n'é-
toit plus encouragée, ni l'inexpérience éclairée depu..
l'éloignement de la Bourdonais.

La cour de Verſailles ne vit pas qu'une puiſſance q..
a pour baſe principale le commerce, ne pouvoit p..
renoncer ſérieuſement à combattre ſur l'Océan Indie..
& que ſi elle faiſoit ou écoutoit des propoſitions de ne..
tralité, ce ne pouvoit être que dans la vue de gagner..
tems. Elle ne vit pas que quand la convention aur..
été faite de bonne-foi de part & d'autre, mille incon..
niens qu'il n'étoit pas poſſible de prévoir, devoient ..
ranger une harmonie dont les accords étoient ſi fra..
les. Elle ne vit pas que l'objet qu'on ſe propoſoit ..
pouvoit jamais être qu'imparfaitement rempli, parce q..
la marine guerriere des deux nations n'étant pas liée p..
les traités des compagnies, attaqueroit dans les m..
d'Europe les navires de ces ſociétés. Elle ne vit pas ..
dans les colonies même, les deux parties feroient des p..
paratifs pour n'être pas ſurpriſes ; que ces précauti..
meneroient à une défiance réciproque, & la défianc..
une rupture ouverte. Elle ne vit rien de tout cela, & l..
cadre fut rappellée. Les hoſtilités commencerent, ..
priſe de preſque tous les bâtimens François qui naviguo..
dans l'Inde, fit voir trop tard quelle avoit été la politi..
la plus judicieuſe.

La Bourdonais fut touché des fautes qui cauſoie..

malheur de l'état, comme s'il les eût faites lui-même, &
il ne fongea qu'à les réparer. Sans magafin, fans vivres,
fans argent, il parvint par fes foins & par fa conftance,
à former une efcadre, compofée d'un vaiffeau de foixante
canons, & de cinq navires marchands armés en guerre.
Il ofa attaquer l'efcadre Angloife; il la battit, la pourfui-
vit, la força de quitter la côte de Coromandel, & alla
affiéger & prendre Madras, la première des colonies Angloifes. Le vainqueur fe difpofoit à de nouvelles expéditions. Elles étoient fûres & faciles; mais il fe vit con-
trarié avec un acharnement qui coûta la perte de neuf
millions cinquante-fept mille livres, ftipulées pour le
rachat de la ville conquife, fans compter les fuccès qui
dévoient fuivre cet événement.

La compagnie étoit alors gouvernée par deux commif-
faires du roi, brouillés irréconciliablement. Les directeurs,
des fubalternes avoient pris parti dans cette querelle, fuivant leurs inclinations ou leurs intérêts. Les deux fac-
tions étoient extrêmement aigries l'une contre l'autre.
Celle qui avoit fait ôter à la Bourdonais fon efcadre, ne
voyoit pas fans chagrin qu'il eût trouvé des reffources
dans fon génie, pour rendre inutiles les coups qu'on lui
avoit portés. On a des raifons pour croire qu'elle le pour-
fuivit dans l'Inde, & qu'elle verfa le poifon de la jaloufie
dans l'ame de Dupleix. Deux hommes faits pour s'efti-
mer, pour s'aimer, pour illuftrer le nom François, pour
aller peut-être enfemble à la poftérité, devinrent les vils
inftrumens d'une haine qui leur étoit étrangere. Dupleix
traverfa la Bourdonais, & lui fit perdre un tems précieux.
Celui-ci, après avoir refté trop tard fur la côte de Coromandel, à attendre les fecours qu'on avoit différés fans
néceffité, vit fon efcadre ruinée par un coup de vent. La

diviſion ſe mit dans ſes équipages. Tant de malheurs cauſés par les intrigues de Dupleix, forcèrent la Bourdonnais à repaſſer en Europe, où un cachot affreux fut la récompenſe de ſes glorieux travaux, & le tombeau des eſpérances que la nation avoit fondées ſur ſes grands talens. Les Anglois délivrés dans l'Inde de cet ennemi redoutable, & fortifiés par de puiſſans ſecours, ſe virent en état d'attaquer à leur tour les François. Ils mirent le ſiége devant Pondichery.

Dupleix ſçut réparer alors les torts qu'il avoit eus, défendit ſa place avec beaucoup de vigueur & d'intelligence; & après quarante-deux jours de tranchée ouverte les Anglois furent obligés de ſe retirer. Bientôt la nouvelle de la paix arriva, & les hoſtilités ceſſerent entre compagnies des deux nations.

La priſe de Madras, le combat naval de la Bourdonnais, & la levée du ſiége de Pondichery, donnerent aux nations de l'Inde le plus grand reſpect pour les François. Ils furent pour ces régions, le premier peuple de l'Europe, la puiſſance principale.

Dupleix voulut faire uſage de cette diſpoſition des eſprits. Il s'occupa du ſoin de procurer à ſa nation des avantages ſolides & conſidérables. Pour juger ſainement de ſes projets, il faut avoir ſous les yeux un tableau de la ſituation où étoit alors l'Indoſtan.

Cette belle & riche contrée tenta, ſi l'on veut s'en rapporter à des traditions incertaines, l'avidité des premiers conquérans du monde. Mais ſoit que Bacchus, Hercule, Séſoſtris, Darius, ayent ou n'ayent pas parcouru les armes à la main cette grande partie du globe; il eſt certain qu'elle fut pour les premiers Grecs, un champ inépuiſable de fictions & de merveilles. Ces chimeres encou-

XI.
Vues des
François
pour leur
aggrandiſ-
ſement. Ta-
bleau de
l'Indoſtan.

toient tellement un peuple toujours crédule, parce qu'il fut toujours dominé par son imagination, qu'on ne s'en désabusa pas, même dans les siécles les plus éclairés de la république.

En réduisant les choses à la vérité, l'on trouvera qu'un air pur, des alimens sains, une grande frugalité avoient de bonne-heure prodigieusement multiplié les hommes dans l'Indostan. Ils connurent les loix, la police, les arts; lorsque le reste de la terre étoit désert ou sauvage. Des institutions sages & heureuses préserverent de la corruption ces peuples, qui paroissoient n'avoir qu'à jouir des bienfaits du sol & du climat. Si, de tems en tems, les bonnes mœurs s'altéroient dans quelques cours, les trônes étoient aussi-tôt renversés; & lorsqu'Alexandre se montra dans ces régions, il y restoit fort peu de rois; il y avoit beaucoup de villes libres.

Un pays, partagé en une infinité de petits états, populaires ou asservis, ne pouvoit pas opposer un front bien redoutable au héros de la Macédoine. Aussi ses progrès furent-ils rapides. Il auroit tout asservi, si la mort ne l'eût surpris au milieu de ses triomphes.

En suivant le conquérant dans ses expéditions, l'Indien Sandrocotus avoit appris la guerre. Cet homme, auquel ses talens tenoient lieu de droits & de naissance, rassembla une armée nombreuse, & chassa les Macédoniens des provinces qu'ils avoient envahies. Libérateur de sa patrie, il s'en rendit le maître, & réunit sous ses loix l'Indostan entier. On ignore quelle fut la durée de son regne, quelle fut la durée de l'empire qu'il avoit fondé.

Au commencement du huitieme siécle, les Arabes se répandirent aux Indes, comme dans plusieurs autres contrées de l'univers. Ils soumirent à leur domination quelques isles.

Mais contens de négocier paisiblement dans le contin
ils n'y formerent que peu d'établissemens.

Trois siécles après, des barbares de leur religion,
tis du Khoraffan & conduits par Mahmoud, attaq
l'Inde par le Nord, & pouffent leurs brigandages jusq
Guzurate. Ils emportent de ces opulentes contrées, d
menfes dépouilles, qu'ils vont enfouir dans leurs inc
& miférables déferts.

Le fouvenir de ces calamités n'étoit pas encore eff
lorsque Gengiskan, qui avec ses Tartares, avoit su
gué la plus grande partie de l'Afie, porta vers l'an de
cents, ses armes victorieufes fur les rives occiden
de l'Indus. On ignore quelle part ce conquérant &
defcendans prirent aux affaires de l'Indoftan. Il
vraifemblable qu'elles les occuperent peu ; puifq
voit, peu de tems après, les Patanes régnér dans
beau pays.

C'étoient, dit-on, des marchands Arabes, établis
les côtes de l'Indoftan, qui, profitant de la foiblesse
rois & des peuples qui les avoient admis parmi eux, s
parerent fans beaucoup d'efforts de plufieurs provinc
& fonderent un vafte empire dont Delhy fut la capi
Sous leur domination, l'Inde fut heureufe ; parce que
hommes élevés dans le commerce, n'avoient pas p
dans la conquête cet esprit de ravage & de rapine,
accompagne ordinairement les invafions.

Les Indiens avoient eu à peine le temps de fe fa
ner à un joug étranger, qu'il leur fallut encore cha
de maître. Tamerlan, forti de la grande Tartarie &
célebre par fes cruautés & par fes victoires, fe mon
la fin du quatorzieme fiecle au nord de l'Indoftan,
une armée aguerrie, triomphante & infatigable. Il

ure lui-même des provinces feptentrionales, & aban-
onne à fes lieutenans le pillage des terres méridionales.
n le croyoit déterminé à fubjuguer l'Inde entiere; lorf-
ne tout-à-coup il tourna fes armes contre Bajazet, le
ainquit, le détrôna; & fe trouva, par la réunion de
outes fes conquêtes, le maitre de l'efpace immenfe qui
étend depuis la délicieufe Smirne jufqu'aux bords fortunés du Gange. Des guerres fanglantes fuivirent fa mort.
Ses riches dépouilles échapperent à fa poftérité. Babar,
fixieme defcendant d'un de fes enfans, conferva feul fon
nom.

Ce jeune prince élevé dans la molleffe, regnoit à Samarcande, où fon ayeul avoit fini fes jours. Les Tartares Usbecks le précipiterent du trône, & le forcerent
de fe réfugier dans le Cabuliftan. Rainguildas, gouverneur de la Province, l'accueillit & lui donna une armée.

„Ce n'eft pas du côté du nord où t'appelleroit la ven-
„geance, que tu dois porter tes pas, lui dit cet hom-
„me fage. Des foldats amollis par les délices des Indes,
„n'attaqueroient pas fans témérité des guerriers célé-
„bres par leur courage & par leurs victoires. Le ciel
„t'a conduit fur les rives de l'Indus, pour placer fur ta
„tête une des plus riches couronnes de l'univers. Jette
„les yeux fur l'Indoftan. Cet empire, déchiré par les
„guerres continuelles des Indiens & des Patanes, at-
„tend un maître. C'eft dans ces délicieufes régions qu'il
„faut former une nouvelle monarchie, & te couvrir
„d'une gloire égale à celle du redoutable Tamerlan. „

Un confeil fi judicieux fit fur l'efprit de Babar une forte
impreffion. On traça fans perdre de tems un plan d'u-
furpation, qui fut fuivi avec beaucoup de vivacité & d'intelligence. Le fuccès le couronna. Les provinces fepten-

Mais contens de négocier paiſiblement dans le continent
ils n'y formerent que peu d'établiſſemens.

Trois ſiécles après, des barbares de leur religion, ſortis du Khoraſſan & conduits par Mahmoud, attaquent
l'Inde par le Nord, & pouſſent leurs brigandages juſqu'à
Guzurate. Ils emportent de ces opulentes contrées, d'immenſes dépouilles, qu'ils vont enfouir dans leurs incultes
& miſérables déſerts.

Le ſouvenir de ces calamités n'étoit pas encore effacé
lorſque Gengiskan, qui avec ſes Tartares, avoit ſubju-
gué la plus grande partie de l'Aſie, porta vers l'an douze
cents, ſes armes victorieuſes ſur les rives occidentales
de l'Indus. On ignore quelle part ce conquérant & ſes
deſcendans prirent aux affaires de l'Indoſtan. Il eſt
vraiſemblable qu'elles les occuperent peu ; puiſqu'on
voit, peu de tems après, les Patanes régnér dans ce
beau pays.

C'étoient, dit-on, des marchands Arabes, établis ſur
les côtes de l'Indoſtan, qui, profitant de la foibleſſe des
rois & des peuples qui les avoient admis parmi eux, s'emparerent ſans beaucoup d'efforts de pluſieurs provinces,
& fonderent un vaſte empire dont Delhy fut la capitale.
Sous leur domination, l'Inde fut heureuſe ; parce que des
hommes élevés dans le commerce, n'avoient pas porté
dans la conquête cet eſprit de ravage & de rapine, qui
accompagne ordinairement les invaſions.

Les Indiens avoient eu à peine le temps de ſe façonner à un joug étranger, qu'il leur fallut encore changer
de maître. Tamerlan, ſorti de la grande Tartarie & dé
célebre par ſes cruautés & par ſes victoires, ſe montre
la fin du quatorzieme ſiecle au nord de l'Indoſtan, avec
une armée aguerrie, triomphante & infatigable. Il s'a-

fure lui-même des provinces feptentrionales, & abandonne à fes lieutenans le pillage des terres méridionales. On le croyoit déterminé à fubjuguer l'Inde entiere ; lorfque tout-à-coup il tourna fes armes contre Bajazet, le vainquit, le détrôna ; & fe trouva, par la réunion de toutes fes conquêtes, le maitre de l'efpace immenfe qui s'étend depuis la délicieufe Smirne jufqu'aux bords fortunés du Gange. Des guerres fanglantes fuivirent fa mort. Ses riches dépouilles échapperent à fa poftérité. Babar, fixieme defcendant d'un de fes enfans, conferva feul fon nom.

Ce jeune prince élevé dans la molleffe, regnoit à Samarcande, où fon ayeul avoit fini fes jours. Les Tartares Usbecks le précipiterent du trône, & le forcerent de fe réfugier dans le Cabuliftan. Ranguildas, gouverneur de la Province, l'accueillit & lui donna une armée.

,, Ce n'eft pas du côté du nord où t'appelleroit la vengeance, que tu dois porter tes pas, lui dit cet homme fage. Des foldats amollis par les délices des Indes, n'attaqueroient pas fans témérité des guerriers célebres par leur courage & par leurs victoires. Le ciel t'a conduit fur les rives de l'Indus, pour placer fur ta tête une des plus riches couronnes de l'univers. Jette les yeux fur l'Indoftan. Cet empire, déchiré par les guerres continuelles des Indiens & des Patanes, attend un maître. C'eft dans ces délicieufes régions qu'il faut former une nouvelle monarchie, & te couvrir d'une gloire égale à celle du redoutable Tamerlan. ''

Un confeil fi judicieux fit fur l'efprit de Babar une forte impreffion. On traça fans perdre de tems un plan d'ufurpation, qui fut fuivi avec beaucoup de vivacité & d'intelligence. Le fuccès le couronna. Les provinces fepten-

trionales, Delhy même, ſe ſoumirent après quelque ré
ſiſtance. Un monarque fugitif eut l'honneur de fonder
puiſſance des Tartares Mogols qui exiſte encore.

La' conſervation de la conquête exigeoit un gouver
ment. Celui que Babar trouva établi dans l'Inde, é
un deſpotiſme purement civil, tempéré par les uſage
par les formes, par l'opinion; en un mot, abſolum
conforme au caractere de douceur que ces peuples é
vent à l'influence du climat, & à l'influence plus p
ſante encore des opinions religieuſes. A cette conſti
tion paiſible, Babar fit ſuccéder un deſpotiſme viok
& militaire, tel qu'on devoit l'attendre d'une nation co
quérante & barbare.

Ranguildas fut long-tems le témoin de la puiſſance
nouveau ſouverain. Il s'applaudiſſoit de ſon ouvrage.
ſouvenir de ce qu'il avoit fait pour placer ſur le trône
fils de ſon maître, rempliſſoit ſon ame d'une ſatisfac
vraie & ſans trouble. Un jour qu'il faiſoit ſa priere d
le temple, il entendit à côté de lui un Banian qui s
crioit; ,, ô Dieu! tu vois les malheurs de mes fre
,, Nous ſommes la proie d'un jeune homme qui n
,, regarde comme un bien qu'il peut diſſiper & con
,, mer à ſon gré. Parmi les nombreux enfans qui t
,, plorent dans ces vaſtes contrées, un ſeul les oppri
,, tous : venge-nous du tyran; venge-nous des trait
,, qui l'ont porté ſur le trône, ſans examiner s'il é
,, juſte".

,, Ranguildas étonné, s'approcha du Banian, & lui
,, ô toi qui maudis ma vieilleſſe, écoute. Si je ſuis c
,, pable, c'eſt ma conſcience qui m'a trompé. Lor
,, j'ai rendu l'héritage au fils de mon ſouverain, lor
,, j'ai expoſé ma fortune & ma vie pour établir ſon

„ voir, Dieu m'eſt témoin que j'ai cru me conformer à
„ fes fages décrets; & qu'au moment où j'ai entendu
„ ta priere, je béniſſois encore le ciel de m'avoir ac-
„ cordé les deux plus grands biens des derniers jours le
„ repos & la gloire.

„ La gloire, dit le Banian? Apprenez, Ranguildas,
„ qu'elle n'appartient qu'à la vertu, & non à des ac-
„ tions qui font éclatantes fans être utiles aux hommes.
„ Eh! quel bien avez-vous fait à l'Indoſtan, quand vous
„ avez couronné le defcendant d'un ufurpateur! Aviez-
„ vous examiné s'il feroit le bien, s'il auroit la volonté
„ & le courage d'être juſte? Vous lui avez, dites-vous,
„ rendu l'héritage de fes peres, comme fi les hommes
„ pouvoient être légués & poſſédés, ainſi que des terres
„ & des troupeaux. Ne prétendez pas à la gloire, ô
„ Ranguildas! ou fi vous voulez de la reconnoiſſance,
„ allez la chercher dans le cœur de Babar; il vous la doit.
„ Vous l'avez achetée aſſez cher par le bonheur de tout
„ un peuple"-

Cependant en appefantiſſant le defpotifme, Babar avoit
voulu l'enchaîner lui-même, & donner à fes inſtitutions
une telle force, que fes fucceſſeurs quoiqu'abfolus, fuffent obligés d'être juſtes. Le prince devoit être le juge
du peuple & l'arbitre de l'état. Mais fon Tribunal & fon
Confeil étoient dans la place publique. L'injuſtice & la
tyrannie, aiment à fe renfermer dans l'ombre; elles fe
cachent à ceux qu'elles oppriment. Mais, quand le Monarque ne veut agir que fous les yeux de fes fujets; c'eſt
qu'il n'a que du bien à leur faire. Infulter en face à des
hommes raſſemblés, eſt une injure dont les tyrans mêmes peuvent rougir.

Le principal appui de l'autorité, étoit un corps de

quatre mille hommes, qui s'appelloient les premiers
claves du prince. C'est dans ce corps que l'on choisit
les Omrahs, c'est-à-dire, ceux qui entroient dans
conseils de l'empereur, & à qui il donnoit des te
honorées de grands priviléges. Ces sortes de fiefs éto
toujours amovibles, & le Prince héritoit de ceux qu'il
avoit fait possesseurs. C'est à cette condition qu'éto
données toutes les grandes places : tant il paroît de
nature du despotisme, de n'enrichir des esclaves que p
les dépouiller.

Les places d'Omrahs n'en étoient pas moins brigu
C'étoit l'objet de l'ambition de quiconque aspiroit
gouvernement d'une province. Pour prévenir les pro
d'élévation & d'indépendance que pouvoient forme
gouverneurs ; on mettoit auprès d'eux des surveillans
ne leur étoient soumis en rien, & qui étoient cha
d'examiner l'emploi qu'ils faisoient des forces milita
qu'on étoit obligé de leur confier pour tenir dans le
pect les Indiens assujettis. Les places fortes étoient
vent entre les mains d'officiers qui ne rendoient co
qu'à la cour. Cette cour soupçonneuse mandoit sou
le gouverneur, le retenoit ou le déplaçoit, selon
vues d'une politique changeante. Ces vicissitudes éto
devenues si communes, qu'un nouveau gouverneur,
tant de Delhy, resta sur son éléphant, le visage to
vers la ville, *pour voir*, disoit-il, venir son succes

Cependant la forme de l'administration n'étoit p
même dans tout l'empire. Les Mogols avoient laissé
sieurs princes Indiens en possession de leurs souver
tés, & même avec pouvoir de les transmettre à
descendans. Ils gouvernoient selon les loix du pays,
que relevant d'un Nabab nommé par la cour. On n

impofoit qu'un tribut , & l'obligation de refter foumis aux conditions accordées à leurs ancêtres au tems de la conquête.

Il faut que la nation conquérante n'ait pas exercé de grands ravages , puifqu'elle ne fait encore que le dixième de la population de l'Inde. Il y a cent millions d'Indiens fur dix millions de Tartares. Les deux peuples ne fe font point mélangés. Les Indiens feuls font cultivateurs & ouvriers. Eux feuls rempliffent les campagnes & les manufactures. Les Mahométans font dans la capitale , à la cour , dans les grandes villes , dans les camps & dans les armées.

Il paroît qu'à l'époque où les Mogols entrerent dans l'Indoftan , ils n'y trouverent point de propriétés particulieres. Toutes les terres appartenoient aux princes Indiens ; & l'on peut bien croire que des conquérans féroces , livrés à l'ignorance & à la cupidité , confacrerent cet abus , qui eft le dernier excès du pouvoir arbitraire. La portion des terres de l'empire , que les nouveaux fouverains s'attribuerent , fut divifée en grands gouvernemens qu'on appella Soubabies. Les Soubas , chargés de l'adminiftration militaire & civile , le furent auffi de la perception des revenus. Ils en confioient le foin aux Nababs qu'ils établirent dans l'étendue de leurs Soubabies , & ceux-ci à des fermiers particuliers , qui furent chargés immédiatement de la culture des terres.

Au commencement de l'année , qui eft fixé au mois de juin , les officiers du Nabab convenoient avec les fermiers d'un prix de bail. Il fe faifoit une efpece de contrat , appellé jamabandi , qui étoit dépofé dans la chancellerie de la province , & ces fermiers alloient enfuite , chacun dans leur diftrict , chercher des cultivateurs auxquels ils faiſoient des avances aſſez conſidérables, pour les mettre état d’enſemencer les terres. Après la récolte, les fe miers remettoient le produit de leur bail aux officiers d Nabab. Le Nabab le faiſoit paſſer entre les mains du Sou ba, & le Souba le verſoit dans les tréſors de l’Empereur Les baux étoient ordinairement portés à la moitié d produit des terres; l’autre moitié ſervoit à couvrir l fraix de culture, à enrichir les fermiers, & à nourr les cultivateurs. Indépendamment des grains, qui fo les récoltes principales, les autres productions de l terre ſe trouvoient enveloppées dans le même ſyſtèm Le bétel, le ſel, le tabac, étoient autant d’objets d ferme.

Il y avoit auſſi quelques douanes, quelques droits ſ les marchés publics; mais aucune impoſition perſonn le, aucune taxe ſur l’induſtrie. Il n’étoit pas venu de la tête des deſpotes de demander quelque choſe à d hommes à qui on ne laiſſoit rien. Le tiſſerand, renfer dans ſon aldée, travailloit ſans inquiétude, & diſpoſ librement du fruit de ſon travail.

Cette facilité s’étendoit à toute eſpéce de mobili C’étoit véritablement la propriété des particuliers. n’en devoient compte à perſonne. Ils pouvoient en d poſer de leur vivant; & après leur mort, il paſſo leurs deſcendans. Les maiſons des aldées, celles d villes, & les jardins toujours peu conſidérables, d elles ſont ornées, formoient encore un objet de p priété particuliere. On en héritoit, & l’on pouvoit vendre.

Dans le dernier cas, le vendeur & l’acheteur rendoient devant le Cothoal. Les conditions du m ché étoient rédigées par écrit, & le Cothoal app fon fceau au pied de l'acte, pour lui donner de l'authenticité.

La même formalité s'obfervoit à l'égard des efclaves; c'eft-à-dire de ces hommes infortunés, qui, preffés par la mifere, préféroient une fervitude particuliere qui les faifoit fubfifter, à l'état d'une fervitude générale, dans laquelle ils n'avoient aucun moyen de vivre. Ils fe vendoient alors à prix d'argent, & l'acte de vente fe paffoit en préfence du Cothoal, afin que la propriété du maître fût connue & inattaquable.

Le Cothoal étoit une efpèce d'officier public établi dans chaque aldée, pour y faire les fonctions de notaire. C'étoit devant lui que fe paffoit le petit nombre d'actes auxquels la nature d'un pareil gouvernement pouvoit donner lieu. Un autre officier, du nom générique de Gémidard, prononçoit fur les conteftations qui s'élevoient entre particuliers. Ses jugemens étoient prefque toujours définitifs, à moins qu'il ne s'agît de quelque objet important, & que la partie condamnée n'eût affez de fortune, pour aller acheter un jugement différent à la cour du Nabab. Le Gémidard étoit auffi chargé de ·la police. Il avoit le pouvoir d'infliger des peines légéres; mais lorfqu'il s'agiffoit de quelque crime capital, le jugement en étoit réfervé au Nabab, parce qu'à lui feul appartenoit le droit de prononcer la peine de mort.

Un tel gouvernement, qui n'étoit rien autre chofe qu'un defpotifme qui alloit en fe fubdivifant, depuis le trône jufqu'au dernier officier, ne pouvoit avoir d'autre reffort qu'une force coactive toujours en action. Auffi, dès que la faifon des pluies étoit paffée, le monarque quitoit fa capitale & fe rendoit dans fon camp. Les Nababs, les Rajas, les principaux officiers étoient appellés autour de lui, & il parcouroit ainsi successivement les provinces de l'empire, dans un appareil de guerre, qui pourtant, n'excluoit pas les rusés de la politique. Souvent on se servoit d'un grand, pour en opprimer un autre. Le rafinement le plus odieux du despotisme, est de diviser ses esclaves. Des délateurs, publiquement entretenus par le prince, fomentoient ces divisions & répandoient des alarmes continuelles. Ces délateurs étoient toujours choisis parmi les personnes du rang le plus distingué. La corruption est au comble, quand le pouvoir annoblit ce qui est vil.

Chaque année, le Mogol recommençoit les courses, plutôt en conquérant qu'en souverain, allant rendre la justice dans les provinces, comme on y va pour les piller, & maintenant son autorité par les voies & l'appareil de la force, qui font que le gouvernement despotique n'est qu'une continuation de la guerre. Cette maniere de gouverner, quoiqu'avec des formes légales, est bien dangereuse pour un despote. Tant que les peuples n'éprouvent ses injustices que par le canal des dépositaires de son autorité, ils se contentent de murmurer, en présumant que le souverain les ignore, & ne les souffriroit pas : mais lorsqu'il vient les consacrer par sa présence & par ses propres décisions, il perd la confiance. L'illusion cesse. C'étoit un Dieu ; c'est un imbécile ou un méchant.

Cependant les empereurs Mogols ont joui long-temps de l'idée superstitieuse que la nation s'étoit formée de leur caractère sacré. La magnificence extérieure qui en impose au peuple, plus que la justice, parce que les hommes ont une plus grande opinion de ce qui les accable que de ce qui les fert; la richeffe faftueufe de la cour du prince, & la pompe qui l'environnoit dans fes voyages, nourrif-foient dans l'efprit des peuples ces préjugés de l'igno-rance fervile qui tremble devant les idoles qu'elle a faites. Ce qu'on raconte du luxe des plus brillantes cours de l'Univers n'approche pas de l'oftentation du Mogol, lorf-qu'il fe montroit à fes fujets. Les éléphans, autrefois fi terribles à la guerre, & qui n'y feroient plus que des maffes incommodes depuis que l'on combat avec la fou-dre; ces coloffes de l'Orient, inconnus à nos climats, donnent aux defpotes de l'Afie un air de grandeur dont nous n'avons pas l'idée. Les peuples fe profternent de-vant le monarque élevé majeftueufement fur un trône d'or, refplendiffant de pierreries, porté par le fuperbe animal qui s'avance à pas lents, fier de préfenter au ref-pect de tant d'efclaves le maître d'un grand empire. C'eft ainfi qu'en éblouiffant les hommes ou en les effrayant, les Mogols conferverent, & même étendirent leurs con-quêtes. Aurengzeb les acheva, en fe rendant maître de toute la peninfule. Tout l'Indoftan, fi l'on en excepte une petite langue de terre fur la côte de Malabar, fe fou-mit à ce tyran fuperftitieux & barbare, teint du fang de fon pere, de fes freres & de fes neveux.

Ce defpote exécrable avoit fait détefter la puiffance Mogole : mais il la foutint, & à fa mort elle tomba pour ne plus fe relever. L'incertitude du droit de fuc-ceffion fut la premiere caufe des troubles que l'on vit naître après lui, au commencement du dix-huitie-me fiecle. Il n'y avoit qu'une feule loi généralement reconnue, celle qui ordonnoit que le trône ne forti-roit point de la famille de Tamerlan. D'ailleurs, cha-que empereur pouvoit choifir fon fucceffeur, n'importe

à quel degré de parenté. Ce droit indéfini étoit une
source de discorde. De jeunes princes que leur naissance
appelloit à régner, & qui se trouvoient souvent à la tête
d'une province & d'une armée, soutenoient leurs prétentions les armes à la main, & ne respectoient guère les
dispositions d'un despote qui n'étoit plus. C'est ce qui
arriva à la mort d'Aurengzeb. Sa magnifique dépouille
fut ensanglantée. Dans ces convulsions du corps politique, les ressorts qui contenoient une milice de deux
cent mille hommes se relâcherent. Chaque nabab ne son-
gea plus qu'à se rendre indépendant, à étendre les contributions qu'on levoit sur le peuple, & à diminuer les
tributs qu'on envoyoit au trésor de l'empereur. Rien ne
fut plus réglé par la loi, & tout fut conduit par le caprice
ou troublé par la violence.

L'éducation des jeunes princes ne promettoit aucun
remede à tant de maux. Abandonnés aux femmes jusqu'à l'âge de sept ans, imbus pendant leur adolescence
de quelques préceptes religieux, ils alloient ensuite
consommer dans la molle oisiveté d'un serrail ces années de jeunesse & d'activité qui doivent former l'homme & l'instruire dans la science de la vie. On les amol-
lissoit, pour n'avoir pas à les craindre Les conspira-
tions des enfans contre leurs peres étoient fréquentes.
On vouloit les prévenir, on leur ôtoit toute vertu, de
peur qu'ils ne fussent capables d'un crime. De-là cette
pensée atroce d'un poëte Oriental que *les peres, pendant
la vie de leurs fils donnent toute leur tendresse à leurs
petits-fils, parce qu'ils aiment en eux les ennemis de
leurs ennemis.*

Les Mogols n'avoient plus rien de ces mœurs fortes
qu'ils avoient apportées de leurs montagnes. Ceux d'en-

tre eux qui parvenoient à quelque place importante, ou à de grandes richeſſes, changeoient de domicile ſuivant les ſaiſons. Dans ces retraites plus ou moins délicieuſes, ils n'occupoient que des maiſons bâties d'argile & de terre, mais dont l'intérieur reſpiroit toute la moleſſe Aſiatique, tout le faſte des cours les plus corrompues. Partout où les hommes ne peuvent élever une fortune ſtable, ni la tranſmettre à leurs deſcendans, ils ſe hâtent de raſſembler toutes leurs jouiſſances dans le ſeul moment dont ils ſoient ſûrs. Ils épuiſent au milieu des parfums & des femmes, & tous les plaiſirs & tout leur être.

L'empire Mogol étoit dans cet état de foibleſſe, lorſqu'il fut attaqué en 1738 par le fameux Thomas Kouli-kan. Les innombrables milices de l'Inde ſe diſperſerent ſans réſiſtance devant cent mille Perſans, comme ces mêmes Perſans avoient été autrefois diſſipés devant trente mille Grecs inſtruits par Alexandre. Thomas entra victorieux dans Delhy, reçut les ſoumiſſions de l'imbécile Muhammet, & trouvant le monarque plus imbécile encore que les ſujets, lui permit de vivre & de régner, réunit à la Perſe les provinces qui étoient à ſa bienféance, & ſe retira chargé d'un butin immenſe & des dépouilles de l'Indoſtan.

Muhammet, mépriſé par ſon vainqueur, le fut encore plus par ſes ſujets. Les grands ne voulurent plus relever du vaſſal d'un roi de Perſe. Les Nababies devinrent indépendantes, & ne furent plus ſoumiſes qu'à un léger tribut. Inutilement l'empereur exigea qu'elles continuaſſent d'être amovibles ; chaque Nabab employoit la force, pour rendre ſa place héréditaire, & le fer décidoit de tout. La guerre ſe faiſoit continuellement entre le maître & les ſujets, ſans être traitée de rebellion. Quiconque

put payer un corps de troupes, prétendit à une souveraineté. La feule formalité qu'on obfervoit, c'étoit de con-
trefaire le feing de l'empereur dans un *firman* ou brev
d'inveftiture. L'ufurpateur fe le faifoit apporter & le recevoit à genoux. Cette comédie étoit néceffaire pour en
impofer au peuple, qui refpectoit encore affez la famill
de Tamerlan ; pour vouloir que toute efpece d'autori
parût au moins émaner d'elle.

« Ainfi, la difcorde, l'ambition, & l'anarchie défoloie
cette belle contrée de l'Indoftan. Les crimes étoient d'autant plus aifés à cacher, que les grands de l'Emp
étoient accoutumés à n'écrire jamais qu'en termes éq
voques, & n'employoient que des agens obfcurs qu'
défavouoient quand il le falloit. L'affaffinat & le poif
devinrent des forfaits communs qu'on enfeveliffoit d
l'ombre de ces palais impénétrables remplis de fatellit
prêts à tout ofer au moindre fignal de leur maître.

« Les troupes étrangeres appellées par les différens p
tis, mirent le comble au défaftre de ce malheureux pay
Elles en emportoient les richeffes, ou forçoient les pe
ples à les enfouir. Ainfi difparurent peu-à-peu ces tréf
amaffés pendant tant de fiécles. Le découragement de
général. La terre ne fut plus cultivée, & les manufac
res languirent. Les peuples ne vouloient plus travai
pour des étrangers déprédateurs ou pour des oppreffe
domeftiques. La mifere & la famine fe firent fentir. Ce
calamités qui, depuis dix ans ravageoient les provin
ces de l'empire, alloient s'étendre jufqu'à la côte d
Coromandel. Le fage Nizam-Elmoulouk, Souba d
Decan, n'étoit plus. Sa prudence & fes talens avoie
fait fleurir la partie de l'Inde où il commandoit. L
négocians d'Europe craignirent que leur commerce

combât, lorsqu'il n'auroit plus cet abri. Contre ce danger, ils ne voyoient de ressource que la propriété d'un terroir assez vaste pour contenir un nombre de manufacturiers suffisant pour former leurs cargaisons.

Dupleix fut le premier qui vit la possibilité de réaliser ce souhait. La guerre avoit amené à Pondichery des troupes nombreuses, avec lesquelles il espéra de se procurer par des conquêtes rapides, des avantages plus considérables que les nations rivales n'en avoient obtenus par une conduite suivie & réfléchie.

Depuis long-tems il étudioit le caractere des Mogols, leurs intrigues, leurs intérêts politiques. Il avoit acquis sur ces objets des lumieres, qui auroient pû étonner dans un homme élevé à la cour de Delhy. Ces connoissances profondément combinées, l'avoient convaincu qu'il pouvoit se donner une influence principale dans les affaires de l'Indostan, peut-être en devenir l'arbitre. La trempe de son ame, qui le portoit à vouloir au-delà même de ce qu'il pouvoit, donnoit une nouvelle force à ses réflexions. Rien ne l'effrayoit dans le grand rôle qu'il se disposoit à jouer à six mille lieues de sa patrie. Inutilement voulut-on lui en faire craindre les dangers; il n'étoit frappé que de l'avantage glorieux d'assurer à la France une domination nouvelle au milieu de l'Asie; de la mettre en état, par les revenus qui y seroient attachés, de couvrir les frais de commerce & les dépenses de souveraineté; de l'affranchir même du tribut que notre luxe paye à l'industrie des Indiens, en procurant au royaume des cargaisons riches & nombreuses, qui ne seroient achetées par aucune exportation d'argent, mais dont le fonds seroit fait par la surabondance des nouveaux revenus. Plein de ce grand

F 4

projet, Dupleix ſaiſit avec empreſſement la premie occaſion qui ſe préſenta de l'exécuter; & bientôt il d diſpoſer de la Soubabie du Decan, de la Nababie d Carnate, en faveur de deux hommes prêts à tous l ſacrifices qu'il exigeroit.

La Soubabie de Decan eſt une vice-royauté, co poſée de pluſieurs provinces qui formoient autre des états indépendans. Elle s'étend depuis le cap (morin juſqu'au Gange. Celui qui occupe cette gr place, a inſpection ſur tous les princes Indiens, tous les gouverneurs Mogols qui ſont dans l'éten de ſa juriſdiction; & c'eſt dans ſes mains que f dépoſées les contributions qui doivent enrichir le for public. Il peut obliger ſes ſubalternes de le ſa dans toutes les expéditions militaires qu'il juge à p pos de faire dans les contrées ſoumiſes à ſes com demens; mais ſans un ordre formel du chef de l' pire, il ne lui eſt pas permis de les conduire ſur territoire étranger.

La Soubabie de Decan étant devenue vacante 1748, Dupleix, après une ſuite d'événemens & d volutions, où la corruption des Mogols, la foib des Indiens, l'audace des François, ſe firent égalen remarquer, en mit en poſſeſſion au commencement 1751, Salabetzingue, l'un des fils du dernier vice Ce ſuccès aſſuroit de grands avantages aux établi mens François répandus ſur la côte de Coroman mais l'importance de Pondichéry parut exiger des ſ plus particuliers. Cette ville ſituée dans le Carnate des rapports ſi ſuivis & ſi immédiats avec le N de cette riche contrée, qu'on crut néceſſaire de curer le gouvernement de la province à un hom fur l'affection & la dépendance duquel on put compter. Le choix tomba fur Chandafaed, connu par fes intrigues, par fes malheurs, par fes faits de guerre, par un caractere ferme, & parent du dernier Nabab.

Pour prix de leurs fervices, les François fe firent céder un territoire immenfe. A la tête de leurs acquifitions, étoit l'ifle de Scheringham, formée par deux branches du Caveri. Cette ifle, longue & fertile, doit fon nom & fa célébrité à une pagode, qui eft fortifiée comme la plupart des grands édifices deftinés au culte public. Le temple eft entouré de fept enclos quarrés, éloignés les uns des autres de trois cens cinquante pieds, & formés par des murs qui ont une affez grande élévation, & une épaiffeur proportionnée. L'autel eft au centre. Un feul monument de cette efpece avec fes fortifications, & les myfteres & les richeffes qu'il renferme, eft plus propre à maintenir, à perpétuer une religion, que la multiplicité des temples & des prêtres difperfés dans les villes, avec les facrifices, les cérémonies, les prieres, les difcours, qui par leur nombre, leur publicité, leur fréquente répétition, font expofés au rebut des fens fatigués, au mépris de la raifon clairvoyante, à des profanations dangereufes, ou à un oubli, à un abandon que le clergé redoute encore plus que des facriléges. Les prêtres de l'Inde auffi fages que ceux de l'Egypte, ont la politique de ne laiffer pénétrer aucun étranger dans la pagode de Scheringham. A travers les fables qui enveloppent l'hiftoire de ce temple, il y a apparence qu'un philofophe favant qui pourroit y être admis, trouveroit dans les emblêmes, la forme & la conftruction de l'édifice, dans les pratiques fuperftitieufes & les traditions particulieres à cette enceinte facréc, des fources d'inftruction & des lumieres fur l'hi-

stoire des siécles les plus reculés. Des pélerins de t
l'Indostan y viennent chercher l'abfolution de leurs
chés, & ne fe préfentent jamais fans une offrande p
portionnée à leur fortune. Ces dons étoient encor
confidérables au commencement du fiécle, qu'ils faifo
fubfifter dans les douceurs d'une vie oifive & commu
quarante mille perfonnes. Ces Brames, malgré les g
d'une affez grande fubordination, étoient tellement
tisfaits de leur fituation, qu'ils quittoient rarement l
retraite, pour fe précipiter dans les intrigues & la
litique.

Indépendamment des autres avantages que Sche
ham offroit aux François, ils y trouvoient une pof
qui devoit leur donner une grande influence dans les p
voifins, & un empire abfolu fur le Tanjaour, qu'ils éto
les maîtres de priver quand ils le voudroient, des e
néceffaires pour la culture de fes riz.

Karical & Pondichery virent augmenter chacune l
territoire, d'un efpace de dix lieues & de quatre-vi
aldées. Si ces acquifitions n'étoient pas auffi confid
bles que celle de Scheringham pour l'influence dans
affaires générales, elles étoient bien plus avantageufes
commerce.

Mais c'étoit encore peu de chofe, au prix du terri
qu'on gagnoit au Nord. Il embraffoit le Condavir, l
zulipatam, l'ifle de Divy, & les quatre provinces
Montafanagar, d'Elour, de Ragimendry, & de Chica
Des conceffions de cette importance rendoient les F
çois maîtres de la côte dans une étendue de fix cens
les, & devoient leur donner des toiles fupérieures à c
qui fortent du refte de l'Indoftan. Il eft vrai qu'il
devoient jouir des quatre provinces, qu'autant q

entretiendroient au fervice du Souba le nombre des troupes dont on étoit convenu ; mais cet engagement qui ne
lioit que leur probité, ne les inquiétoit guère. Leur ambition dévoroit d'avance les tréfors accumulés dans ces
vaftes contrées depuis tant de fiécles.

L'ambition des François & leurs projets de conquête,
alloient bien plus loin encore. Ils fe propofoient de fe
faire céder la capitale des colonies Portugaifes, & de
s'emparer du triangle qui eft entre Mazulipatam, Goa,
& le cap Comorin.

En attendant que le tems fût venu de réalifer ces brillantes chimeres, ils regardoient les honneurs qu'on pro-
diguoit perfonnellement à Dupleix, comme le préfage des
plus grandes profpérités. On n'ignore pas que toute colonie étrangere eft plus ou moins odieufe aux indigènes ;
qu'il eft dans les principes d'une conduite judicieufe, de
chercher à diminuer cette averfion, & que le plus puiffant
moyen pour arriver à ce but, eft d'adopter, autant qu'il
eft poffible, les ufages du pays où l'on veut vivre.
Cette maxime généralement vraie, l'eft fur-tout dans
les contrées où l'on penfe peu, & par conféquent aux
Indes.

Le penchant que le chef des François avoit pour le
fafte Afiatique, l'affermiffoit encore plus dans ces principes. Auffi fut-il comblé de joie, lorfqu'il fe vit revêtu de la dignité de Nabab. Ce titre le rendoit l'égal
de ceux dont on avoit été réduit jufqu'alors à briguer
la protection, & lui donnoit une grande facilité pour
préparer les révolutions qu'il jugeroit convenables aux
grands intérêts qui lui étoient confiés. Il efpéra encore davantage du gouvernement qu'il obtint de toutes
les poffeffions Mogoles, dans un efpace prefqu'auffi

étendu que la France entiere. Tous les revenus
ces riches contrées devoient être dépoſés dans
mains, ſans qu'il fût obligé d'en rendre compte qu
Souba même.

Quoique ces arrangemens faits par des march
ne duſſent pas être agréables à la cour de Delhy,
craignit peu ſon reſſentiment. Privée des ſecours d'h
mes & d'argent, que les Soubas, les Nababs,
Rajas, ſes moindres prépoſés ſe permettoient de
refuſer, elle ſe voyoit aſſaillie de tous les côtés.

Les Rajeputes, deſcendans de ces Indiens que
battit Alexandre, chaſſés de leurs terres par les
gols, ſe ſont réfugiés dans des montagnes preſqu'i
ceſſibles. Des troubles continuels les mettent hors
tat de former des projets de conquêtes; mais dan
momens de repos que leur laiſſent leurs diſſenſi
ils ſont des incurſions qui fatiguent un empire ép

Les Patanes ſont des ennemis encore plus red
bles. Chaſſés par les Mogols de la plupart des tr
de l'Indoſtan, ils ſe ſont réfugiés au pied du
Imaüs, qui eſt une branche du Caucaſe. Ce ſéjo
ſingulierement changé leurs mœurs, & leur a d
une férocité de caractere qu'ils n'avoient pas ſou
ciel plus doux. La guerre eſt leur occupation la
ordinaire. On les voit ſe ranger indifféremment
les étendards des princes Indiens ou Mahométa
mais leur docilité n'égale pas leur valeur. De qu
crime qu'ils ſe ſoient rendus coupables, il eſt da
reux de les en punir, parce que l'eſprit de veng
les porte à l'aſſaſſinat quand ils ſont foibles, &
révolte, lorſque leur nombre peut les enhardir à de
marches audacieuſes. Depuis que la puiſſance

ité a perdu fa force, la nation a fecoué le joug. ſes généraux ont même, il y a peu d'années, pouſſé leurs ravages juſqu'à Delhy, qu'ils n'ont abandonné qu'après un affreux pillage.

Au Nord de l'Indoſtan eſt une nation, qui, quoique nouvelle, & même parce qu'elle eſt nouvelle, inſpire encore plus de terreur. Ces peuples, connus ſous le nom de Seiks, ont ſû ſe tirer des fers du deſpotiſme & de la ſuperſtition, quoiqu'entourés de nations eſclaves. On les dit ſectateurs d'un philoſophe du Thibet, qui leur donna des idées de liberté, & leur enſeigna le déiſme, ſans aucun mélange de ſuperſtition. Ils ſe firent connoître au commencement du ſiécle ; mais alors ils étoient moins regardés comme une nation que comme une ſecte. Durant les calamités de l'empire Mogol, leur nombre s'accrut conſidérablement, par des apoſtats de toutes les religions qui vinrent ſe joindre à eux, & y chercher un aſyle contre les vexations & les fureurs de leurs tyrans. Pour être admis dans cette ſociété, il ſuffit de jurer une haine implacable à la monarchie. Il paſſe pour conſtant, que dans un temple eſt un autel ſur lequel eſt placé le code de leur légiſlation, à côté duquel on voit un ſceptre & un poignard. Quatre vieillards ſont élus, pour conſulter dans l'occaſion la loi, unique ſouverain de cette république. Les Seiks poſſédent actuellement toute la province de Punjal, la plus grande partie du Multan & du Sinde, les deux rives de l'Indus depuis Cachemire juſqu'à Tatta, & tout le pays du côté de Delhy, depuis Lahor juſqu'à Sirhind : ils peuvent mettre ſur pied une armée de ſoixante mille bons chevaux.

Mais de tous les ennemis du Mogol, il n'y en a pas

d'aussi dangereux que les Marattes. Ces peuples, de‑
nus depuis quelque tems si célebres, occupoient, au‑
que l'obscurité de leur origine & de leur histoire per‑
de le conjecturer, plusieurs provinces de l'Indostan, à
la crainte ou les armes des Mogols les chasserent. Ils
réfugierent dans les montagnes qui s'étendent depuis
rate jusqu'à Goa, & y formerent plusieurs peuplad‑
qui avec le tems se fondirent dans un seul état, dont
tarah fut la capitale. La plupart d'entr'eux porte‑
bientôt le vice & la licence à tous les excès qu'on
attendre d'un peuple ignorant qui a secoué le joug
préjugés, sans mettre à leur place de bonnes loix &
lumieres. Dégoûtés des occupations louables & paisi‑
ils ne respirerent que le brigandage. Cependant leurs
pines se bornoient à piller quelques villages, à détrou‑
quelques caravanes, lorsque le Coromandel pressé
Aurengzeb, les avertit de leurs forces, en implo‑
leur secours.

A cette époque on les vit sortir de leurs rochers,
des chevaux petits & mal faits, mais robustes & ac‑
tumés à une mauvaise nourriture, à des chemins im‑
ticables, à des fatigues excessives. Un turban, une ca‑
ture, un manteau, c'étoit tout l'équipage du cava‑
Maratte. Ses provisions se réduisoient à un petit sac
riz, & à une bouteille de cuir remplie d'eau. Il n'a
pour armes, qu'un sabre d'une trempe excellente.

Malgré le secours de ces barbares, les princes Ind‑
furent forcés de subir le joug d'Aurengzeb; mais le
quérant lassé de lutter sans cesse contre des troupes
gulieres, qui portoient continuellement la destructio
le ravage dans les provinces nouvellement asservies
détermina à un traité qui auroit été honteux, si la m‑

e plus forte que les préjugés, les fermens & les loix,
e l'avoit dicté. Il céda à perpétuité aux Marattes le
... t de chotaye, ou la quatriéme partie des revenus du
... an, Soubabie formée de toutes les ufurpations qu'il
... voit faites dans la peninfule.

... Cette efpece de tribut fut régulierement payé, tant que
... écut Aurengzeb. Après fa mort, on le donna, on le
... efufa, fuivant qu'on étoit, ou qu'on n'étoit pas en force.

... foin de le lever attira les Marattes en corps d'armée,
... ufques dans les lieux les plus éloignés de leurs monta-
... nes. Leur audace s'eft accrue dans l'anarchie de l'Indo-
... tan. Ils ont fait trembler l'empire; ils en ont dépofé les
... chefs; ils ont étendu leurs frontiéres, ils ont accordé
... leur appui aux Rajas, aux Nababs, qui cherchoient à fe
... rendre indépendans. Leur influence a été fans bornes.

... Tandis que la cour de Delhy luttoit avec défavantage
... contre tant d'ennemis acharnés à fa ruine, M. de Buffy,
... qui avec un foible corps de François & une armée Indien-
... ne, avoit conduit Salabetzingue à Aurengabad, fa capi-
... tale, s'occupoit avec fuccès du foin de l'affermir fur le
... trône où il l'avoit placé. L'imbécillité du prince, les
... confpirations dont elle fut la caufe, l'inquiétude des Ma-
... rattes, les Firmans qu'on avoit accordés à des rivaux,
... d'autres obftacles traverferent fes vues fans y rien chan-
... ger. Il fit régner le protégé des François plus paifible-
... ment que les circonftances ne permettoient de l'efpérer,
... & il le maintint dans une indépendance abfolue du chef
... de l'empire.

... La fituation de Chandafaeb, nommé à la Nababie
... du Carnate, n'étoit pas fi heureufe. Les Anglois, tou-
... jours oppofés aux François, lui avoient fufcité un ri-
... val, nommé Mahamet-Alikan. Le nom de ces deux

princes ſervit de voile aux deux nations, pour ſe f
une guerre vive : elles combattoient pour la glo
pour la richeſſe, pour ſervir les paſſions de leurs che
Dupleix & Saunders. La victoire paſſa ſouvent de
à l'autre camp. Les ſuccès auroient été moins va
ſi le gouverneur de Madras eût eu plus de trou
ou le gouverneur de Pondichery de meilleurs offic
Tout portoit à douter lequel de ces deux homm
qui la nature avoit donné le même caractere d'in
bilité, finiroit par donner la loi ; mais on étoit
aſſuré qu'aucun ne la recevroit, tout le tems qu'
reſteroit un ſoldat ou une roupie pour ſe ſoutenir.
épuiſement même, malgré leurs efforts exceſſifs,
roiſſoit fort éloigné, parce qu'ils trouvoient l'u
l'autre dans leur haîne & dans leur génie, des rel
ces que les plus habiles ne ſoupçonnoient pas. I
manifeſte que les troubles ne ceſſeroient point da
Carnate, à moins que la paix n'y arrivât d'Eu
& l'on pouvoit craindre que le feu concentré d
ſix ans dans l'Inde, ne ſe communiquât au loin.
Miniſtres de France & d'Angleterre diſſiperent ce
ger, en ordonnant aux deux compagnies de ſe ra
cher. Elles firent un traité conditionel, qui comm
par ſuſpendre les hoſtilités dans les premiers jou
1755, & qui devoit finir par établir entr'elles un
lité entiere de territoire, de force & de comme
la côte de Coromandel & à celle d'Orixa. Cet
gement n'avoit pas encore obtenu la ſanction des
de Londres & de Verſailles, lorſque de plus g
intérêts rallumerent le flambeau de la guerre ent
deux nations.

XII.
Guerre en-
      La nouvelle de ce grand incendie, qui de l'Am

ptentrionale fe communiqua à tout l'univers, arriva aux
Indes dans un tems où les Anglois avoient à foutenir
contre le Souba du Bengale une guerre très-embarraffan-
te. Si les François avoient été alors ce qu'ils étoient
quelques années auparavant, ils auroient joint leurs intérêts aux intérêts des naturels du pays. Des vues étroites
& des intérêts mal combinés, leur firent defirer d'affurer
par une convention formelle, une neutralité, qui dans
les dernieres diffenfions, avoit eu lieu fur les bords du
Gange. Leur rival leur fit efpérer cet arrangement, tant
qu'il eut befoin de leur inaction. Mais auffi-tôt que fes
fuccès l'eurent mis en état de donner la loi, il attaqua
Chandernagor. La prife de cette place entraîna la ruine
de tous les comptoirs qui lui étoient fubordonnés ; &
elle mit les Anglois en état de faire paffer des hommes,
de l'argent, des vivres, des vaiffeaux, à la côte de Coromandel, où les François venoient d'arriver avec des
forces confidérables de terre & de mer.

Ces forces, deftinées à couvrir les établiffemens de
leur nation, & à détruire ceux de leur ennemi, étoient
plus que fuffifantes pour ce double objet. Il s'agiffoit
feulement d'en faire un ufage raifonnable, & l'on s'é-
gara dès les premiers pas. La preuve en eft fenfible.

Avant le commencement des hoftilités, la compagnie poffédoit aux côtes d'Orixa & de Coromandel,
Mazulipatam avec cinq provinces ; un grand arrondif-
fement autour de Pondichery, qui n'avoit eu long-
tems qu'une langue de fable ; un domaine à-peu-près
égal, près de Karical ; & enfin l'ifle de Scheringham.
Ces poffeffions formoient quatre maffes, trop éloignées
les unes des autres pour s'étayer mutuellement. On y
voyoit l'empreinte de l'efprit un peu découfu, & de

tre les An-
glois & les
François.
Les der-
niers per-
dent tous
leurs éta-
bliffemens.

Tome II.   G

l'imagination souvent gigantesque de Dupleix, qui l[...]
avoit acquises.

Le vice de cette politique avoit pû être corrigé. D[...]
pleix qui rachetoit ses défauts par de grandes qualités[...]
avoit amené les affaires au point de se faire offrir le go[...]
vernement perpétuel du Carnate. C'étoit la province [...]
l'empire Mogol la plus florissante. Des circonstances si[...]
gulieres & heureuses, lui avoient donné de suite trois N[...]
babs de la même famille, qui avoient fixé un œil éga[...]
ment vigilant sur la culture & sur l'industrie. La félic[...]
générale avoit été le fruit d'une conduite si douce &[...]
généreuse, & les revenus publics étoient montés à dou[...]
millions. On en auroit donné la sixiéme partie à Sala[...]
zingue, & le surplus seroit resté à la compagnie.

Si le ministère & la direction, qui tour-à-tour v[...]
loient & ne vouloient pas être une puissance dans l'In[...]
avoient été capables d'une résolution ferme & invaria[...]
ils auroient pû ordonner à leur agent d'abandonner t[...]
tes les conquêtes éloignées, & de s'en tenir à ce gr[...]
établissement. Seul, il devoit donner aux François [...]
existence inébranlable, un état serré & contigu, une qu[...]
tité prodigieuse de marchandises, des vivres pour l'ap[...]
visionnement de leurs places fortes, des revenus suffi[...]
pour entretenir un corps de troupes, qui les eût mis[...]
état de braver la jalousie de leurs voisins, & la haine[...]
leurs ennemis. Malheureusement pour eux, la cour[...]
Versailles ordonna qu'on refusât le Carnate, & les [...]
faires resterent sur le pied où elles étoient avant c[...]
proposition.

La situation étoit délicate. Peut-être n'y avoit-il [...]
Dupleix qui pût s'y soutenir, ou à son défaut, l'[...]
sier célèbre qui étoit entré le plus avant dans sa c[...]

fidence, & qui avoit eu le plus de part à fes combinaifons. On en jugea autrement. Dupleix avoit été rap-
pellé. Le général qu'on chargea de la guerre de l'Inde,
crut devoir renverfer un édifice qu'il ne falloit qu'étayer
dans des tems de trouble, & il publia fes idées avec
un éclat qui ajoutoit beaucoup à l'imprudence de fes
réfolutions.

Cet homme, dont le caractere indomptable étoit prefque toujours en contradiction avec les circonftances,
avoit reçu de la nature les qualités les moins propres au
commandement. Dominé par une imagination fombre,
impétueufe, irréguliere, fes difcours & fes projets, fes
projets & fes démarches formoient un contrafte continuel. Emporté, foupçonneux, jaloux, abfolu à l'excès,
il infpira une méfiance, un découragement univerfels; il
excita des haînes qui ne font pas affouvies. Ses opérations
militaires, fon adminiftration civile, fes combinaifons
politiques, tout fe reffentit du défordre de fes idées.

L'évacuation de l'ifle de Scheringham, fut la principale caufe des malheurs de la guerre du Tanjaour. On
perdit Mazulipatam & les provinces du Nord, pour avoir
renoncé à l'alliance de Salabetzingue. Les petites puiffances du Carnate ne refpectant plus dans les François
le caractere de leur ancien ami, le Souba du Decan,
acheverent de tout perdre, en embraffant d'autres intérêts.

D'un autre côté, l'efcadre Françoife fupérieure à celle
des Anglois, l'avoit combattue trois fois, fans avoir pû
la vaincre; & elle avoit fini par la laiffer la maitreffe de
la mer. Cet abandon décida la perte de l'Inde. Pondichery, livré aux horreurs de la famine, fut obligé de fe rendre le 15 Janvier 1761. Lally avoit corrigé la veille un

projet de capitulation dreſſé par le conſeil ; il avoit nommé des députés pour la porter au camp ennemi ; & par
une contradiction qui le peint , mais dont les ſuites ont
été fatales , il chargea ces mêmes députés d'une lettre
pour le général Anglois , auquel il marquoit , *qu'il ne*
vouloit point de capitulation , *parce que les Anglois*
étoient gens à ne pas la tenir.

En prenant poſſeſſion de la place , le conquérant fit
embarquer pour l'Europe , non-ſeulement les troupes qui
l'avoient défendue , mais encore tous les François attachés au ſervice de la Compagnie. On pouſſa plus loin la
vengeance. Pondichery fut détruit , & cette ville ſuperbe
ne fut plus qu'un monceau de ruines.

Ceux de ſes habitans qu'on avoit tranſportés en France , y arriverent avec le déſeſpoir d'avoir perdu leur fortune , & d'avoir vu , en s'éloignant du rivage , leurs maiſons renverſées. Ils remplirent Paris de leurs cris ; ils
dénoncerent leur chef à l'indignation publique ; ils le
préſenterent au gouvernement comme l'auteur de tous
leurs maux , comme la cauſe unique de la perte d'une
colonie floriſſante. Lally fut arrêté ; le parlement inſtrui-
ſit ſon procès. Il avoit été accuſé de haute trahiſon & de
concuſſion ; la premiere de ces accuſations fut reconnue
abſolument fauſſe ; la ſeconde reſta ſans preuves ; & cependant Lally fut condamné à perdre la tête.

Nous demanderons au nom de l'humanité , quel étoit
ſon crime dans l'ordre des loix ? Le glaive redoutable de
la juſtice n'a point été dépoſé dans les mains des magiſtrats,
pour venger des haines particulieres , ni même pour ſuivre les mouvemens de l'indignation publique. C'eſt à la
loi ſeule qu'il appartient de marquer les victimes ; &
ſi les clameurs d'une multitude aveugle & paſſionnée

pouvoient décider les juges à prononcer une peine capitale, l'innocence prendroit la place du crime; & il n'y auroit plus de sûreté pour le citoyen. Analysons l'arrêt sous ce point de vue.

Il déclare Lally convaincu *d'avoir trahi les intérêts du roi, de son état, & de la compagnie des Indes.* Qu'est-ce que trahir les intérêts ? Où est la loi qui ordonne la peine de mort, pour ce délit vague & indéfini ? Il n'en existe, il ne peut en exister aucune. La disgrace du prince, le mépris de la nation, l'opprobre public, sont les châtimens destinés à l'homme incapable ou insensé qui a mal servi l'état : mais la mort, & la mort sur l'échaffaud, pour la mériter, il faut des crimes d'un autre genre.

L'arrêt déclare encore Lally convaincu *de vexations, d'exactions, d'abus d'autorité.* Nous n'en doutons pas; il en a commis sans nombre. Il a employé des moyens violens pour se procurer des ressources pécuniaires; mais cet argent a été versé dans le trésor public. Il a vexé, il a tourmenté des citoyens; mais il n'a point attenté à leur vie, il n'a point attenté à leur honneur. Il a fait dresser des gibets dans la place publique; mais il n'y a fait attacher personne.

Dans la vérité, c'étoit un fou noir & dangereux; un homme odieux & méprisable; un homme essentiellement incapable de commander aux autres. Mais ce n'étoit ni un concussionaire, ni un traître; & pour nous servir de l'expression d'un philosophe dont les vertus font honneur à l'humanité : *tout le monde avoit droit de tuer Lally, excepté le bourreau.*

Les disgraces qu'éprouvoient les François en Asie avoient été prévus par tous les observateurs, qui réflé-

XIII.
Source
des mal-

chiſſoient ſur la corruption de cette nation. Ses mœurs avoient ſur-tout dégénéré dans le climat voluptueux des Indes. Les guerres que Dupleix avoit faites dans l'intérieur des terres, avoient commencé un aſſez grand nombre de fortunes. Les dons que Salabetzingue prodigua à ceux qui le conduiſirent triomphant dans ſa capitale & l'affermirent ſur le trône, les multiplierent & les augmenterent. Les officiers qui n'avoient pas partagé le péril, la gloire, les avantages de ces expéditions brillantes, chercherent à ſe conſoler de leur malheur, en réduiſant à la moitié le nombre des Cipayes qu'ils devoient avoir, & dont ils pouvoient facilement détourner la ſolde, parce qu'on leur en laiſſoit la manutention. Les commis à qui ces reſſources étoient interdites, débitant les marchandiſes envoyées d'Europe, ne rendoient à la Compagnie que la moindre partie d'un bénéfice qu'elle auroit dû avoir entier, & lui revendoient fort cher celles de l'Inde, qu'elle auroit dû recevoir de la premiere main. Ceux qui étoient chargés de l'adminiſtration de quelque poſſeſſion, l'affermoient eux-mêmes ſous des noms Indiens, ou la donnoient à vil prix, parce qu'ils avoient reçu d'avance une gratification conſidérable; ſouvent même ils retenoient tout le revenu de ces poſſeſſions, en ſuppoſant des violences & des ravages qui avoient rendu impoſſible le recouvrement. Toutes les entrepriſes, de quelque nature qu'elles fuſſent, s'accordoient clandeſtinement : elles étoient la proie des employés qui avoient ſu ſe rendre redoutables, ou de ceux qui jouiſſoient de plus de faveur & de fortune. L'abus ſolemnel aux Indes de faire & de recevoir des préſens à chaque traité, avoit multiplié les engagemens ſans néceſſité. Les navigateurs qui abordoient dans ces climats, éblouis des fortunes qu'ils voyoient quadrupler d'un voyage à l'autre, ne voulurent plus regarder les vaisseaux dont on leur confioit le commandement, que comme une voie de trafic & de richesse qui leur étoit ouverte. La corruption fut portée à son comble par les gens de qualité, avilis & ruinés, qui sur ce qu'ils voyoient, sur ce qu'ils entendoient dire, voulurent passer en Asie, dans l'espérance d'y rétablir leurs affaires ou d'y continuer avec impunité leurs déréglemens. La conduite personnelle des directeurs les mettoit dans la nécessité de fermer les yeux sur tous ces désordres. On leur reprochoit de ne voir dans leur place que le crédit, l'argent, le pouvoir qu'elle leur donnoit. On leur reprochoit de livrer les postes les plus importans à des parens sans mœurs, sans application, sans capacité. On leur reprochoit de multiplier sans cesse & sans mesure le nombre des facteurs, pour se ménager des protecteurs à la ville & à la cour. Enfin on leur reprochoit de fournir eux-mêmes ce qu'on auroit obtenu ailleurs à un prix plus modique, & de meilleure qualité. Soit que le gouvernement ignorât ces excès, soit qu'il n'eût pas le courage de les réprimer; il fut par son aveuglement, ou par sa foiblesse, complice en quelque sorte de la ruine des affaires de la nation dans l'Inde. On pourroit même sans injustice l'accuser d'en avoir été la cause principale, par les instrumens foibles ou infideles qu'il employa pour diriger, pour défendre une colonie importante, qui n'avoit pas moins à craindre de sa corruption, que des flottes & des armées Angloises.

Le poids des malheurs qui accabloient la Compagnie dans l'Orient, étoit augmenté par la situation où elle se trouvoit en Europe. Dès les premiers momens, on crut devoir en présenter le fidele tableau aux actionnaires.

XIV.
Mesures que l'on prend en France

pour le ré-
tabliſſe-
ment des
affaires
dans l'Inde.

Cette vérité amena le déſeſpoir, & ce déſeſpoir enfa[n]
cent ſyſtêmes, la plupart abſurdes. On paſſoit rapi[de]
ment de l'un à l'autre, ſans qu'aucun pût fixer des eſp[rits]
pleins d'incertitude & de défiance. Des momens p[ré]
cieux ſe paſſoient en reproches & en invectives. L[a ai]
greur nuiſoit aux délibérations. Perſonne ne pouvoit p[ré]
voir où tant de convulſions aboutiroient; lorſqu'un je[une]
négociant d'un génie hardi, lumineux & profond, ſe [fit]
entendre. A ſa voix, les orages ſe calment; les co[eurs]
s'ouvrent à l'eſpérance. Il n'y a qu'un avis, & c'e[ſt le]
ſien. La Compagnie, que les ennemis de tout privi[lège]
excluſif deſiroient de voir abolie, & dont tant d'inté[rêts]
particuliers avoient juré la ruine, eſt maintenue; &[ſi]
qui eſt indiſpenſable, on la réforme.

Parmi les cauſes qui avoient précipité la Compa[gnie]
dans l'abîme où elle ſe trouvoit, il y en avoit une [re]
gardée depuis long-tems comme la ſource de toutes [les]
autres : c'étoit la dépendance, ou plutôt la ſervitu[de où]
le gouvernement tenoit ce grand corps depuis près [d'un]
demi-ſiécle.

Dès 1723, la cour avoit elle-même choiſi les di[rec]
teurs. En 1730, un commiſſaire du roi fut introduit [dans]
l'adminiſtration de la Compagnie. Dès-lors, plus d[e li]
berté dans les délibérations; plus de rélation entr[e les]
adminiſtrateurs & les propriétaires; aucun rapport [im]
médiat, entre les adminiſtrateurs & le gouverneme[nt.]
Tout ſe dirigea par l'influence & ſuivant les vues [de]
l'homme de la cour. Le myſtère, ce voile dangereux [d'u]
ne adminiſtration arbitraire, couvrit toutes les op[éra]
tions; & ce ne fut qu'en 1744 qu'on aſſembla les [ac]
tionnaires. Ils furent autoriſés à nommer des ſyn[dics]
& à faire tous les ans une aſſemblée générale; mai[s]

...en furent pas mieux inftruits de leurs affaires, ni plus
...res de les diriger. Le prince continua à nommer les
...recteurs ; & au lieu d'un commiffaire qu'il avoit eu
...fqu'alors dans la Compagnie, il voulut en avoir deux.
...Dès ce moment, il y eut deux partis. Chacun des
...ommiffaires forma des projets différens, adopta des pro-
...ges, chercha à faire prévaloir fes vues. De-là, les di-
...ons, les intrigues, les délations, les haines, dont le
...yer étoit à Paris, mais qui s'étendirent jufqu'aux In-
...s, & qui y éclaterent d'une maniere fi funefte pour la
...ation.

...Le miniftère frappé de tant d'abus, & fatigué de ces
...uerres interminables, y chercha un remede. Il crut l'a-
...oir trouvé en nommant un troifiéme commiffaire. Cet
...expédient ne fit qu'augmenter le mal. Le defpotifme avoit
...gné lorfqu'il n'y en avoit qu'un ; la divifion, lorfqu'il
...y en eut deux : mais dès l'inftant qu'il y en eut trois,
...tout tomba dans l'anarchie. On revint à n'en avoir que
...deux, qu'on tâcha de concilier le mieux qu'on pût, &
...il n'y en avoit même qu'un en 1764; lorfque les action-
...naires demanderent qu'on rappellât la Compagnie à fon
...effence, en lui rendant fa liberté.

...Ils oferent dire au gouvernement que c'étoit à lui à
...s'imputer les malheurs & les fautes de la Compagnie,
...puifque les actionnaires n'avoient pris aucune part à la
...conduite de leurs affaires : qu'elles ne pouvoient être
...dirigées vers le but le plus utile pour eux & pour l'état,
...qu'autant qu'elles le feroient librement, & qu'on établi-
...roit des rélations immédiates entre les propriétaires &
...les adminiftrateurs, entre les adminiftrateurs & le mi-
...niftère : que toutes les fois qu'il y auroit un intermé-
...diaire, les ordres donnés d'une part, & les repréfenta-

tions faites de l'autre, recevroient néceffairement en p[...]
fant par fes mains, l'impreffion de fes vues particul[...]
& de fa volonté perfonnelle; en forte qu'il feroit tou[...]
le véritable & l'unique adminiftrateur de la Compa[...]
qu'un adminiftrateur de cette nature, toujours fans[...]
térêt, fouvent fans lumieres, facrifieroit perpétuelle[...]
à l'éclat paffager de fon adminiftration, & à la fa[...]
des gens en place, le bien & l'avantage réel du c[...]
merce : qu'on devoit tout attendre au contraire d[...]
adminiftration libre, choifie par les propriétaires, [...]
rée par eux, agiffant avec eux, & loin de laquel[...]
écarteroit conftamment toute idée de gêne & de [...]
trainte.

Ces raifons furent fenties par le gouvernement. [...]
fura à la Compagnie fa liberté par un édit folemn[...]
le même négociant qui venoit de lui donner une no[...]
exiftence par fon génie, forma un projet de ftatut[...]
vifoires, pour donner une nouvelle forme à fon a[...]
tration.

Le but de ces inftitutions étoit, que la Compa[...]
fût plus conduite par des hommes, qui fouvent n'é[...]
pas dignes d'en être les facteurs : que le gouverne[...]
ne s'en mêlât que pour la protéger : qu'elle fût [...]
ment préfervée & de la fervitude, fous laquelle ell[...]
conftamment gémi, & de l'efprit de myftère qui[...]
perpétué la corruption : qu'il y eût des relations [...]
nuelles entre les adminiftrateurs & les actionnaires[...]
Paris, privé de l'avantage dont jouiffent les capital[...]
autres nations commerçantes, celui d'être un p[...]
mer, pût s'inftruire du commerce dans des affe[...]
libres & paifibles : que le citoyen s'y formât en[...]
idées juftes de ce lien puiffant de toutes les natio[...]

prît, en s'éclairant fur les fources de la profpé-
ublique, à refpecter le négociant dont les opéra-
contribuent, ainfi qu'à méprifer les profeffions
détruifent.

événemens qui fuivirent ces fages inftitutions,
plus heureux qu'on n'ofoit l'efpérer. On remarqua
tous côtés une grande activité. Durant les cinq an-
que dura la nouvelle adminiftration, les ventes s'é-
ient annuellement à dix-huit millions. Elles n'avoient
été fi confidérables, dans les tems qu'on avoit re-
dé comme les plus brillans; puifque depuis 1726,
nes & y compris 1756, elles n'étoient montées qu'à
376, 284 livres; ce qui faifoit année commune,
ix & guerre, 14, 108, 912 liv.
Il faut tout dire. Les bénéfices depuis 1764 n'étoient
is ce qu'ils avoient été. La différence de l'achat à la
ente qui avoit été auparavant de cent pour cent au
ioms, n'étoit plus que d'environ foixante-dix pour cent.
diminution de profit venoit du défaut de fonds,
e ruine de la confidération Françoife dans l'Inde, du
ir exorbitant de la nation conquérante qui venoit
vir ces régions éloignées. Les agens de la Com-
g e étoient réduits à fe procurer l'argent, & la mar-
dife aux conditions les plus dures. Ils tiroient l'un
l'autre des négocians Anglois, qui cherchoient à faire
affer en Europe les fortunes immenfes qu'ils avoient
aites en Afie.
C'eft avec ces entraves & ces dégoûts, qu'étoit exercé
e privilége exclufif du commerce des Indes; lorfque
e gouvernement jugea convenable de le fufpendre. Il
faut voir quelle étoit alors la fituation de la compa-

XV.
Les me-
fures font
infuffifan-
tes. On fub-
ftitue le
commerce
des parti-
culiers à
celui de la
Compa-
gnie. Situa-
tion de ce
corps à l'é-
poque de
fon anéan-
tiffement.

Avant 1764, il exiftoit 50268 actions. A cette é.
le miniftère, qui, en 1746, 1747 & 1748, avoit
donné aux actionnaires le produit des actions & d.
lets d'emprunt qui lui appartenoient, leur facrifia!
lets & les actions même, les uns & les autres au
bre de 11835, pour les indemnifer des dépenfes.
avoient faites durant la derniere guerre. Ces:
ayant été annulées, il n'en refta que 38432.

Les befoins de la compagnie, firent décider é
fuite un appel de 400 livres par action. Plus de
quatre mille actions remplirent cette obligation. l:
tre mille qui s'en étoient difpenfées ayant été :
aux termes de l'édit, qui avoit autorifé l'appel, :
huitiémes de la valeur de celles qui y avoient é
le nombre total fe trouva réduit, par l'effet é
opération à 36920 actions entieres & fix huitiém.

Le Dividende des actions de la compagnie d:
a varié, comme celui des autres compagnies:
les circonftances. Il fut de 100 livres, en 1722,
1723 jufqu'en 1745, de 150. Depuis 1746 jufqu'a
de 70 livres. Depuis 1750 jufqu'en 1758, de 8:
Depuis 1759 jufqu'en 1763, de 40 livres. Il ne
de 20 livres en 1764. Ces détails démontrent qu:
vidende & la valeur de l'action qui s'y propor:
toujours, étoient néceffairement affujettis au ha:
commerce, & au flux & reflux de l'opinion p:
Delà, ces écarts prodigieux, qui, tantôt élevoie:
tôt abaiffoient le prix de l'action; qui de deux :
toles la réduifoient à cent, dans la même anné:
reportoient enfuite à dix-huit cens livres, pou:
retomber à fept cens quelque tems après. Cepen:
milieu de ces révolutions, les capitaux de la c:

ient prefque toujours les mêmes. Mais c'eft un calcul
le ublic ne fait jamais. La circonftance du moment
mine ; & dans fa confiance comme dans fes crain-
va toujours au-delà du but.

actionnaires perpétuellement expofés à voir leur
è diminuer de moitié en un jour, ne voulurent
s'courir les hazards d'une pareille fituation. En fai-
de nouveaux fonds pour la reprife du commerce,
manderent à mettre à couvert tout ce qui leur ref-
it de leur bien; de maniere que dans tous les tems,
tion eût un capital fixe, & une rente affurée. Le
uvernement confacra cet arrangement par fon édit du
is d'août 1764. L'article treizième porte expreffément,
e pour affurer aux actionnaires un fort fixe, ftable
indépendant de tout événement futur du commerce;
fera détaché de la portion du contrat qui fe trouvoit
bré alors, le fonds néceffaire pour former à chaque ac-
ion un capital de 1600 livres; & un intérêt de 80 liv.
fans que cet intérêt & ce capital foient tenus de ré-
pondre, en aucun cas & pour quelque caufe que ce foit,
des engagemens que la compagnie pourroit contracter
poftérieurement à cet édit.

La compagnie devoit donc pour 36920 actions & fix
huitièmes, fur le pied de 80 livres par action, un intérêt de 2953660 liv. Elle payoit pour fes différens contrats
2,727,506 liv; ce qui faifoit en tout 5,681,166 liv.
le rentes perpétuelles. Les rentes viageres montoient à
3,074,899 livres. Ainfi la totalité des rentes viageres
perpétuelles, formoit une fomme de 8,756,065 liv.
On va voir maintenant quels étoient les moyens de la
compagnie, pour faire face à des engagemens fi confidérables.

Ce grand corps, beaucoup trop mêlé dans les [...]
tions de Law, lui avoit fourni, 90,000,000 li[...]
chûte du fystême, on lui abandonna pour son pa[...]
la vente exclusive du tabac, qui rendoit alors tr[...]
lions par an; mais il ne lui restoit aucun fonds p[...]
commerce. Aussi son inaction dura-t-elle jusqu'en[...]
que le gouvernement vint à son secours. La cél[...]
ses progrès étonna toutes les nations. L'essor qu[...]
noit, sembloit devoir l'élever au-dessus des com[...]
les plus florissantes. Cette opinion, qui étoit g[...]
enhardissoit les actionnaires à se plaindre de ce q[...]
doubloit pas, qu'on ne triploit pas les répartiti[...]
croyoient, & le public croyoit avec eux, que le tr[...]
prince s'enrichissoit de leurs dépouilles. Le profe[...]
stère, sous lequel on ensevelissoit le secret des[...]
tions, donnoit beaucoup de force à ces conjectur[...]

Le commencement des hostilités entre la Fr[...]
l'Angleterre en 1744, rompit le charme. Le m[...]
trop gêné dans ses affaires pour faire des sacrifi[...]
compagnie, l'abandonna à elle-même. On fut a[...]
surpris, de voir tout prêt à s'écrouler, ce colos[...]
n'avoit point éprouvé de secousses, & dont tous [...]
heurs se réduisoient à la perte de deux vaisseaux [...]
leur médiocre. C'en étoit fait de son sort, si en[...]
gouvernement ne se fût reconnu débiteur envers[...]
pagnie de 180,000,000 livres, dont il s'obli[...]
lui payer à perpétuité l'intérêt au denier vingt.[...]
gagement, qui devoit lui tenir lieu de la vente [...]
du tabac, est un point si important dans son [...]
qu'on ne le trouveroit pas assez éclairci, si nou[...]
prenions les choses de plus haut.

L'usage du tabac, introduit en Europe aprè[...]

...uverte de l'Amérique, ne fit pas en France des progrès rapides. La confommation en étoit fi bornée, que
le premier bail, qui commença le premier décembre 1674
& qui finit le premier octobre 1680, ne rendit au gouvernement que 500, 000 livres les deux premieres années,
& 600, 000 livres les quatre dernieres ; quoiqu'on eût
joint à ce privilege le droit de marque fur l'étain. Cette
ferme fut confondue dans les fermes générales jufqu'en
1691, qu'elle y refta encore unie ; mais elle y fut com-
prife pour 1, 500, 000 liv. par an. En 1697, elle re-
devint une ferme particuliere aux mêmes conditions, jufqu'en 1709, où elle reçut une augmentation de 100, 000
livres, jufqu'en 1715. Elle ne fut alors renouvellée
que pour trois années, dont les deux premieres devoient
rendre 2, 000, 000 livres, & la derniere 200, 000 livres
de plus. A cette époque, elle fut élevée à 4, 020, 000
livres par an ; mais cet arrangement ne dura que du premier octobre 1718, au premier juin 1720. Le tabac devint marchand dans toute l'étendue du royaume, & refta
fur ce pied jufqu'au premier feptembre 1721. Les particuliers en firent, dans ce court intervalle, de fi grandes
provifions, que lorfqu'on voulut rétablir cette ferme, on
ne put la porter qu'à un prix modique. Ce bail, qui
étoit le onzieme, devoit durer neuf ans, à commencer
du premier feptembre 1721, au premier octobre 1730.
Les fermiers donnoient pour les treize premiers mois,
1, 300, 000 livres ; 1, 800, 000 liv. pour la feconde
année ; 2, 560, 000 livres pour la troifieme année ; &
3, 000, 000 liv. pour chacune des fix dernieres. Cet
arrangement n'eut pas lieu ; parce que la compagnie des
Indes, à qui le gouvernement devoit 90, 000, 000 livres
portées au tréfor royal en 1717, demanda la ferme du

tabac , qui lui avoit été alors aliénée à perpétuité, dont des événemens particuliers l'avoient empêché jouir. Sa requête fut trouvée juſte , & l'on lui adjuge qu'elle ſollicitoit avec la plus grande vivacité.

Elle régit , par elle-même , cette ferme , depuis premier octobre 1723 , juſqu'au dernier ſeptembre ; Le produit durant cet eſpace , fut de 50 , 083 , livres 11. ſ. 9 d.; ce qui faiſoit par an, 7, 154, liv. 10 ſ. 3 d. ; ſur quoi il falloit déduire chaque née , pour les frais d'exploitation , 3 , 042 , 96, 19 ſ. 6 d.

Ces frais énormes firent juger , qu'une affaire qui venoit tous les jours plus conſidérable , ſeroit entre les mains des fermiers généraux , qui la co roient avec moins de dépenſe , par le moyen des co qu'ils avoient pour d'autres uſages. La compagnie en fit un bail pour huit années. Ils s'engagerent payer 7 , 500 , 000 livres pour chacune des premieres années , & 8 , 000 , 000 liv. pour ch des quatre dernieres. Ce bail fut continué ſur les pied juſqu'au mois de juin 1747 ; & le roi pro tenir compte à la compagnie de l'augmentation du duit, lorſqu'elle feroit connue & conſtatée.

A cette époque, le roi réunit la ferme du tabac autres droits , en créant & aliénant au profit de la pagnie neuf millions de rente perpétuelle , au princi cent quatre-vingts millions. On crut lui devoir ce dédommagement pour l'ancienne dette de quatre dix millions ; pour l'excédent du produit de la fe tabac, depuis 1738 juſqu'en 1747 , & pour l'ind des dépenſes faites pour la traite des négres, des ſouffertes pendant la guerre , de la rétroceſſion d lège excluſif du commerce de Saint-Domingue, de la non-jouiſſance du droit de tonneau, dont le payement avoit été ſuſpendu depuis 1731. Ce traitement a paru cependant inſuffiſant à quelques actionnaires, qui ſont parvenus à découvrir que, depuis 1758, il s'eſt vendu annuellement dans le royaume, onze millions ſept cent mille livres de tabac à un écu la livre, quoiqu'il n'eût coûté d'achat que vingt-ſept francs le cent peſant.

La nation penſe bien différemment. Elle a accuſé les adminiſtrateurs, qui déterminerent le gouvernement à ſe reconnoître débiteur d'une ſomme ſi conſidérable, d'avoir immolé la fortune publique aux intérêts d'une ſociété particuliere. Un écrivain qui examineroit de nos jours ſi ce reproche eſt ou n'eſt pas fondé, paſſeroit pour un homme oiſif. Cette diſcuſſion eſt devenue très-inutile, depuis que les vraies lumieres ſe ſont répandues. Il ſuffira de remarquer que c'eſt avec les neuf millions de rente mal-à-propos ſacrifiés par l'état, que la compagnie faiſoit face aux 8, 756, 065 liv. dont elle étoit chargée ; de maniere qu'il lui reſtoit encore environ 244, 000 livres de revenu libre.

Il eſt vrai qu'elle devoit en dettes chirographaires 74, 505, 000 livres ; mais elle avoit dans ſon commerce, dans ſa caiſſe ou dans ſes recouvremens à faire 70, 733, 000 livres ; ſomme preſque ſuffiſante pour balancer ſes dettes.

Son unique richeſſe conſiſtoit donc en effets mobiliers ou immobiliers, pour environ vingt millions, & dans l'eſpérance de l'extinction des rentes viageres, qui, avec le tems, devoit lui donner trois millions de revenu, dont la valeur actuelle pouvoit être aſſimilée à un capital libre de trente millions.

Tome II.   H

Indépendamment de ces propriétés, la compagnie jou
ſoit de quelques droits qui lui étoient extrêmement util
On lui avoit accordé le commerce excluſif du café. Le b
général exigea que celui qui venoit des iſles de l'Amériqu
ſortît de ſon privilége en 1736 : mais il lui fut accor
en dédommagement une ſomme annuelle de cinqua
mille francs qui lui fut toujours payée. Le privilége m
me du café de Moka, fut détruit en 1767, le gouvern
ment ayant permis l'introduction de celui qui étoit
du levant. La compagnie n'obtint à ce ſujet aucune
demnité.

Elle avoit éprouvé l'année précédente une priva
plus ſenſible. On lui avoit accordé en 1720 le droi
porter ſeule des eſclaves dans les colonies d'Améric
Le vice de ce ſyſtême ne tarda pas à ſe faire ſentir;
fut décidé que tous les négocians du royaume pourro
prendre part à ce trafic, à condition qu'ils ajouter
une piſtole par tête, aux treize livres qu'avoit accor
le tréſor royal. En ſuppoſant que les iſles Françoiſes
voient quinze mille noirs par an, il en réſultoit un re
de 345, 000 livres pour la compagnie. Cet encou
ment qui lui étoit donné pour un commerce qu'ell
faiſoit pas, fut ſupprimé en 1767 ; mais remplacé par
équivalent moins déraiſonnable.

La compagnie, au tems de ſa formation, avoit ob
une gratification de 50 livres pour chaque tonneau
marchandiſes, qu'elle exporteroit, & une gratificatio
75 livres pour chaque tonneau de marchandiſes qu'ell
porteroit. Le miniſtère, en lui ôtant ce qu'elle tiroi
nègres, porta la gratification de chaque tonneau d'ex
tation à 75 livres, & à 80 livres celles de chaque ton
d'importation. Qu'on les évalue annuellement à ſix

tonneaux , & l'on trouvera pour la compagnie un produit de plus d'un million, en y comprenant les 50, 000 livres qu'elle recevoit pour les cafés.

En conservant ses revenus, la Compagnie avoit vu diminuer ses dépenses. L'édit de 1764 avoit fait passer la propriété des isles de France & de Bourbon dans les mains du gouvernement , qui s'étoit imposé l'obligation de les fortifier & de les défendre. Par cet arrangement , la Compagnie s'étoit trouvée déchargée d'une dépense annuelle de deux millions, sans que le commerce exclusif dont elle jouissoit dans ces deux colonies eût reçu la moindre atteinte.

Avec tant de moyens apparens de prospérité, la Compagnie devoit s'endetter tous les jours ; parce que ses revenus & les bénéfices de son commerce n'étoient pas suffisans pour payer tout-à-la-fois les dépenses attachées à l'administration de ce commerce & celles qui tiennent à la souveraineté, dépenses qui s'élevoient ensemble à huit millions par an. Elles pouvoient même se porter plus loin , étant susceptibles par leur nature de s'étendre & de s'accroître à l'infini , suivant les vues politiques du gouvernement, qui est l'unique juge de leur importance & de leur nécessité.

Dans une situation si fâcheuse , la Compagnie ne pouvoit se soutenir que par le secours du gouvernement. Mais depuis quelque tems le conseil de Louis XV paroissoit envisager avec indifférence l'existence de ce grand Corps. Il parut enfin un arrêt du conseil, en date du 13 août 1769, par lequel le roi suspendoit le privilége exclusif de la Compagnie des Indes, & accordoit à tous ses sujets la liberté de naviguer & de commercer au-delà du cap de Bonne-Espérance. Cependant en donnant cette

qui montoient à environ quarante-cinq-millions ; tou[t]
les penſions & demi-ſoldes qu'elle avoit accordées, & q[ui]
formoient un objet annuel de quatre-vingt mille francs; en[fin]
à ſupporter tous les frais & tous les riſques d'une liqui[da]
tion qui, néceſſairement, devoit durer pluſieurs anné[es]

Le roi, en même tems porta à 2500 livres, produi[ſant 125 livres de rente, le capital de l'action, qui p[ar]
l'édit du mois d'août 1764 , avoit été fixé à 1600 liv[res]
de principal, produiſant une rente de 80. liv. La nou[ve]
velle rente de 125 livres fut aſſujétie à la retenue du [di]
xiéme ; & il fut décidé que le produit de ce dixié[me]
ſeroit employé annuellement au rembourſement des a[c]
tions par la voie du ſort , ſur le pied de leur ca[pi]
tal de 2500 livres ; de maniere que la rente des actio[ns]
rembourſées accroîtroit le fond d'amortiſſement juſqu'[au]
parfait rembourſement de la totalité des actions.

Ces conditions reſpectives ſe trouvent conſign[ées]
dans un arrêt du conſeil , du 8 avril 1770 , por[tant]
homologation de la délibération priſe la veille dans [l'aſ]
ſemblée générale des actionnaires , & revêtu de le[ttres]
patentes en date du 22 du même mois. Au moyen [de]
ces arrangemens , l'appel a été fourni , le tirage po[ur]
le rembourſement des actions au nombre de deux ce[nt]
vingt, a été fait chaque année, & les dettes chyro
graphaires de la Compagnie ont été fidelement acqu[it]
tées à leur échéance.

Il eſt difficile, d'après ces détails, de ſe former u[ne]
idée préciſe de la maniere d'être actuelle de la Co[m]
pagnie des Indes , & de l'état légal du commer[ce]
qu'elle exerçoit. Cette Compagnie, aujourd'hui ſ[ans]
poſſeſſions , ſans mouvement , ſans objet , ne p[eut]
pourtant pas être regardée comme abſolument détrui[te]

puifque les actionnaires fe font réfervés en commun le capital hypothéqué de leurs actions, & qu'ils ont une caiffe particuliere & des députés pour veiller à leurs intérêts. D'un autre côté, le privilége a été fufpendu, mais il n'a été que fufpendu ; & il n'eft point compris au nombre des objets cédés au roi par la compagnie. La loi qui l'a établie fubfifte encore; les vaiffeaux qui partent pour les mers des Indes ne peuvent s'expédier qu'à la faveur d'une permiffion délivrée au nom de la Compagnie. Ainfi la liberté accordée n'eft qu'une liberté précaire ; & fi les actionnaires demandoient à reprendre leur commerce, en offrant des fonds fuffifans pour en affurer l'exploitation, ils en auroient inconteftablement le droit, fans qu'il fût befoin d'une loi nouvelle. Mais, à l'exception de ce droit apparent, qui dans le fait eft comme non-exiftant, par l'impuiffance où font les actionnaires de l'exercer, tous leurs autres droits, toutes leurs propriétés, tous leurs comptoirs ont paffé dans les mains du gouvernement. Parcourons rapidement ces poffeffions, en commençant par le Malabar.

Entre le Canara & le Calicut, eft une contrée qui a dix-huit lieues d'étendue fur la côte, & fept ou huit au plus dans les terres. Le pays, extrêmement inégal, eft couvert de poivriers & de cocotiers. Il eft partagé en plufieurs petits diftricts, foumis à des feigneurs Indiens, tous vaffaux de la maifon de Colaftry. Le chef de cette famille Bramine doit borner fon attention à ce qui peut intéreffer le culte des dieux. Il feroit au-deffous de lui de fe livrer à des foins profanes, & c'eft fon plus proche parent qui tient les rênes du gouvernement. L'état eft partagé en deux provinces. Dans la plus confidérable,

XVI.
Situation actuelle des François à la côte de Malabar.

nommée l'Irouvenate, on voit le comptoir Anglois à Tallichery, & le comptoir Hollandois de Cananor. Ces deux nations s'en partagent le poivre, de maniere que la premiere en tire ordinairement quinze cens mille livres peſant, & qu'il n'en reſte guère que cinq cens mille pour ſa rivale.

C'eſt dans la ſeconde province, appellée Cartenat, & qui n'a que cinq lieues de côte, que les François furent appellés en 1722. On avoit en vue de s'en ſervir contre les Anglois ; mais un accommodement ayant rendu leur ſecours inutile, ils ſe virent forcés d'abandonner un poſte qui leur donnoit des eſpérances. Le reſſentiment & l'ambition les ramenerent en plus grand nombre en 1725, & ils s'établirent, l'épée à la main, à l'embouchure de la riviere de Mahé. Cet acte de violence n'empêcha pas qu'ils n'obtinſſent du ſeul prince qui régiſſoit ce canton, le commerce excluſif du poivre. Une faveur ſi utile donna naiſſance à une colonie, compoſée de ſix mille Indiens. Ils cultivoient 6350 cocotiers, 3967 arequiers, & 7762 poivriers. Tel étoit cet établiſſement, lorſque les Anglois s'en rendirent les maîtres en 1760.

L'eſprit de deſtruction qu'ils avoient porté dans les autres conquêtes, les ſuivit à Mahé. Leur projet étoit démolir les maiſons, & de diſperſer les habitans. Le ſouverain du pays réuſſit à les faire changer de réſolution. Tout fut ſauvé, excepté les fortifications. En rentrant dans leur comptoir, les François ont trouvé les choſes telles à-peu-près qu'ils les avoient laiſſées. Il leur convient d'aſſurer leur état ; il leur convient l'améliorer.

Mahé eſt dominé par des hauteurs, ſur leſquelles

voit élevé cinq forts qui n'exiftent plus. C'étoit beau-
oup trop d'ouvrages; mais il eft indifpenfable de pren-
re quelques précautions. On ne doit pas refter perpé-
uellement expofé à l'inquiétude des Naïrs, qui ont
té autrefois tentés de piller, de détruire la colonie, &
qui pourroient bien encore avoir la même intention,
pour fe jetter dans les bras des Anglois de Tallichery,
qui ne font éloignés que de trois milles.

Indépendamment des poftes que la fûreté de l'intérieur
xige, il eft néceffaire de fortifier l'entrée de la riviere.
Depuis que les Marattes ont acquis des ports, ils infe-
fent la mer Malabare par leurs pirateries. Ces brigands
entent même des defcentes, par-tout où ils comptent
faire du butin. Mahé ne feroit pas à l'abri de leurs entreprifes, s'il y avoit de l'argent ou des marchandifes fans
défenfe qui puffent exciter leur cupidité.

Les François fe dédommageroient aifément des dépenfes qui auroient été faites, s'ils conduifoient leur
commerce avec activité & intelligence. Leur comptoir eft
le mieux placé de tous pour l'achat du poivre. Le pays
leur en fourniroit deux millions cinq cens mille livres
pefant. Ce que l'Europe ne confommeroit pas, ils l'en-
voyeroient à la Chine, dans la mer Rouge, & dans le
Bengale. La livre de poivre ne leur reviendroit qu'à
douze fols, & ils nous la vendroient vingt-cinq ou
trente.

Ce bénéfice, confidérable par lui-même, feroit groffi
par celui qu'on pourroit faire fur les marchandifes d'Europe qu'on porteroit à Mahé. Les fpéculateurs auxquels
ce comptoir eft le mieux connu, jugent qu'il fera aifé d'y
débiter annuellement quatre cens milliers de fer, deux
cens milliers de plomb, vingt-cinq milliers de cuivre,

deux mille fuſils , vingt mille livres de poudre , cinqua
ancres ou grappins, cinquante balles de drap , cinqu
mille aunes de toile à voile , une aſſez grande quan
de vif-argent, & environ deux cens barriques de vin
d'eau-de-vie , pour les François établis dans la colo
ou pour les Anglois qui ſont au voiſinage. Ces of
réunis produiront au moins 384 , 000 livres, é
153 , 600 livres feront gain , en ſuppoſant un bénéfic
quarante pour cent. Un autre avantage de cette cir
tion , c'eſt qu'elle entretiendra toujours dans ce co
toir des fonds, qui le mettront en état de ſe procure
productions du pays dans les ſaiſons de l'année où é
ſont à meilleur marché.

Le plus grand obſtacle que le commerce peut t
ver, c'eſt la douane établie dans la colonie. La moi
cet impôt gênant .appartient au ſouverain du pays,
été toujours un principe de diſſenſion. Les Angl
Tallichery qui éprouvoient le même dégoût, ont n
ſe procurer de la tranquillité. On pourroit, comm
ſe rédimer de cette contrainte, par une rente fixe &
valente. Mais pour y déterminer le prince, il fau
commencer par lui payer les ſommes qu'il a prê
& ne lui plus refuſer le tribut auquel on s'eſt eng
pour vivre paiſiblement ſur ſes poſſeſſions. Il n'eſt
ſi aiſé de diſpoſer favorablement les choſes dan
Bengale.

XVII.
Situation
actuelle
des　Fran-
çois dans le
Bengale.

La France s'eſt obligée , par le traité de 1763,
point ériger de fortifications, à n'entretenir auc
troupes dans cette riche & vaſte contrée. Les Ang
qui y exercent la ſouveraineté, ne permettront j
qu'on s'écarte de la loi qu'ils ont impoſée. Ainſi (
dernagor, qui avant la derniere guerre comptoit ſo

ille ames , & qui n'en a maintenant que vingt-qua-
re mille, eft, & fera toujours un lieu entierement ouvert.
A ce malheur d'une fituation précaire, fe joignent des
exations de tous les genres. Peu content des préférences
ue lui affure une autorité fans bornes , l'Anglois s'eft
orté à des excès crians. Il a infulté les loges des Fran-
ois; il leur a enlevé les ouvriers qui lui convenoient;
a déchiré fur le métier même, les toiles qui leur étoient
eftinées ; il a voulu que les manufactures ne travaillaf-
ent que pour lui, durant les trois mois les plus favora-
les; il a ordonné que fes cargaifons feroient choifies &
omplettées, avant qu'on pût rien détourner des atte-
iers. Le projet imaginé par les François & les Hollandois réunis , de faire un dénombrement exact des tifferands , & de fe contenter enfemble de la moitié , tandis
que l'Anglois jouiroit feul du refte, a été regardé comme un outrage. Ce peuple dominateur a pouffé fes prétentions jufqu'à vouloir que fes facteurs puffent acheter
dans Chandernagor même ; & il a fallu fe foumettre à
cette dure loi, pour ne fe pas voir exclu des marchés de
tout le Bengale. En un mot, il a tellement abufé de l'in-
jufte droit de la victoire, que les philofophes pourroient
être tentés de faire des vœux pour la ruine de fa liberté,
fi les peuples n'étoient pas cent fois plus oppreffeurs &
plus cruels encore fous le gouvernement d'un feul homme, que dans les poffeffions d'un gouvernement tempéré par l'influence de la multitude.

Tout le tems que les chofes refteront fur le pied où
elles font dans cette opulente partie de l'Afie , les François y éprouveront perpétuellement des dégoûts, des humiliations , fans qu'il en puiffe réfulter aucun avantage
folide & permanent pour leur commerce. On fortiroit de

cet état d'opprobre , ſi l'on pouvoit échanger Chand
nagor pour Chatigam.

Chatigam eſt ſitué ſur les confins d'Arrakan. Les
tugais, qui dans le tems de leur proſpérité, cherchoi
à occuper tous les poſtes importans de l'Inde, y for
rent un grand établiſſement. Ceux qui s'y étoient fix
ſecouerent le joug de leur patrie, après qu'elle fut pa
ſous la domination Eſpagnole, & ſe firent corſaires
tôt que d'être eſclaves. Ils déſolerent long-tems par le
brigandages les côtes & les mers voiſines. A la fin,
Mogols les attaquerent, & éleverent ſur leurs ru
une colonie aſſez puiſſante, pour empêcher les irrupi
que les peuples d'Arrakan & du Pégu auroient pû
tentés de faire dans le Bengale. Cette place rentra
dans l'obſcurité, & n'en eſt ſortie qu'en 1758, lorſqu
Anglois s'y ſont établis.

Le climat en eſt ſain, les eaux excellentes , & le
vres abondans : l'abord y eſt facile, & l'ancrage
Le continent & l'iſle de Sandiva lui forment un
bon port. Les rivieres de Barrempoçter & de l'Ecli
ſont des bras du Gange, ou qui du moins y com
quent, rendent faciles ſes opérations de commerc
Chatigam eſt plus éloigné de Patna, de Caſſimb
de quelques autres marchés, que les colonies
ropéennes de la riviere d'Ougly, elle eſt plus p
de Jougdia, de Daca, de toutes les manufactur
bas fleuve. Il eſt indifférent que les grands vai
puiſſent ou ne puiſſent pas entrer de ce côté-là
le Gange, puiſque la navigation intérieure ne
jamais qu'avec des bateaux.

Quoique la connoiſſance de ces avantages, et
terminé l'Angleterre à s'emparer de Chatigam,

penfons qu'à la derniere paix, elle l'auroit cédé aux François, pour être débarraffée de leur voifinage dans les lieux pour lefquels l'habitude lui avoit donné plus d'attachement. Nous préfumons même qu'elle fe feroit défiftée pour Chatigam, des conditions qui font de Chandernagor un lieu tout-à-fait ouvert, & qui impriment fur fes poffeffeurs un opprobre plus nuifible qu'on ne croit aux fpéculations de commerce. C'eft une profeffion libre. La mer, les voyages, les rifques, & les viciffitudes de la fortune, tout lui infpire l'amour de l'indépendance. C'eft-là fon ame & fa vie : dans les entraves, elle languit, elle meurt.

L'occafion eft peut-être favorable, pour s'occuper de l'échange que nous indiquons. Quelques tremblemens de terre qui ont renverfé les fortifications que les Anglois avoient commencé à élever, paroiffent les avoir dégoutés d'un lieu pour lequel ils avoient montré de la prédilection. Cet inconvénient eft encore préférable pour les François, à celui d'une ville fans force. Il vaut mieux avoir à lutter contre la nature que contre les hommes, & s'expofer aux fecouffes de la terre qu'aux infultes des nations. Heureufement les François gênés dans le Bengale, trouvent quelques dédommagemens dans une fituation plus avantageufe au Coromandel.

Au Nord de cette immenfe côte, la France occupe Yanon, dans la province de Ragimendry. Ce comptoir fans territoire, fitué à neuf milles de l'embouchure de la riviere d'Ingerom, fut autrefois floriffant. De fauffes vues le firent négliger vers l'an 1748. Cependant on y pourroit acheter pour quatre à cinq cens mille livres de marchandifes, parce que la fabrication des bonnes & belles toiles eft confidérable dans le voifinage. Quelques expé-

XVIII.
Situation actuelle des François à la côte de Coromandel.

riences heureuſes, prouvent qu'on y peut trouver un
bouché avantageux pour les draps d'Europe. Le c...
merce y feroit plus lucratif, ſi l'on n'étoit obligé...
partager le bénéfice avec les Anglois, qui ont un...
établiſſement à deux milles ſeulement de celui des Fran...

Cette concurrence eſt bien plus funeſte encore à...
zulipatam. La France réduite, dans cette ville qui...
autrefois ſes loix, à la loge qu'elle y occupoit...
1749, ne peut pas ſoutenir l'égalité contre la Gr...
Bretagne, à laquelle il faut payer des droits d'en...
de ſortie, & qui obtient d'ailleurs dans le comm...
toute la faveur qu'entraîne la ſouveraineté. Auſſi...
les ſpéculations des François ſe bornent-elles à...
de quelques mouchoirs fins, de quelques autres...
pour la valeur de 150, 000 livres. Il faut ſe form...
autre idée de Karical.

Cette ville ſituée dans le royaume de Tanjaou...
une des branches du Colram, qui peut recev...
bâtimens de 150 tonneaux, fut cédée en 17...
compagnie par un roi détrôné qui cherchoit de...
par-tout. Ses affaires s'étant rétablies avant que...
gagemens euſſent été remplis, il rétracta le don...
avoit fait. Un Nabab attaqua la place avec ſon ar...
& la remit en 1739 aux François, dont il étoi...
Dans ces circonſtances, le prince ingrat & perfi...
étranglé par les intrigues de ſes oncles; & ſon ſ...
ſeur, qui avoit hérité de ſes ennemis comme...
trône, voulut ſe concilier une nation puiſſante,...
confirmant dans ſa poſſeſſion. Les Anglois s'étan...
dus maîtres de la place en 1760, en firent ſau...
fortifications. Elle fut depuis reſtituée aux Fra...
qui y rentrerent en 1765.

Dans l'état actuel, Karical eft un lieu ouvert, qui eut avoir quinze mille habitans, la plupart occupés à fabriquer des mouchoirs communs, & des toiles propres à l'ufage des naturels du pays. Son territoire, confidérablement augmenté par les conceffions qu'avoit faites en 1749 le roi de Tanjaour, eft redevenu ce qu'il étoit dans les premiers tems, de deux lieues de long fur une dans fa plus grande largeur. De quinze idées qui le couvrent, la feule digne d'attention, fe nomme Tiranoulé-Rayenpatnam : elle n'a pas moins de vingt-cinq mille ames. On y fabrique, on y peint des perfes médiocrement fines, mais convenables pour Batavia & les Philippines. Les Choulias, Mahométans, ont de petits bâtimens, avec lefquels ils font le comerce de Ceylan, & le cabotage.

La France peut tirer tous les ans de cette poffeffion, deux cens bales de toiles ou de mouchoirs propres pour l'Europe, & beaucoup de riz pour l'approviﬁonnement de fes autres colonies.

Toutes les marchandifes achetées à Karical, à Yanon, à Mazulipatam, font portées à Pondichery, chef-lieu de tous les établiffemens François dans l'Inde.

Cette ville, dont les commencemens furent ﬁ foibles, acquit avec le tems, de la grandeur, de la puiffance, & un nom fameux. Ses rues, la plupart fort larges, & toutes tirées au cordeau, étoient bordées de deux rangs d'arbres, qui donnoient de la fraîcheur, même au milieu du jour. Une mofquée, deux pagodes, deux églifes, & le gouvernement, regardé comme le plus magnifique édifice de l'Orient, étoient des monumens publics dignes d'attention. On avoit conftruit en 1704 une petite citadelle, qui étoit devenue inutile,

depuis qu'il avoit été permis de bâtir des maifons
autour. Pour remplacer ce moyen de défenfe,
côtés de la place avoient été fortifiés par un rem
un foílé, des baftions, & un glacis imparfait
quelques endroits. La rade étoit défendue par des
teries, judicieufement placées.

La ville, dans une circonférence d'une grande
contenoit foixante-dix mille habitans. Quatre mille
Européens, Metis ou Topafîes. Il y avoit au plus
mille Mahométans ; le refîe étoit des Indiens, dont
mille étoient chrétiens, & les autres, de dix-fept ou
huit caftes différentes. Trois aldées dépendantes
place, pouvoient avoir dix mille ames.

Tel étoit l'état de la colonie, lorfque les Anglois
rendirent les maîtres dans les premiers jours de
la détruifirent de fond en comble, & en chafîèrent
les habitans. D'autres examineront peut-être, fi le
barbare de la guerre pouvoit juftifier toutes ces hor
Nous détournerons les yeux de tant de cruautés
mifes par un peuple libre, magnanime, éclairé,
parler que de la réfolution que la France a prife à
blir Pondichery, & d'en faire de nouveau le ce
fon commerce. Tout juftifie la fageffe de ce choix.

La ville privée de port, comme toutes celles qu
été bâties fur la côte de Coromandel, a fur les
l'avantage d'une rade beaucoup plus commode. Les
feaux peuvent mouiller près du rivage, fous la p
tion du canon des fortifications. Son territoire
trois lieues de long fur une de large, n'eft qu'u
ble ftérile fur le bord de la mer ; mais dans l
grande partie, il eft propre à la culture du riz,
gumes, & d'une racine nommée chaya, qui fait le

leurs. Deux foibles rivieres qui traverfent le pays, inutiles à la navigation, ont des eaux excellentes pour les
teintures, pour le bleu finguliérement. A trois milles au
Nord-Eft de la place, s'éleve cent toifes au-deffus de la
mer, un côteau, qui fert de guide aux navigateurs à
fept ou huit lieues de diftance, avantage ineftimable fur
une côte généralement trop baffe. A l'extrémité de cette
hauteur, eft un vafte étang creufé depuis plufieurs fiécles, & qui après avoir rafraîchi & fertilifé un grand
territoire, vient arrofer les environs de Pondichery. Enfin, la colonie eft favorablement fituée, pour recevoir
les vivres & les marchandifes du Carnate, du Mayffour,
& du Tanjaour.

Tels font les puiffans motifs qui ont déterminé la
France à la réédification de Pondichery. Auffi-tôt que fes
agens parurent le 11 d'avril 1765, on vit accourir les
infortunés Indiens, que la guerre, la dévaftation & la
politique, avoient difperfés. Au commencement de 1770,
il s'en trouvoit vingt-fept mille qui avoient relevé les
ruines de leurs anciennes habitations. Le préjugé où ils
font élevés, qu'on ne peut être heureux qu'en mourant
dans le lieu où l'on a reçu le jour; ce préjugé fi doux à
conferver, fi utile à nourrir, ne permet pas de douter
qu'ils ne reviennent tous, auffi-tôt que la ville fera
fermée. Les tifferands, les teinturiers, les peintres, les
marchands, ceux qui ont quelque chofe à perdre, n'at-
tendent que cette fûreté pour fuivre leur inclination.

Dans l'état actuel, les comptoirs François dans l'Inde
coûtent beaucoup & rendent peu. Malheureufement on
n'eft pas dédommagé par les ifles de Bourbon & de
France, qui ne font pas arrivées au dégré de profpérité qu'on devoit attendre.

Tome II. I

XIX.
Situation
actuelle
des Fran-
çois à l'ifle
de France.

La derniere des deux ifles, devenue célebre, occup
plus long-tems l'imagination que l'induftrie de fes p
feffeurs. Ils s'épuiferent en conjectures, fur l'ufage qu'
en pouvoit faire.

Les uns vouloient qu'elle fût un entrepôt, où v
droient aboutir toutes les marchandifes qu'on tire
des Indes. Elles devoient y être portées fur des b
mens du pays, & verfées enfuite dans des vaiffea
François, qui ne poufferoient jamais leur naviga
plus loin. Cet arrangement offroit le double avanta
& de l'économie, puifque la folde & la nourriture d
matelots Indiens ne coûtent que peu; & de la conf
vation des équipages Européens, fouvent détruits
la longueur des voyages, plus fouvent encore par l
tempérie du climat, fur-tout dans le Bengale & d
l'Arabie. Ce fyftême, auquel on auroit dû peut
s'arrêter, fut regardé comme impraticable, à caufe
la néceffité fuppofée de promener dans les mers d
un pavillon formidable, pour prévenir ou pour r
mer les vexations qui fouvent y font à craindre.

Une nouvelle combinaifon occupa les efprits
conjectura qu'il pourroit être utile d'ouvrir aux h
tans de l'ifle de France, le commerce des Indes,
leur avoit été d'abord interdit. Les défenfeurs de
opinion, foutenoient qu'une pareille liberté feroi
fource féconde de richeffes pour la colonie, &
conféquent pour la métropole. Ils pouvoient avoi
fon, mais les expériences ne furent pas heureufe
fans examiner fi cette innovation avoit ou n'avoit
été judicieufement conduite, l'ifle fut fixée à l'état
établiffement purement agricole.

Ce nouvel ordre de chofes occafionna de noui

faites. On fit paffer d'Europe dans la colonie, des hommes qui n'avoient ni le goût ni l'habitude du travail. Les terreins furent diftribués au hazard, & fans diftinguer ce qui devoit être défriché de ce qui ne le devoit pas être. Des avances furent faites au cultivateur, non en proportion de fon induftrie, mais de la protection qu'il avoit fû fe ménager dans l'adminiftration. La compagnie qui gagnoit cent pour cent fur les marchandifes qu'elle tiroit d'Europe, & cinquante pour cent fur celles qui lui venoient de l'Inde, exigea que les productions du pays fuffent livrées à vil prix dans fes magafins. La tyrannie des corvées, fans objet & fans mefure, aggrava les excès du monopole. Pour comble de malheur, le corps qui avoit concentré dans fes mains tous les pouvoirs, manqua aux engagemens qu'il avoit pris avec fes fujets, ou fi l'on veut avec fes efclaves.

Sous un pareil gouvernement, toute efpece de bien étoit impoffible. Rien ne marchoit d'un pas ferme & foutenu. Le coton, l'indigo, le fucre, le rocou, le poivre, le thé, le cacao : tout fut effayé, mais avec cette légéreté qui ne permet aucun fuccès. En courant après des chimeres, on négligea les cultures effentielles. Quoiqu'il y eût en 1765 dans la colonie 1469 blancs, non compris les troupes ; 587 Indiens ou négres libres; 11881 efclaves ; fes productions ne s'élevoient pas au-deffus de 320650 livres pefant de bled, de 474030 liv. de riz, de 1570040 liv. de maiz, de 142700 livres de haricots, de 135500 livres d'avoine. Les obfervateurs qui voyoient l'agriculture de l'ifle de France, ne la trouvoient pas fort différente de celle qu'ils avoient apperçue parmi les Sauvages.

I 2

Depuis que cette isle est entre les mains du gou-
nement, il s'y est fait quelques changemens utiles,
culture du café établie depuis long-tems à Bourbon,
a été introduite. C'est avec un tel succès, qu'on ne
sespere pas d'y en recueillir un jour six à sept mill
de livres, si le tems, & une administration éclairée
réunissent jamais les moyens d'exploitation, sans lesqu
il est impossible qu'aucune colonie puisse prospérer. A
espoir s'en est joint un autre depuis peu.

Personne n'ignore que les Hollandois s'enrichis
depuis deux siécles par la vente du girofle & de la m
cade. Pour s'en approprier le commerce exclusif, ils
mis aux fers ou exterminé le peuple qui possédoit
épiceries. Dans la crainte même d'en voir diminue
prix dans leurs propres mains, ils ont extirpé la pl
des arbres, & souvent brûlé le fruit de ceux qu'ils
conservés. Cette avidité cruelle, dont les nations se
si souvent indignées, révoltoit singuliérement M. Poi
qui avoit parcouru l'Asie en naturaliste & en philos
Il a profité de l'autorité qui lui étoit confiée à l'I
France, pour faire chercher dans les parties les m
fréquentées des Moluques, ce que l'avarice avoit der
jusqu'ici à l'activité. Le succès a couronné les tra
des navigateurs hardis & intelligens, dans lesque
avoit placé sa confiance.

Le 24 Juin 1770 il a été porté dans l'isle de Fra
quatre cents plants de muscadiers; dix mille noix m
des, ou germées ou propres à germer; soixante-dix pl
de girofliers; une caisse de baies de girofle, dont
ques-unes étoient germées & hors de terre.

Ces richesses ont été distribuées aux colons, poi
sayer tous les terreins, toutes les expositions. La

part des plantes ont péri, & il est vraisemblable que les
tres ne porteront point de fruit. Mais quoiqu'il arrive,
l'isle de France devra être toujours regardée comme le
plus heureux présent de la nature, pour une nation qui
voudra faire le commerce de l'Asie.

Elle est située dans les mers d'Afrique, mais à l'entrée de l'Océan Indien. Un peu écartée de la route ordinaire, elle en est plus sûre du secret de ses armemens.
Ceux qui la desireroient plus près de notre continent, ne
voient pas, qu'il seroit alors impossible de se porter en
un mois au Malabar, au Coromandel, & en deux mois au
plus dans les golfes les plus éloignés ; avantage inestimable
pour un peuple qui n'a aucun port dans l'Inde. La position de cette isle, située à la hauteur des côtes arides &
brûlantes de l'Afrique, ne l'empêche pas d'être tempérée
& saine. Le sol, quoique pierreux, est assez fertile. L'expérience a prouvé qu'il pouvoit donner la plupart des
choses nécessaires aux besoins, aux délices même de la
vie. Ce qui pourroit lui manquer sera fourni par Madagascar, qui a des vivres abondans, & par Bourbon,
où des mœurs encore simples ont maintenu le goût de
l'agriculture. Le fer qu'on ne trouveroit pas dans ces
deux isles, elle le tire de ses propres mines.

La Grande-Bretagne voit d'un œil chagrin dans les
mains de ses rivaux, une possession où l'on peut préparer la ruine de ses prospérités d'Asie. Dès les premieres
hostilités entre les deux nations, elle dirigera sûrement
tous ses efforts contre une colonie qui menace la source
de ses plus riches trésors. Quel malheur pour la France si
elle s'en laissoit dépouiller !

Cependant que ne faut-il pas craindre quand on voit
que jusqu'ici il n'y a point eu de projet fixe pour forti-

XX.
Il convient
à la cour de
Versailles
de fortifier
l'isle de
France &
Pondiche-
ry, si elle
veut pren-
dre part au
commerce
des Indes.

I 3

fier cette isle ; que les moyens ont toujours manqué, qu'ils ont été mal employés ; que d'année en anné le ministère de Louis XV a attendu, pour prendre parti, les dépêches des administrateurs, comme l'on tend le retour d'un courrier de la frontiere. Loin pouvoir penser que les assaillans trouveroient une stance insurmontable, on est réduit à craindre qu'ils fissent réussir leur projet par les seuls moyens que l' peut leur fournir, sans aucun secours d'Europe.

Il est tems de tout dire. Quand on parcourt les de l'isle de France, on est tout étonné de la trouver cessible pour des bateaux dans tous les points de s conférence. Malgré les récifs qui l'environnent, plusieurs baies où un débarquement de troupes être exécuté de vive force sous la protection du vaisseaux.

Dans les parties de l'isle où les navires sont oblig se tenir le plus au large, les récifs laissent entr'eux terre une mer calme & tranquille, où des bateaux vent manœuvrer la nuit sans le plus petit risque.

Si dans certains endroits il se trouve entre les réc la terre trop peu d'eau pour que les bateaux y abor le débarquement se fait alors avec de l'eau jusqu jambe. Le calme qui regne entre la terre & les ne laisse rien à craindre à l'assaillant dans une tell nœuvre. La retraite n'en est que plus sûre en cas sistance, & les bateaux que plus en sûreté pendant ration.

Telle est, sans exception, l'idée qu'il faut se f de l'isle de France; parce que s'il se trouve une où un bateau ne puisse pas aborder, l'obstacle vingt toises à droite ou à gauche. Ainsi l'ennemi

jamais un débarquement de vive force, que par ignorance ou par préfomption. Dans l'impoffibilité où feront
les défenfeurs de garder toute une circonférence de quarante lieues, il aura toujours un lieu pour y débarquer
fans obftacle.

Durant la derniere guerre, on avoit élevé autour de
l'ifle des batteries, dont les feux directs fur la mer n'a-
voient pour objet, que de tirer fur les vaiffeaux mouillés
au large, ou paffant à la voile. Des ingénieurs plus éclairés ont reconnu que ces batteries élevées à grands frais,
partageroient inutilement les forces, demeureroient elles-
mêmes fans défenfe comme fans utilité, & qu'elles ne
réfifteroient pas au feu des vaiffeaux que les meilleures
fortifications ne peuvent foutenir. On a pris le parti de
les abandonner, mais fans leur rien fubftituer.

Le port du Nord-Oueft eft le chef-lieu de l'ifle, & doit
être le principal objet de l'ennemi dans fes difpofitions
d'attaque. La nature du terrein ne permet pas de le fortifier affez pour qu'il puiffe foutenir un fiége. Il faudroit le
mettre à l'abri d'un coup de main, & fortifier dans l'intérieur du pays un point intermédiaire, d'où l'on pût porter
rapidement par des communications bien ménagées, les
forces de la colonie par-tout où elles pourroient être néceffaires.

Avec un tel établiffement pour derniere reffource, il
faudra que l'ennemi livre cent combats pour s'emparer
de l'ifle. Il n'en viendra pas même à bout fi les chemins
ouverts au milieu des bois pour aller du centre à la circonférence, ont été pratiqués avec un tel art, qu'en
donnant toute facilité aux défenfeurs pour fe porter au
rivage, ils aient réfervé à l'ennemi les difficultés pour pénétrer au centre. La nature du pays en fournit les

moyens : par-tout elle offre des ravins qu'il faut paſſe
des montagnes qu'il faut tourner. Il eſt aiſé de ſaiſir l
points favorables.

Cependant il y a un rapport ſi néceſſaire & ſi abſo
entre l'iſle de France & Pondichery, que ces deux p
ſeſſions ſont abſolument dépendantes l'une de l'autre; ſ
ſans l'iſle de France, il n'y a point de protection pour l
établiſſemens de l'Inde ; & ſans Pondichery, l'iſle l
France ſera expoſée à l'invaſion des Anglois par l'A
comme par l'Europe.

L'iſle de France & Pondichery, conſidérés dans le
rapports néceſſaires, feront leur ſûreté reſpective. P
dichery protégera l'iſle de France par ſa rivalité avec l
dras, que les Anglois feront toujours obligés de com
de leurs forces de terre & de mer; & réciproquement l
de France ſera toujours prête à porter du ſecours à P
dichery, ou à agir offenſivement ſelon les circonſtan

D'après ces principes, rien de ſi preſſé que de m
Pondichery en état de défenſe. Depuis 1764., les int
particuliers qui croiſent l'intérêt général, ont laiſſé i
terminer à quel plan de fortifications il falloit s'arrêter
cette place importante. On a déja dépenſé des fonds
conſidérables pour cet objet, & ils l'ont été inutilem
parce qu'ils ont été ſucceſſivement employés à des ſy
mes contraires. Il ſeroit ſuperflu de s'appeſantir ſur
inconvéniens de ces éternelles irréſolutions.

XXI.
Les Fran-
çois ſolide-
ment éta-
blis dans
l'Inde for-
tiront de
l'état d'op-
preſſion où
les rien-
nent les An-
glois.

Lorſque l'iſle de France & Pondichery ſeront arrivé
point de force où il convient de les porter, on po
s'occuper ſérieuſement du commerce qui a ceſſé d'ex
au moment où il eſt devenu libre. A la vérité, les e
ditions pour la Chine ont continué, les expéditions p
les iſles de France & de Bourbon ſe font même m

pliées : mais à l'exception d'un ou deux armemens qui
tiennent à des circonstances particulieres, aucun négociant
raisonnable n'a envoyé ses fonds au Malabar, au Coromandel, au Bengale ; & le petit nombre des armateurs
inconsidérés qui ont osé le tenter, ont péri misérablement.
Il en devoit être ainsi, sans qu'on en puisse rien conclure
en faveur des priviléges exclusifs.

On peut se souvenir que la destruction de la compagnie,
qui seroit arrivée d'elle-même, fut précipitée par la cupidité & par la haine. La politique, qui n'avoit aucune part
à la révolution, n'avoit pas préparé d'avance l'action du
commerce public, qui devoit remplacer le privilége exclusif. Ce passage subit ne pouvoit être suivi d'aucun succès. Avant d'essayer de ce nouveau régime, il auroit fallu
substituer insensiblement & par dégrés, les négocians particuliers à la compagnie. Il auroit fallu les mettre à portée d'acquérir des connoissances positives sur les différentes branches d'un commerce jusqu'alors inconnu pour
eux. Il auroit fallu leur laisser le tems de former des liaisons dans les comptoirs. Il auroit fallu les favoriser, &
pour ainsi-dire les conduire dans les premieres expéditions.
Disons plus. Toutes ces précautions n'auroient pas encore suffi, pour assurer les opérations des négocians François dans l'Inde. Il étoit impossible de lutter avec succès
contre l'Anglois, qui, maître de tout & par-tout, auroit
pour les faire échouer, les facilités que donne la puissance,
& les principes relâchés qu'inspire la prospérité. Ainsi,
de quelque maniere & sous quelque forme que le commerce de France fût exploité, c'étoit une suite nécessaire de la situation des choses qu'il éprouvât les plus
grands malheurs. Les contrariétés seroient moindres,
sans doute, si la cour de Versailles mettoit ses établisse-

mens de l'Inde en état d'accorder une protection que souverain doit à ses sujets, dans toute l'étendue de sa domination. Elles seroient encore moindres, si le ministre Britannique veilloit à l'exécution des traités avec la fermeté qu'exige la justice. Mais il n'y a que le rétablissement de la balance qui puisse finir efficacement une oppression qui déshonore également la nation qui la souffre & celle qui la permet ; & cet équilibre ne peut malheureusement s'établir que par la guerre.

Loin, & à jamais loin de nous toute idée qui tende à rallumer les flambeaux de la discorde. Que plutôt la voix de la philosophie & de la raison se fasse entendre aux maîtres du monde. Puissent tous les souverains, après tant de siécles d'erreur, préférer la vertueuse gloire de faire un petit nombre d'heureux, à l'ambition frénétique de dominer sur des régions dévastées & des cœurs ulcérés ! Puissent tous les hommes devenus freres, s'accoutumer à regarder l'univers, comme une seule famille assemblée sous les yeux d'un pere commun ! Mais ces vœux de toutes les ames éclairées & sensibles, paroîtront des rêves dignes de pitié, aux ministres ambitieux qui tiennent les rênes des empires. Leur inquiette activité continue à faire répandre des torrens de sang.

Ce seront de misérables intérêts de commerce, qui mettront de nouveau les armes à la main des François & des Anglois. Quoique la Grande-Bretagne dans la plupart des guerres, ait pour but principal de détruire l'industrie de ses voisins, & que la supériorité de ses forces navales nourrisse cette espérance tant de fois trompée ; on peut prédire qu'elle chercheroit à éloigner les foudres & les ravages des mers d'Asie, où elle auroit si peu à gagner & tant à perdre. Cette puissance n'ignore pas les vœux

ts qui fe forment de toutes parts, pour le renverfement
un édifice qui offufque tous les autres de fon ombre. Le
fuba du Bengale eft dans un défefpoir fecret, de n'a-
oir pas même une apparence d'autorité. Celui du Decan
e fe confole pas de voir tout fon commerce dans la dé-
ndance d'une nation étrangere. Le Nabab d'Arcate n'eft
occupé qu'à diffiper les défiances de fes tyrans. Les Marattes s'indignent de trouver par-tout des obftacles à leurs
rapines. Toutes les puiffances de ces contrées ou portent
des fers, ou fe croient à la veille d'en recevoir. L'Angleterre voudroit-elle que les François devinffent le centre
de tant de haînes, fe miffent à la tête d'une ligue univerfelle ? Ne peut-on pas prédire, au contraire, qu'une
exacte neutralité pour l'Inde, feroit le parti qui lui conviendroit le mieux, & qu'elle embrafferoit avec le plus
de joie.

Mais ce fyftême conviendroit-il également à fes rivaux ?
on ne le fauroit croire. Les François font inftruits, que
des moyens de guerre préparés à l'ifle de France, pourroient être employés très-utilement ; que les conquêtes
de l'Angleterre font trop étendues pour n'être pas expo-
fées ; & que depuis que les officiers qui avoient de l'expérience font rentrés dans leur patrie, les poffeffions Britan-
niques dans l'Indoftan ne font défendues que par des
jeunes gens, plus occupés de leur fortune que d'exerci-
ces militaires. On doit donc préfumer qu'une nation bel-
liqueufe faifiroit rapidement l'occafion de réparer fes anciens défaftres. A la vue de fes drapeaux, tous les fouverains opprimés fe mettroient en campagne ; & les domi-
nateurs de l'Inde entourés d'ennemis, attaqués à la fois
au Nord & au Midi, par mer & par terre, fuccomberoient
néceffairement.

Alors les François , regardés comme les libérateurs l'Indoſtan , ſortiront de l'état d'humiliation auquel la mauvaiſe conduite les avoit réduits. Ils deviendront l'idée des princes & des peuples de l'Aſie , ſi la révolution qu'ils auront procurée devient pour eux une leçon de modération. Leur commerce ſera étendu & floriſſant , tout tems qu'ils ſauront être juſtes. Mais cette proſpérité ſeroit par des cataſtrophes , ſi une ambition démeſurée les pouſſoit à piller , à ravager , à opprimer. Il faudra même pour donner de la ſtabilité à leur ſituation , que par des procédés nobles & généreux , ils ſe faſſent pardonner les avantages , par les rivaux qu'ils auront ſurpaſſés. On n'aura pas beſoin d'une grande magnanimité , pour ſouffrir patiemment les opérations des peuples du Nord de l'Europe dans les mers d'Aſie.

Fin du quatriéme Livre.

HISTOIRE
PHILOSOPHIQUE
ET
POLITIQUE

Des établissemens & du commerce des Européens dans les deux Indes.

LIVRE CINQUIEME.

Commerce du Danemarck, d'Ostende, de la Suéde, de la Prusse, de l'Espagne, de la Russie, aux Indes Orientales. Questions importantes sur les liaisons de l'Europe avec les Indes.

C'EST une opinion assez généralement reçue, que les Cimbres occupoient dans les tems les plus reculés, à l'extrêmité de la Germanie, la Cherfonése Cimbrique, connue de nos jours sous le nom de Holstein, de Slef-wick, de Jutland; & que les Teutons habitoient les isles

XXII.
Anciennes révolu-
tions du Dane-
marck.

voiſiues. Que l'origine des deux peuples, fût ou ne
pas commune, ils ſortirent de leurs forêts ou de le
marais enſemble & en corps de nation, pour aller ch
cher dans les Gaules dû butin, de la gloire & un ci
plus doux. Ils ſe diſpoſoient même à paſſer les Alp
lorſque Rome jugea qu'il étoit tems d'oppoſer des di
à un torrent qui entraînoit tout. Ces barbares triom
rent de tous les généraux que leur oppoſa cette fière
publique, juſqu'à l'époque mémorable où ils furent ex
minés par Marius.

Leur pays preſqu'entiérement déſert après cette te
ble cataſtrophe, fut de nouveau peuplé par des Scyt
qui, chaſſés par Pompée du vaſte eſpace renfermé e
le Pont-Euxin & la mer Caſpienne, marcherent ve
nord & l'occident de l'Europe, ſoumettant les na
qui ſe trouvoient ſur leur paſſage. Ils mirent ſous le
la Ruſſie, la Saxe, la Weſtphalie, la Cherſonèſe Cim
que & juſqu'à la Fionie, la Norwege & la Suede. (
prétend qu'Odin, leur chef, ne parcourut tant de
trées, ne chercha à les aſſervir, qu'afin de ſoulever
les eſprits contre la puiſſance formidable, odieuſe &
rannique des Romains. Ce levain, qu'en mour
laiſſa dans le nord, y fermenta ſi bien en ſecret,
quelques ſiécles après toutes les nations fondirent
commun accord ſur cet empire ennemi de toute il
& eurent la conſolation de le renverſer, après l'avoir
foibli par pluſieurs ſecouſſes réitérées.

Le Danemarck & la Norwege, ſe trouverent ſan
bitans, après ces expéditions glorieuſes. Ils ſe rétab
peu-à-peu dans le ſilence, & recommencerent à faire
ler d'eux vers le commencement du huitiéme ſiécle.
ne fut plus la terre qui ſervit de théâtre à leur va

océan leur ouvrit une autre carriere. Entourés de deux
mers, on les vit fe livrer entierement à la piraterie, qui
fut toujours la premiere école de la navigation pour des
peuples fans police.

Ils s'effayerent d'abord fur les états voifins & s'emparerent du petit nombre de bâtimens marchands qui par-
couroient la Baltique. Ces premiers fuccès enhardirent
leur inquiétude, & les mirent en état de former des entreprifes plus confidérables. Ils infefterent de leurs brigandages, les mers & les côtes d'Ecôffe, d'Irlande,
d'Angleterre, de Flandres, de France, même de l'Efpagne, de l'Italie & de la Grece. Souvent ils pénétrerent
dans l'intérieur de ces vaftes contrées, & ils s'éleverent
jufqu'à la conquête de la Normandie & de l'Angleterre.
Malgré la coufufion qui régne dans les annales de ces
tems barbares, on parvient à démêler quelques-unes des
caufes de tant d'événemens étranges.

D'abord, les Danois & les Norwegiens avoient, pour
la piraterie, un penchant violent qu'on a toujours remar-
qué dans les peuples qui habitent le voifinage de la mer,
lorfqu'ils ne font pas contenus par de bonnes mœurs &
de bonnes loix. L'habitude dut les familiarifer avec l'o-
céan, les aguerrir à fes fureurs. Sans agriculture, élevant peu de troupeaux, ne trouvant qu'une foible reffource à la chaffe dans un pays couvert de neiges & de
glaces, rien ne les attachoit à leur territoire. La facilité
de conftruire des flottes, qui n'étoient que des radeaux
groffierement affemblés pour naviguer le long des côtes,
leur donnoit les moyens d'aller par-tout, de defcendre,
de piller & de fe rembarquer. Le métier de pirate étoit
pour eux ce qu'il avoit été pour les premiers héros de la
Grece, la carriere de la gloire & de la fortune, la profef-

fion de l'honneur qui confifloit dans le mépris de t
les dangers. Ce préjugé leur infpiroit un courage invi
ble dans leurs expéditions , tantôt combinées entre di
rens chefs , & tantôt féparées en autant d'armemens (
de nations. Ces irruptions fubites , faites en cent end;
à la fois , ne laiffoient aux habitans des côtes mal dé
dues parce qu'elles étoient mal gouvernées , que la tr
alternative d'être maffacrés ou de racheter leur vie (a
vrant tout ce qu'ils avoient.

Quoique ce caractere deftructeur fût une fuite de
vie fauvage que menoient les Danois & les Norwegia
de l'éducation groffiere & toute militaire qu'ils recevoir
il étoit plus particulierement l'ouvrage de la relig
d'Odin. Ce conquérant impofteur exalta, fi l'on p
s'exprimer ainfi, par fes dogmes fanguinaires, la féra
naturelle de ces peuples. Il voulut que tout ce qui
voit à la guerre, les épées, les haches, les piques,
déifié. On cimentoit les engagemens les plus facrés,
ces inftrumens fi chers. Une lance plantée au milie
la campagne, attiroit à la priere & aux facrifices. di
lui-même, mis par fa mort au rang des immortek,l
la premiere divinité de ces affreufes contrées, où les
chers & les bois étoient teints & confacrés par le f
humain. Ses fectateurs croyoient l'honorer, en l'appe
le dieu des armées, le pere du carnage, le dépopulat
l'incendiaire. Les guerriers, qui alloient fe battre,
foient vœu de lui envoyer un certain nombre d'a
qu'ils lui confacroient. Ces ames étoient le droit d'C
La croyance univerfelle étoit, que ce dieu fe mon
dans les batailles, tantôt pour protéger ceux qui fe
fendoient avec courage, & tantôt pour frapper les
reufes victimes qu'il deftinoit à périr. Elles le fuiv

au féjour du ciel, qui n'étoit ouvert qu'aux guerriers. On couroit à la mort, au martyre, pour mériter cette récompenfe. Elle achevoit d'élever jufqu'à l'enthoufiafme, jufqu'à une fainte yvreffe du fang, le penchant de ces peuples pour la guerre.

Le chriftianifme renverfa toutes les idées qui formoient la chaîne d'un pareil fyftême. Ses miffionnaires avoient befoin de rendre leurs profélites fédentaires, pour travailler utilement à leur inftruction ; & ils réuffirent à les dégouter de la vie vagabonde, en leur fuggérant d'autres moyens de fubfifter. Ils furent affez heureux pour leur faire aimer la culture & fur-tout la pêche. L'abondance du hareng, que la mer amenoit alors fur les côtes, y procuroit un moyen de fubfiftance très-facile. Le fuperflu de ce poiffon fut bientôt échangé contre le fel néceffaire pour conferver le refte. Une même foi, de nouveaux rapports, des befoins mutuels, une grande fûreté, encouragerent ces liaifons naiffantes. La révolution fut fi entiere, que, depuis la converfion des Danois & des Norwegiens, on ne trouve pas dans l'hiftoire la moindre trace de leurs expéditions, de leurs brigandages.

Le nouvel efprit, qui paroiffoit animer la Norwege & le Danemarck, devoit étendre de jour en jour leur communication avec les autres peuples de l'Europe. Malheureufement, elle fut interceptée par l'afcendant que prenoient les villes Anféatiques. Lors même que cette grande & finguliere confédération fut déchue, Hambourg maintint la fupériorité qu'il avoit acquife fur tous les fujets de la domination Danoife. Ils commençoient à rompre les liens qui les avoient afffervis à cette efpece de monopole ; lorfqu'ils furent décidés à la navigation des

Indes, par une circonstance assez particuliere, pour être remarquée.

Un facteur Hollandois, nommé Boschower, chargé par sa nation de faire un traité de commerce avec le roi de Ceylan, se rendit si agréable à ce monarque, qui devint le chef de son conseil, son amiral, & fut nommé prince de Mingone. Boschower enivré de ces honneurs, se hâta d'aller en Europe, les étaler aux yeux de ses concitoyens. L'indifférence avec laquelle ces républicains reçurent l'esclave titré d'une cour Asiatique, l'offensa cruellement. Dans son dépit, il passa chez Christiern IV, roi de Danemarck, pour lui offrir ses services & le crédit qu'il avoit à Ceylan. Ses propositions furent acceptées. Il partit en 1618 avec six vaisseaux, dont trois appartenoient au gouvernement, & trois à la compagnie qui s'étoit formée pour entreprendre le commerce des Indes. La mort qui le surprit, dans la traversée, ruina les espérances qu'on avoit conçues. Les Danois furent mal reçus à Ceylan ; & Ové Giedde de Tommay leur chef, ne vit d'autre ressource que de les conduire dans le Tanjaour, partie du continent le plus voisin de cette isle.

Le Tanjaour est un petit état qui n'a que cent milles dans sa plus grande longueur, & quatre-vingts milles dans sa plus grande largeur. C'est la province de cette côte la plus abondante en riz. Cette richesse naturelle beaucoup de manufactures communes, une grande abondance de racines propres à la teinture, font monter les revenus publics à près de cinq millions. Elle doit sa prospérité à l'avantage d'être arrosée par le Caveri, rivière qui prend sa source dans les Gathes. Ses eaux, après avoir parcouru un espace de plus de quatre cens milles fe divifent à l'entrée du Tanjaour en deux bras. Le plus oriental prend le nom de Çolram. L'autre conferve le nom de Caveri, & fe fubdivife encore en quatre bran-ches, qui coulent toutes dans le royaume, & le préfervent de cette féchereffe horrible qui brûle durant une grande partie de l'année le refte du Coromandel.

Cette heureufe fituation fit défirer aux Danois de former un établiffement dans le Tanjaour. Leurs propofitions furent accueillies favorablement. On leur accorda un territoire fertile & peuplé, fur lequel ils bâtirent d'abord Trinquebar, & dans la fuite la fortereffe de Dansbourg, fuffifante pour la défenfe de la rade & de la ville. De leur côté, ils s'engagerent à une redevance annuelle de 16500 livres qu'ils payent encore.

La circonftance étoit favorable pour fonder un grand commerce. Les Portugais opprimés par un joug étranger, ne faifoient que de foibles efforts, pour la confervation de leurs poffeffions. Les Efpagnols n'envoyoient des vaiffeaux qu'aux Moluques & aux Philippines. Les Hollandois ne travailloient qu'à fe rendre maitres des épiceries. Les Anglois fe reffentoient des troubles de leur patrie, même aux Indes. Toutes ces puiffances voyoient avec chagrin un nouveau rival, mais aucune ne le traverfoit.

Il arriva delà que les Danois, malgré la modicité de leur premier fonds, qui ne paffoit pas 853263 livres, firent des affaires affez confidérables dans toutes les parties de l'Inde. Malheureufement, la compagnie de Hollande prit une fupériorité affez décidée, pour les exclure des marchés où ils avoient traité avec le plus d'avantage; & par un malheur plus grand encore, les diffenfions

qui bouleverſerent le nord de l'Europe, ne permirent pas
à la métropole de cette nouvelle colonie, de s'occuper
d'intérêts ſi éloignés. Les Danois de Trinquebar tomberent inſenſiblement dans le mépris, & des naturels du
pays qui n'eſtiment les hommes qu'en proportion de leur
richeſſes, & des nations rivales dont ils ne purent ſoutenir la concurrence. Cet état d'impuiſſance les décou-
gea. La Compagnie remit ſon privilége, & céda ſes établiſſemens au gouvernement, pour le dédommager des
ſommes qui lui étoient dûes.

XXIV.
Variations
qu'a éprou-
vées le
commerce
des Danois
aux Indes.

Une nouvelle ſociété s'éleva en 1670 ſur les débris de
l'ancienne. Chriſtiern V lui fit un préſent en vaiſſeaux
& autres effets, qui fut eſtimé 310, 828 livres 10 ſols,
& les intéreſſés fournirent 732, 600 livres. Cette ſeconde
entrepriſe formée ſans fonds ſuffiſans, fut encore plus
malheureuſe que la premicre. Après un petit nombre
d'expéditions, le comptoir de Trinquebar fut abandonné
à lui-même. Il n'avoit, pour fournir à ſa ſubſiſtance, &
celle de ſa foible garniſon, que ſon petit territoire & des
bâtimens qu'il fretoit aux négocians du pays. Ces
ſources même lui manquerent quelquefois ; & il fut
réduit, pour ne pas mourir de faim, à engager trois de
quatre baſtions qui formoient ſa fortereſſe. A peine
mettoit-on en état d'expédier tous les trois ou quatre
ans un vaiſſeau pour l'Europe avec une cargaiſon médiocre.

La pitié paroiſſoit le ſeul ſentiment qu'une ſituation
déſeſpérée pût inſpirer. Cependant la jalouſie qui ne dort
jamais, & l'avarice qui s'alarme de tout, ſuſciterent aux
Danois une guerre odieuſe. Le raja de Tanjaour, qui leur
avoit coupé pluſieurs fois la communication avec ſon territoire, les attaqua en 1689 dans Trinquebar même,

l'inftigation des Hollandois. Ce prince étoit fur le point de prendre la place après fix mois de fiége, lorfqu'elle fut fecourue & délivrée par les Anglois. Cet événement n'eut, ni ne pouvoit avoir des fuites importantes. La compagnie Danoife continua à languir. Son dépériffement devenoit même tous les jours plus grand. Elle expira en 1730.

De ces cendres naquit deux ans après celle qui fubfifte aujourd'hui. Les faveurs qu'on lui prodigua pour le mettre en état de négocier avec économie, avec liberté, font la preuve de l'importance que le gouvernement attachoit à ce commerce. Son privilége exclufif doit durer quarante ans. Ce qui fert à l'armement, à l'équipement de fes vaiffeaux, eft exempt de tout droit. Les ouvriers du pays qu'elle employe, ceux qu'elle fait venir des pays étrangers, ne font point affujettis aux réglemens des corps de métiers qui enchaînent l'induftrie en Danemarck comme dans le refte de l'Europe. On la difpenfe de fe fervir de papier timbré dans fes affaires. Sa jurifdiction eft entiere fur fes employés ; & les fentences de fes directeurs ne font point fujettes à revifion ; à moins qu'elles ne prononcent des peines capitales. Pour écarter jufqu'à l'ombre de la contrainte, le fouverain a renoncé au droit qu'il devoit avoir de fe mêler de l'adminiftration, comme principal intéreffé. Il n'a nulle influence dans le choix des officiers civils ou militaires, & ne s'eft réfervé que la confirmation du gouverneur de Trinquebar. Il s'eft même engagé à ratifier toutes les conventions politiques qu'on jugeroit à propos de faire avec les puiffances de l'Afie.

Pour prix de tant de facrifices, le gouvernement n'a exigé qu'un pour cent fur toutes les marchandiſes des Indes & de la Chine qui ſeroient exportées, & deux & demi pour cent ſur toutes celles qui ſe conſommeroient dans le royaume.

L'octroi, dont on vient de voir les conditions, n'eut pas été plutôt accordé, qu'on s'occupa du ſoin de trouver des intéreſſés. Pour y parvenir plus aiſément, on diſtingua deux eſpeces de fonds. Le premier appelé *conſtant*, fut deſtiné à l'acquiſition de tous les effets que l'ancienne compagnie avoit en Europe & en Aſie. On donna le nom de *roulant* à l'autre ; parce qu'il eſt réglé tous les ans ſur le nombre, la cargaiſon & la dépenſe des vaiſſeaux qu'on juge convenable d'expédier. Chaque actionnaire a la liberté de s'intéreſſer ou de ne pas s'intéreſſer à ces armemens, qui ſont liquidés à la fin de chaque voyage. Si quelqu'un reſoit d'y prendre part, ce qui n'eſt pas encore arrivé, on céderoit ſa place à d'autres. Par cet arrangement, la Compagnie fut permanente par ſon fonds conſtant, annuelle par le fonds roulant.

Il paroiſſoit difficile de régler les frais que devoit ſupporter chacun des deux fonds. Tout s'arrangea plus aiſément qu'on ne l'avoit eſpéré. Il fut arrêté que le roulant ne feroit que les dépenſes néceſſaires pour l'achat, l'équipement, la cargaiſon des vaiſſeaux. Tout le reſte devoit regarder le conſtant, qui, pour ſe dédommager, préleveroit dix pour cent ſur toutes les marchandiſes de l'Aſie qui ſe vendroient en Europe, & de plus cinq pour cent ſur tout ce qui partiroit de Trinquebar. Cette addition continuelle au fonds *conſtant* a tellement augmenté ſa maſſe, qu'au lieu de quatre cents actions de 119 livres chacune qu'avoit la Compagnie, on lui en compte aujourd'hui ſeize cents de 1687 liv. 10 ſ. Elle s'eſt fix à ce nombre en 1755; & depuis cette époque les droits dont s'accroiffoit le fonds conftant, ont fervi à augmenter le dividende qui avoit été pris jufqu'alors fur les bénéfices du fonds roulant.

Il fuffit d'être propriétaire d'une action pour avoir droit de fuffrage dans les affemblées générales. Ceux qui en ont trois ont deux voix; ceux qui en ont cinq, ont trois voix, & ainfi dans la même proportion jufqu'au nombre de vingt actions qui donnent douze voix, fans qu'on puiffe aller au-delà.

En renouvellant en 1772 pour vingt ans l'octroi de la Compagnie, on a fait quelque changement à ce réglement. Il a été arrêté qu'aucun membre, quel que fût fon intérêt, ne pourroit jamais avoir au-delà de trois voix, & qu'il ne lui feroit plus permis de voter par écrit ou par procuration.

Le Danemarck fait fon commerce d'Afie dans les mêmes contrées que les autres nations de l'Europe. Ce qu'il tire de poivre du Malabar, ne paffe pas, une année dans l'autre, foixante milliers.

Tout porteroit à croire que fes affaires du Coromandel font animées. Il y poffède un excellent territoire qui, quoique de deux lieues de circonférence feulement, a une population de trente mille ames. Environ dix mille habitent Trinquebar. Il y en a douze mille dans une grande aldée, remplie de manufactures groffieres. Le refte travaille utilement dans quelques autres aldées moins confidérables. Trois cents Danois, dont cent cinquante forment la garnifon, font tout ce qu'il y a d'Européens dans la colonie. Leur entretien ne coûte annuellement que 96000 livres, ce qui eft à-peu-près le revenu de la poffeffion.

XXV.
Etat du commerce des Danois aux Indes.

K 4

La compagnie y occupe peu ſes facteurs. Elle ne leur expédie que deux bâtimens tous les trois ans; & ces vaiſſeaux n'emportent en tout que dix-huit cents bal de toiles communes, qui ne coûtent pas au-delà de 1500000 liv. Les facteurs eux-mêmes ne ſavent pas pro fiter pour leur fortune particuliere de l'inaction où on le laiſſe. Toute leur induſtrie ſe borne à prêter à gros in térêts à des marchands Indiens, les foibles fonds dont ils ont la diſpoſition. Auſſi Trinquebar, quoique ſi ancien, n'a-t'il pas cet air de vie & d'opulence qu'u activité éclairée a donnée à des colonies plus modern Les François chaſſés de leurs établiſſemens avoient don quelque vigueur à Trinquebar; mais leur retraite a fai retomber cette colonie dans ſon état languiſſant. Cepen dant la ſituation des Danois au Coromandel, eſt enco moins fâcheuſe que dans le Bengale.

Peu de temps après leur arrivée en Aſie, ils fir voir leur pavillon ſur le Gange. Une prompte décade les en éloigna, & on ne les y a revus qu'en 1755. l jalouſie du commerce, qui eſt devenue la paſſion domi nante de notre ſiécle, a traverſé leurs vues ſur Bankli ſar, & ils ont été réduits à ſe fixer dans le voiſinage. François qui avoient ſeuls appuyé le nouveau compto y ont trouvé dans les malheurs de la derniere guerre t aſyle, & tous les ſecours de l'amitié & de la reconno ſance. Rarement il reçoit des vaiſſeaux directement d'E rope. Depuis 1757 on n'y en a vu que deux, dont cargaiſons réunies n'ont couté dans le pays que 21600 livres.

Le commerce de la Chine n'étant point ſujet à t de longueurs, à tant d'obſtacles; la compagnie Dan s'y eſt attachée avec plus de vivacité qu'à celui du Ga n de Coromandel, qui demandent des fonds d'avance. Elle y envoye tous les ans un, & le plus souvent deux gros vaisseaux. Les thés qui forment leur plus grand retour, se consommoient là plupart en Angleterre. L'acquisition que ce royaume a faite de l'isle du Man qui servoit d'entrepôt à cette fraude, en fermant aux Danois ce débouché, doit naturellement diminuer le commerce qu'ils faisoient à la Chine.

Actuellement les ventes annuelles de la compagnie s'élèvent à six millions cinq cents mille livres. Il n'est pas vraisemblable qu'elle les pousse beaucoup plus loin. Ses armemens, nous le savons, se font facilement & à bon marché. Ses navigateurs, moins hardis que ceux de quelques autres nations, ont de la sagesse & de l'expérience. Elle trouve dans les mines de Norwege le fer qu'elle porte aux Indes. Le gouvernement lui paye à un prix très-avantageux, le salpêtre qu'il l'oblige de rapporter. Les manufactures nationales ne sont ni en assez grand nombre ni assez favorisées, pour la gêner dans ses ventes. Tout le Nord, & une partie de l'Allemagne, lui ouvrent, par leur situation, un débit facile. Elle a de bonnes loix, & sa conduite est digne des plus grands éloges. Peut-être n'y a-t-il pas de régie qu'on puisse comparer à la sienne, pour la probité & l'économie.

Malgré ces avantages, la compagnie Danoise languira toujours. Les consommations de ses marchandises seront nécessairement médiocres, dans une région que la nature a condamnée à la pauvreté, & que l'industrie ne peut enrichir. La métropole n'est ni assez peuplée, ni assez puissante, pour lui fournir les moyens d'étendre son commerce. Ses fonds sont foibles & le seront toujours. Les étrangers ne confieront point leurs capitaux à un corps

ſoumis à l'autorité arbitraire d'une monarchie abſolu
Avec une adminiſtration, dont la ſageſſe feroit honne
à la république la mieux conſtituée, il éprouvera l
maux qu'entraîne la ſervitude. Un gouvernement deſp
tique eût-il les meilleures intentions, n'eſt jamais aſſ
puiſſant pour faire le bien. Il commence par ôter a
ſujets ce libre exercice des volontés, qui eſt l'ame,
reſſort des nations; & quand il a briſé ce reſſort, il
peut plus le rétablir. C'eſt la confiance qui lie les ho
mes, unit les intérêts, fait les affaires; & le pouv
arbitraire eſt abſolument excluſif de la confiance, par
qu'il eſt abſolument excluſif de toute ſûreté.

Le projet formé en 1728, de transférer de Copen
gue à Altena le ſiége de la Compagnie, ne pouv
pas remédier à ces inconvéniens. L'expédition des v
ſeaux auroit été à la vérité plus facile, & ils n'aur
pas été expoſés au malheur de manquer leur voya
que les glaces du Sund leur font perdre quelquefi
mais nous ne penſons pas avec les auteurs du p
que le voiſinage eût déterminé Hambourg à placer
capitaux dans une affaire pour laquelle il a touj
montré de l'éloignement. Ainſi nous ne craindrons
de dire que l'Angleterre & la Hollande firent un ac
tyrannie inutile en s'oppoſant à cet arrangement dont
que d'une puiſſance libre & indépendante. Leurs inq
tudes ſur Oſtende étoient mieux fondées.

XXVI. Les lumieres ſur le commerce & ſur l'adminiſtrat
Etabliſſe- la ſaine philoſophie, qui gagnoient inſenſiblement d
ment d'une bout de l'Europe à l'autre, avoient trouvé des barri
Compa-
gnie des In- inſurmontables dans quelques monarchies. Elles n'av
des à Of- pu pénétrer à la Cour de Vienne qui ne s'occupoi
tende.
de projets de guerre & d'aggrandiſſement par la voi

onquêtes. Les Anglois & les Hollandois attentifs à
empêcher la France d'augmenter fon commerce, fes co-
ônies & fa marine, lui fufcitoient des ennemis dans le
continent, & prodiguoient à la maifon d'Autriche des
fommes immenfes qu'elle employoit à combattre la France; mais à la paix, le luxe d'une couronne rendoit à
l'autre plus de richeffes qu'elle ne lui en avoit ôté par
la guerre.

Des états, qui par leur étendue rendroient formidable la puiffance Autrichienne, bornent fes facultés par
leur fituation. La plus grande partie de fes provinces
eft éloignée des mers. Le fol de fes poffeffions produit
peu de vins, peu de fruits précieux aux autres nations.
Il ne fournit ni les huiles, ni les foies, ni les belles
laines qu'on recherche. Rien ne lui permettoit d'afpi-
rer à l'opulence, & elle ne favoit pas être économe.
Avec le luxe & le fafte naturel aux grandes cours,
elle n'encourageoit point l'induftrie & les manufactures, qui pouvoient fournir à ce goût de dépenfe. Le
mépris qu'elle a toujours eu pour les fciences arrêtoit fes progrès en tout. Les artiftes reftent toujours
médiocres dans tous les pays où ils ne font pas éclairés par les favans. Les fciences & les arts languiffent
enfemble, par-tout où n'eft point établie la liberté de
penfer. L'orgueil & l'intolérance de la maifon d'Autriche, entretenoient dans fes vaftes domaines, la pauvreté, la fuperftition, un luxe barbare.

Les Pays-Bas même, autrefois fi renommés pour leur
activité & leur induftrie, ne confervoient rien de leur
ancien éclat. Anvers ne voyoit pas un feul vaiffeau dans
fon port; il n'étoit plus le magafin du nord, comme il
l'avoit été pendant deux fiécles. Bien loin de fournir

aux nations leur habillement , Bruxelles & Louvain
cevoient le leur des Anglois. La pêche ſi précieuſe
hareng, avoit paſſé de Bruges à la Hollande. Gand , Co
trai, quelques autres villes, voyoient diminuer tous
jours leurs manufactures de toile & de dentelles. (
provinces , placées au milieu des trois peuples les p
éclairés , les plus commerçans de l'Europe, n'avoient p
malgré leurs avantages naturels, ſoutenir cette con
rence. Après avoir lutté quelque tems contre l'oppreſſi
contre des entraves multipliées par l'ignorance, co
les priviléges qu'un voiſin avide arrachoit aux beſ
continuels du gouvernement , elles étoient tombées à
un dépériſſement extrême.

Le prince Eugêne, auſſi grand homme d'état que ga
homme de guerre, élevé au-deſſus de tous les préjug
cherchoit depuis long-tems les moyens d'accroître le
cheſſes d'une puiſſance dont il avoit ſi fort reculé
frontieres ; lorſqu'on lui propoſa d'établir à Oſtende
compagnie des Indes. Les vues de ceux qui avoient
mé ce plan étoient étendues. Ils prétendoient que ſ
entrepriſe pouvoit ſe ſoutenir , elle animeroit l'induſt
tous les états de la maiſon d'Autriche, donneroit à
puiſſance une marine, dont une partie ſeroit dan
Pays-Bas , & l'autre à Fiume ou à Trieſte , la déliv
de l'eſpece de dépendance où elle étoit encore des
des de l'Angleterre & de la Hollande , & la mettr
état de ſe faire craindre ſur les côtes de Turquie ,
ques dans Conſtantinople.

· L'habile miniſtre auquel s'adreſſoit ce diſcours.
tit aiſément le prix des ouvertures qu'on lui fai
ne voulut cependant rien précipiter. Pour accou
les eſprits de ſa cour, ceux de l'Europe entiere

ouveauté, il voulut qu'en 1717 on fît partir avec fes feuls paffe-ports deux vaiffeaux pour l'Inde. Le fuccès de leur voyage multiplia les expéditions dans les années fuivantes. Toutes les expériences furent heureufes ; & la cour de Vienne crut devoir en 1722, fixer le fort des intéreffés, la plupart Anglois ou Hollandois, par l'octroi le plus ample qui eût été jamais accordé.

La nouvelle Compagnie qui avoit un fonds de vingt millions partagé en dix mille actions, parut avec éclat dans tous les marchés des Indes. Elle forma deux établiffemens, celui de Coblom, entre Madras & Sadraffpatan à la côte de Coromandel, & celui de Bankibafar dans le Gange. Elle projettoit même de fe procurer un lieu de relâche, & fes regards s'étoient arrêtés fur Madagafcar. Elle étoit affez heureufe pour pouvoir fe repofer du foin de fa profpérité fur des agens, qui avoient eu affez de fermeté pour furmonter les obftacles que la jaloufie leur avoit oppofés, & affez de lumieres pour fe débarraffer des piéges qu'on leur avoit tendus. La richeffe de fes retours, la réputation de fes actions qui gagnoient quinze pour cent, ajoutoient à fa confiance. On peut penfer que les événemens ne l'auroient pas trahie, fi les opérations, qui en étoient la bafe, n'euffent été traverfées par la politique. Pour bien développer les caufes de cette difcuffion, il eft néceffaire de reprendre les chofes de plus haut.

Lorfqu'Ifabelle eut fait découvrir l'Amérique, & fait pénétrer jufqu'aux Philippines, l'Europe étoit plongée dans une telle ignorance, qu'on jugea devoir interdire la navigation des deux Indes, à tous les fujets de l'Efpagne qui n'étoient pas nés en Caftille. La partie des Pays-Bas qui n'avoit pas recouvré la liberté, ayant été donnée en

XXVII.
Raifons qui ont amené la deftruction de la compagnie d'Oftende.

1598 à l'infante Habelle, qui époufoit l'archiduc Alb
on exigea des nouveaux fouverains qu'ils renonça
formellement à ce commerce. La réunion de ces
vinces faite de nouveau en 1638 au corps de la mo
chie, ne changea rien à cette odieufe ftipulation.
Flamands, bleffés avec raifon de fe voir privés du d
que la nature donne à tous les peuples, de traf
par-tout où d'autres nations ne font pas en poffe
légitime d'un commerce excluſif, firent éclater
plaintes. Elles furent appuyées par leur gouvernem
cardinal Infant, qui fit décider qu'on les autorife
naviguer aux Indes orientales. L'acte qui devoit con
ter cet arrangement n'étoit pas encore expédié, lor
le Portugal briſa le joug fous lequel il gémiffoit dep
long-tems. La crainte d'augmenter le mécontente
des Portugais, que l'on efpéroit de ramener, em
de leur donner un nouveau rival en Afie, & fit élo
la conclufion de cette importante affaire. Elle n
pas finie, lorfqu'il fut réglé en 1648 à Munfter, q
fujets du roi d'Efpagne ne pourroient jamais éten
commerce dans les Indes, plus qu'il ne l'étoit à
époque. Cet acte ne doit pas moins lier l'empereur
ne lioit la cour de Madrid, puifqu'il ne poffède
Pays-Bas qu'aux mêmes conditions, avec les mê
obligations dont ils étoient chargés fous la domin
Efpagnole.

Ainfi raifonnerent la Hollande & l'Angleterre,
parvenir à obtenir la fuppreffion de la nouvelle c
gnie, dont le fuccès leur caufoit les plus vives inq
des. Ces deux alliés, qui par leurs forces mari
pouvoient anéantir Oftende & fon commerce, vou
ménager une puiffance qu'ils avoient élevée eux-m

& dont ils croyoient avoir befoin contre la maifon de Bourbon. Ainfi, quoique déterminés à ne point laiffer puifer la maifon d'Autriche à la fource de leurs richeffes, ils fe contenterent de lui faire des repréfentations, fur la violation des engagemens les plus folemnels. Ils furent appuyés par la France, qui avoit le même intérêt, & qui de plus étoit garante du traité violé.

L'empereur ne fe rendit pas à ces repréfentations. Il étoit foutenu dans fon entreprife par l'opiniâtreté de fon caractere, par les efpérances ambitieufes qu'on lui avoit données, par les grands priviléges, les préférences utiles que l'Efpagne accordoit à fes négocians. Cette couronne fe flattoit alors d'obtenir pour Dom Carlos l'héritiere de la maifon d'Autriche, & ne croyoit pas pouvoir faire de trop grands facrifices à cette alliance. La liaifon des deux cours qu'on avoit cru irréconciliables, agita l'Europe. Toutes les nations fe crurent en péril. Il fe fit des ligues, des traités fans nombre, pour rompre une harmonie qui paroiffoit plus dangereufe qu'elle ne l'étoit. On n'y réuffit, malgré tant de mouvement, que lorfque le confeil de Madrid, qui n'avoit plus de tréfors à verfer en Allemagne, fe fut convaincu qu'il couroit après des chimeres. La défection de fon allié n'étonna pas l'Autriche ; elle parut décidée à foutenir toutes les prétentions qu'elle avoit formées, fpécialement les intérêts de fon commerce. Soit que cette fermeté en impofât aux puiffances maritimes, foit, comme il eft plus vraifemblable, qu'elles ne confultaffent que les principes d'une politique utile, elles fe déterminerent en 1727 à garantir la pragmatique fanction. La cour de Vienne paya un fi grand fervice, par le facrifice de la compagnie d'Oftende.

Quoique les actes publics ne fiffent mention que d'une

ſuſpenſion de ſept ans, les aſſociés ſentirent bien q[...]
leur perte étoit décidée, & que cette ſtipulation n'ét[...]
là que par ménagement pour la dignité impériale. [...]
avoient trop bonne opinion de la cour de Londres
des Etats généraux, pour penſer qu'on eût aſſuré l'i[...]
viſibilité des poſſeſſions Autrichiennes pour un avan[...]
qui n'auroit été que momentané. Cette perſuaſion [...]
détermina à oublier Oſtende, & à porter ailleurs le[...]
capitaux. Ils firent ſucceſſivement des démarches [...]
s'établir à Hambourg, à Trieſte, en Toſcane. La na[...]
la force ou la politique ruinerent leurs efforts. Les [...]
heureux d'entr'eux, furent ceux qui tournerent leurs
gards vers la Suede.

XXVIII.
Idée gé-
nérale de
l'ancien
gouverne-
ment de
Suede.

La Suede, dont les habitans ſous le nom de Go[...]
avoient concouru au renverſement de l'empire Ro[...]
après avoir fait le bruit & les ravages d'un torre[...]
perdit dans ſes déſerts & retomba dans l'obſcurité.[...]
diſſenſions domeſtiques, toujours aſſez vives qu[...]
continuelles, ne lui permirent pas de s'occuper [...]
res étrangeres, ni de mêler ſes intérêts à ceux des[...]
nations. Elle avoit malheureuſement de tous les g[...]
nemens le plus vicieux, celui où l'autorité eſt part[...]
ſans qu'aucune puiſſance de l'état ſache préciſém[...]
dégré qui lui en appartient. Les prétentions oppoſ[...]
roi, du clergé, de la nobleſſe, des villes, des pay[...]
ſormoient une eſpece de cahos qui auroit cent fois [...]
le royaume, ſi les peuples voiſins n'avoient langui [...]
la même barbarie. Guſtave Vaſa, en réuniſſant da[...]
perſonne une grande partie des différens pouvoirs[...]
fin à cette anarchie; mais il précipita l'état dans une[...]
calamité tout auſſi funeſte.

Cette nation, que l'étendue de ſes côtes, l'exce[...]

de fes ports, fes bois de conftruction, fes mines de fer
de cuivre, tous les matériaux néceffaires à la marine
appelloient à la navigation, l'avoit abandonnée depuis
qu'elle s'étoit dégoûtée de la piraterie. Lubeck étoit en
poffeffion d'enlever aux Suédois leurs productions, &
de leur fournir le fel, les étoffes, toutes les marchandifes qu'ils tiroient de l'étranger. On ne voyoit dans
leurs rades que les vaiffeaux de cette république, ni
dans leurs villes d'autres magafins que ceux qu'elle y
avoit formés.

Cette dépendance bleffa l'ame fiere de Guftave. Il
voulut rompre les liens qui enchaînoient au-dehors l'induftrie de fes fujets, mais il le voulut avec trop de précipitation. Avant d'avoir conftruit des vaiffeaux, d'avoir
formé des négocians, il ferma fes ports aux Lubeckois.
Dès-lors il n'y eut plus de communication entre fon
peuple & les autres peuples. Cette interruption fubite &
entiere dans les affaires, fit tomber l'agriculture, le premier des arts dans tous les pays, & le feul qui fût alors
connu en Suede. Les champs refterent en friche, auffi-
tôt que le laboureur vit ceffer ces demandes réitérées &
continuelles, qui avoient excité jufqu'alors fon activité.
Quelques bâtimens Anglois & Hollandois, qui fe mon-
troient de loin en loin, n'avoient pas réveillé l'ancienne
émulation, lorfque Guftave Adolphe monta fur le trône.
Les premieres années de fon regne furent marquées
par des changemens utiles. Les travaux champêtres furent ranimés. On exploita mieux les mines. Il fe forma
des compagnies pour la Perfe & pour les Indes occidentales. Les côtes de l'Amérique feptentrionale virent jetter
les fondemens d'une colonie. Le pavillon Suédois répan-
dit dans toutes les mers d'Europe du cuivre, du fer, de

bénéfices que ne l'avoit jamais fait aucune compagnie.
Un pareil succès détermina les états, qui en 1746 re-
nouvelloient le privilége , à exiger à la place de l'ancien droit , un droit de 75 ; 000 livres par vaisseau.
La convention fut exactement remplie jusqu'en 1753 ;
alors les directeurs qui trouvoient leur position utile,
formerent le projet de la rendre permanente , en donnant une consistance fixe à l'association passagere dont ils
conduisoient les affaires ; & ils firent adopter leur plan
par la nation assemblée. Il paroissoit plus difficile de faire
goûter aux actionnaires un arrangement qui engageoit
leur liberté , & que les malheurs des autres compagnies
devoient leur rendre plus que suspect. On les ébranla par
l'espoir d'un revenu à-peu-près régulier, au lieu d'un dividende qui depuis quelques années varioit d'une maniere
incroyable ; soit que ce fût un moyen imaginé pour préparer le succès du projet; soit que ce fût une suite naturelle de révolutions du commerce. Ils furent tout-à-fait
déterminés , par la complaisance qu'eut le gouvernement
de se contenter d'un droit de vingt pour cent sur les thés,
sur les autres marchandises des Indes qui consommeroient
dans le royaume , au lieu de 75, 000 livres qu'il recevoit
depuis six ans pour chaque navire. Ce nouvel ordre de
choses dura jusqu'en 1766 , tems auquel expiroit le pri-
lége accordé vingt ans auparavant.

On n'avoit pas attendu ce terme , pour s'occuper du
renouvellement de la compagnie. Dès le septiéme de juillet 1762 , il fut accordé un nouvel octroi pour vingt
ans encore. Les conditions en furent plus avantageuses
pour l'état , que ne l'espéroient ceux de ses membres
qui n'avoient pas suivi les bénéfices de ce commerce.
On lui prêta quinze cens mille francs sans intérêt;

trois millions à un intérêt de six pour cent. Les actionnaires qui faisoient ces avances, en devoient être remboursés
successivement par la retenue des 112, 500 livres, qu'ils
s'engageoient à payer pour chaque navire qu'ils expédie-
roient. Celles de leurs marchandises qui sortiroient du
royaume, furent de plus assujetties à un droit d'un
quart pour cent de leur vente, & celles qui seroient
consommées dans l'intérieur du pays, aux droits anciens ou à des droits nouveaux, tels qu'il plairoit au
gouvernement de les régler. Tel est l'ordre qui subsiste
depuis 1766.

La compagnie a établi le siége de ses affaires à Go-
tembourg, dont la position offre pour la navigation des
facilités que refusoient les autres ports. Au commencement ses fonds varioient d'un voyage à l'autre. Il est
reçu qu'en 1753 ils furent fixés à neuf millions, dont il
n'y en eut que six de fournis. L'opinion des gens les
mieux instruits, est que le dernier arrangement les a portés réellement à dix millions. On est réduit à de simples
conjectures sur ce point important. Jamais il ne fut mis
sous les yeux du public. Comme les Suédois n'entroient
que pour très-peu dans ce capital, on jugea convenable
de dérober la connoissance de cette pauvreté. Pour y
parvenir, il fut statué que tout directeur qui révéleroit
le nom des intéressés, ou les sommes qu'ils auroient
souscrites, seroit suspendu, déposé même, & qu'il perdroit sans retour tout l'argent qu'il auroit dans cette entreprise. Cet esprit de mystère s'est perpétué. A la vérité, douze des principaux actionnaires, choisis tous les
quatre ans dans une assemblée générale, reçoivent régulierement les comptes de l'administration : mais cette
sûreté ne paroîtra jamais suffisante à des négocians; ils

trouveront toujours étonnant qu'un état libre ait ouvert une pareille porte à la corruption. Le ſecret, dans la politique, eſt comme le menſonge; il ſauve pour un moment les états, & les perd à la longue. L'un & l'autre n'eſt utile qu'aux méchans.

Malgré quelques malheurs qu'a eſſuyés la compagnie, le dividende d'une année dans l'autre, s'eſt élevé à trente-deux pour cent. Ce bénéfice n'a été fait que ſur des ventes qui n'ont pas paſſé annuellement ſix millions de livres. Les onze douziémes de ces marchandiſes ont été portés à l'étranger, & la Suede a payé de ſes productions le peu qu'elle a conſommé. La foibleſſe de ſa numéraire & la médiocrité de ſes reſſources, lui interdiſoit un plus grand luxe. On en va voir la preuve.

XXX.
Etat actuel
de la Suede.

La Suede a ſix mille neuf cents lieues quarrées, n'en compter que dix & demi par dégré, comme on fait. Une grande partie eſt occupée par des lacs immenſes. Son ſol, aſſez généralement gras & argilleux, plus difficile à cultiver que des champs ſablonneux, où il eſt plus fertile. Les neiges prodigieuſes qui le couvrent, garantiſſent & nourriſſent ſes plantes. Malheureuſement les travaux de la campagne ſont réduits à peu de choſe, à cauſe de la longueur des hivers & de la brièveté des jours. Il faut d'ailleurs à des hommes plus grands & plus robuſtes qu'on ne les trouve ailleurs, une nourriture plus ſolide & plus abondante.

Ces raiſons pourroient faire ſoupçonner que la Suede ne fut jamais exceſſivement peuplée, quoiqu'on l'ait appellée *la fabrique du genre-humain.* Il eſt vraiſemblable que les nombreuſes bandes qui en ſortoient, & qui ſous le nom ſi redouté de Goths & de Vandales, ravagerent, aſſervirent tant de contrées de l'Europe, n'étoient qui s effaims de Scythes & de Sarmates, qui s'y rendoient r le Nord de l'Afie, & qui fe pouffoient, fe rempla- oient fucceffivement. Cependant ce feroit une erreur de oire, que cette vafte contrée ait été toujours auffi dé- rte que nous la voyons. Des preuves hiftoriques pré- entées aux derniers états, les convainquirent que leur ays avoit il y a trois fiécles plus d'habitans qu'aujour- hui, quoique la religion catholique qu'on y profeffoit ors, autorifât les cloîtres, & prefcrivît au clergé le cé- bat. Un dénombrement fait avec la plus grande pré- ion, par ordre du gouvernement en 1760, prouve que la Suede, fans y comprendre fes poffeffions d'Al- lemagne, qui font peu de chofe, n'a actuellement que 2, 383, 113 fujets; & que dans cette population, il y a 1, 127, 938 hommes, & 1, 255, 175 femmes. En prenant un terme moyen, c'eft 345 habitans par lieue quarrée. Les deux extrêmes, font la Gothie qui en compte 1248, & la Laponie qui n'en compte que deux.

Le nombre feroit plus grand dans toutes les provin- ces, fi elles n'étoient continuellement abandonnées, & fouvent fans retour, par un grand nombre de ceux qui y ont pris naiffance. On voit dans tous les pays des hom- mes, qui par curiofité, par inquiétude naturelle, & fans objet déterminé, paffent d'une contrée dans une autre; mais c'eft une maladie qui attaque feulement quelques individus, & ne peut être regardée comme la caufe gé- nérale d'une émigration conftante. Il y a dans tous les hommes un penchant à aimer leur patrie, qui tient plus à des caufes morales qu'à des principes phyfiques. Le goût naturel pour la fociété, les liaifons de fang & d'a- mitié, l'habitude du climat & du langage, cette préven_

tion qu'on contracte si aisément pour le lieu, les mœur
le genre de vie auxquels on est accoutumé ; tous ces lie
attachent un être raisonnable à des contrées où il a re
le jour & l'éducation. Il faut de puissans motifs pour
faire rompre à la fois tant de nœuds, & préférer une a
tre terre, où tout sera étranger & nouveau pour lui.
Suede, où toute la puissance est entre les mains des é
composés de différens ordres du royaume, même de
lui des paysans, on devroit plus tenir à son pays ; cep
dant on en sort beaucoup, & il doit y avoir des rai
de cette émigration.

La classe de citoyens la plus attachée à sa patrie,
celle des laboureurs. L'agriculture fut assez florissa
avant que Gustave Vasa défendît l'exportation des gra
Depuis ce funeste édit, elle rétrograda toujours ; les
forts qu'on a faits dans les derniers tems pour lui ren
ner de l'activité, n'ont pas eu un succès aussi com
qu'on le desiroit. L'état achete annuellement une par
du bled nécessaire à sa consommation. Ce besoin
durer long-tems ; par la difficulté d'élever de nomb
troupeaux. Il faut les nourrir neuf mois au fec, le
manque de bras pour couper, pour serrer la quanti
fourrage que la longueur des hivers rendroit nécessai

Les mines ne sont pas exposées à de pareils incon
niens. Leur exploitation fut long-tems la plus gra
ressource du royaume. Elles tomberent depuis dan
dépendance des Anglois & des Hollandois, par les av
ces considérables que les négocians de ces deux nati
faisoient à leurs propriétaires. Une meilleure admini
tion les a fait successivement sortir de cette servi
Celles d'argent rendent annuellement à l'état quatre
cinq cents marcs ; celles de cuivre, huit mille

ingots, dont on en exporte cinq mille cinq cents; &
elles de fer, quatre cents mille chissons, dont environ
ois cents mille passent à l'étranger. Il étoit facile de multiplier les dernieres, sur-tout dans les provinces boréales
où abondent les bois, les eaux nécessaires pour ces travaux, & où l'hiver par sa rigueur & par sa durée savorise
les charrois. Les états de 1765 ont défendu d'en ouvrir
de nouvelles, sans qu'on puisse découvrir aucune raison
d'économie politique, qui ait suggéré cette prohibition.
Il doit être permis de soupçonner qu'elle a pris sa source
dans les intérêts particuliers & personnels de quelques
membres puissans de la diete. Les manufactures n'ont
pas été mieux traitées que les mines.

Jusqu'à l'heureuse révolution qui rendit à la Suede sa
liberté, la nation étoit généralement habillée d'etoffes
étrangeres. On sentit à cette époque mémorable, l'impos-
sibilité de faire cesser un si grand abus avec les laines du
pays extrèmement grossieres; & on fit venir d'Espagne &
d'Angleterre des brebis & des beliers, qui, par les précautions qu'on a prises, n'ont que peu dégénéré. A mesure que les troupeaux se sont multipliés, les fabriques
ont augmenté, au point qu'en 1763 elles occupoient quarante-cinq mille ames. Ces progrès ont blessé quelques citoyens qui les croyoient nuisibles à l'agriculture. Inutilement on a voulu leur faire observer que les manufactures
opéroient la consommation des productions territoriales;
qu'elles multiplioient les troupeaux, & que les troupeaux
fécondoient les champs; qu'il n'y avoit au plus dans l'é-
tat que huit ou neuf villes dignes de ce nom, & que
leur population n'étoit relativement à celle de la campagne, que dans le rapport d'un à douze, ce qui ne se
trouvoit dans aucun autre gouvernement. Ces représen-

tations n'ont pas été goûtées. La diete de 1765 a ad-
té, par efprit de parti ou par ignorance, les vues de ce
qui vouloient renvoyer tout le monde à la charrue. P
faire réuffir ce plan, on a embarraffé l'induftrie de t
tes les entraves qu'il a été poffible d'imaginer. Il eſt
rivé de-là que les ouvriers ont porté leurs talens aill
fur-tout en Ruffie, & que la Suede fe trouve actuelle
fans manufactures.

Ses pêcheries n'ont pas eu la même deftinée,
feule qui mérite d'être envifagée fous un point de
politique, c'eſt celle du hareng. Elle ne remonte
au-delà de 1740. Avant cette époque, ce po
fuyoit les côtes de Suede. Il donna alors à celle de
tenbourg, & il ne s'en eſt pas retiré depuis. On en
porte annuellement deux cents mille barils, qui, à ra
de vingt francs par baril, forment un objet de qu
millions de livres. Environ huit mille barils font p
tés dans les ifles Angloifes d'Amérique. Il eſt bienté
nant que les François, qui ont plus d'efclaves, & t
de facilité pour les nourrir, ayent négligé jufqu'à p
fent un moyen que tout les invitoit à adopter.

La nation Suédoife ne jouiffoit pas encore de la
che du hareng, lorfqu'elle défendit aux étrangers d
troduire dans fes ports d'autres denrées que celle
cru de leur pays, & de tranfporter ces marchand
d'un port du royaume à l'autre. Cette loi célè
connue fous le nom de *placard des productions*
qui eſt de 1724, reffufcita la navigation, anéantie
puis long-tems par les malheurs des guerres. Un
villon, inconnu par-tout, fe montra fur toutes les n
Ceux qui l'arboroient, ne tarderent pas à acquéri
l'habileté & de l'expérience. Leurs progrès par

âme à des politiques éclairés devenir trop confidéra-
es pour un pays dépeuplé. Ils penferent qu'il falloit
en tenir à l'exportation des productions de l'état, à
importation de celles dont il avoit befoin, & aban-
onner le commerce purement de fret. Ce fyftême a
vivement combattu. De grands adminiftrateurs ont
u que bien loin de gêner cette branche d'induftrie,
convenoit de l'encourager, en abolissant tous les ré-
mens qui la contrarient. Le droit exclufif de paffer
Sund, fut anciennement attribué à un petit nombre
e villes, défignées fous le nom de *Staple*. Tous les
ports même fitués au Nord de Stockholm ou d'Abo,
furent affervis à porter leurs denrées à l'un de ces entrepôts, & à s'y pourvoir des marchandifes de la Baltique, qu'ils auroient pû fe procurer de la première
main, à meilleur marché. Ces odieufes diftinctions
imaginées dans des tems barbares, & qui tendent à
favorifer le monopole des marchands, exiftent encore
aujourd'hui. Les fpéculateurs les plus fages en matiere
d'adminiftration, defirent qu'elles foient anéanties; afin
qu'une concurrence plus univerfelle, produife une plus
grande activité. Perfonne ne fait des vœux pour l'augmentation des troupes.

Avant Guftave Vafa, tout Suédois étoit foldat. Au
cri du befoin public, le laboureur quittoit fa charrue &
prenoit un arc. La nation entiere fe trouvoit aguerrie par
des troubles civils qui ne difcontinuoient pas. L'état ne
foudoyoit que cinq cents hommes, qui devoient être
toujours prêts à marcher. En 1542 ce foible corps fut
porté jufqu'à fix mille. Les payfans chez qui l'on mettoit en quartier ces troupes, trouverent ce fardeau intolérable, & il fallut les en décharger. Pour y parvenir,

on réunit au fiſc les terres incultes, on les fit défr[...]
& on y plaça les nouveaux défenſeurs de la patrie, [...]
excellente inſtitution s'eſt perpétuée. Les gens de g[...]
ne ſont pas empriſonnés comme ailleurs dans l'o[...]
des garniſons. Depuis le général juſqu'au ſoldat, [...]
ont une maiſon qu'ils habitent, une portion d[...]
qu'ils font valoir comme leur propre bien. L'éten[...]
la valeur de ce terrein ſont proportionnées aux gra[...]
milice. Cette poſſeſſion qu'ils tiennent de la com[...]
s'appelle *Boſtell*, & ne s'accorde jamais que d[...]
domaines qui appartiennent au gouvernement. L[...]
eſt actuellement compoſée de huit régimens de cav[...]
de trois régimens de dragons, de deux régimens [...]
ſards, de vingt & un régimens d'infanterie nat[...]
qui ſont payés de cette maniere, & de dix régim[...]
troupes étrangeres qui ont une ſolde en argent, &[...]
place dans les provinces, dans les fortereſſes ſitu[...]
delà des mers ; ce qui forme en tout cinquan[...]
hommes. Cette maſſe eſt groſſie & portée juſqu'a[...]
vingt-quatre mille hommes, par trente-quatre m[...]
dats de réſerve qui ont auſſi leurs boſtels, & q[...]
leur inſtitution ſont deſtinés à remplacer ceux de [...]
terie nationale qui meurent, qui ſe perdent, ou q[...]
faits priſonniers. Vingt vaiſſeaux de ligne, un nom[...]
frégates proportionné, & quelques galeres, achev[...]
former les forces de la république.

Pour faire agir ces forces, l'état n'a qu'un reven[...]
dix-huit millions de livres. Il eſt formé par un imp[...]
les terres, par le produit des douanes, par des [...]
ſur le cuivre & ſur le fer, & ſur le papier timbré,[...]
une capitation & un don gratuit. C'eſt bien peu po[...]
dépenſes de la guerre, pour les beſoins du gou[...]

; & encore y faut-il puiser ce qui doit servir à l'ac-
ement des dettes.

es montoient à sept millions cinq cents mille livres,
ue Charles XI arriva au trône. Ce prince, économe
maniere dont il convient aux souverains de l'être,
paya. Il fit plus: Il dégagea plusieurs des domaines
quis en Allemagne, qui avoient été aliénés à des voi-
puissans: Il retira les diamans de la couronne, sur
uels on avoit emprunté en Hollande des sommes con-
ables. Il fortifia les places frontieres. Il secourut ses
ès, & arma souvent des escadres pour maintenir sa
riorité dans la mer Baltique. Les événemens qui sui-
t sa mort, replongerent les affaires dans le cahos
il les avoit tirées. Le désordre a été toujours en
gmentant, & il s'est trouvé que l'état devoit quatre-
gt-deux millions cinq cents mille livres, pour les-
elles il payoit un intérêt de quatre & demi pour cent:
cette somme, huit millions appartiennent à l'étranger, cinq millions à une caisse d'amortissement qui fut
établie pour le paiement des dettes de Charles XII, un
million & demi à quelques communautés; douze millions
& demi à des particuliers Suédois, & cinquante-cinq
millions à la banque. Les meilleurs calculateurs prétendent que cette banque, qui appartient uniquement à
l'état, & dont la nation assemblée a seule la disposition,
a autant gagné en prêtant son papier aux particuliers sur
des meubles ou des immeubles, que lui doit l'administration. En ce cas la république n'a réellement que le tiers
la dette dont elle paye les intérêts, dans la vue de
soutenir le crédit public.

Ce crédit est d'autant plus nécessaire, que depuis la
derniere guerre d'Allemagne, il ne reste pas deux mil-

lions d'especes en circulation dans tout le royaume, ?
s'y fait avec du papier. L'obligation que contra
fous la foi du ferment, ceux auxquels le dépôt e
confié, de garder un profond fecret fur tout ce q
rapport à leurs fonctions, ne permet pas de fixer
la derniere précifion quelle eft la quantité de papie
tient lieu d'argent. Cependant on ne craindra pas d'
cer, d'après les obfervateurs le plus profondémer
ftruits, que la maffe des billets de banque mo
foixante-dix-fept millions.

La pauvreté n'étoit pas toutefois la plus dange
maladie qui, depuis quelque tems, travailloit la S
de plus grandes calamités la bouleverfoient. L'
particulier, qui avoit pris la place de l'efprit p
rempliffoit de défiances, la cour, le fénat, tous l
dres de la république. On cherchoit à fe détruir
proquement avec un acharnement qui n'avoit
d'exemple. Lorfque les moyens manquoient, on
les chercher au loin ; & l'on ne rougiffoit pas de ce
en quelque maniere avec des étrangers contre f

La malheureufe fituation où fe trouvoit réduit
qui paroiffoit libre, nourriffoit l'efprit de fervitu
avilit la plupart des contrées de l'Europe. Elles f
toient de leurs fers, en voyant les maux que fo
une nation qui avoit brifé fes chaînes. Perfonne ne
loit voir que la Suéde avoit paffé d'un excès à un au
que pour éviter l'inconvénient des volontés arbitra
on étoit tombé dans les défordres de l'anarchie. Le
n'avoient pas fçu concilier les droits particuliers de
dividus, avec les droits de la fociété, avec les pr
tives dont elle doit jouir pour la fûreté commune de
ceux qui la compofent.

Dans cette fatale crise, il convenoit à la Suéde, de
nfier au fantôme de roi qu'elle avoit formé, un pou-
r suffisant pour sonder les plaies de l'état, & pour y
pliquer les remedes convenables. C'est le plus grand
é de souveraineté que faire puisse un peuple ; & ce
est pas perdre sa liberté que d'en remettre la direction
un dépositaire de confiance, en veillant à l'usage qu'il
de ce pouvoir commis.

Cette résolution auroit comblé les Suédois de gloire,
fait leur bonheur. Elle auroit rempli les esprits de l'o-
nion de leurs lumieres & de leur sagesse. En se refusant
un parti si nécessaire, ils ont réduit le chef de l'état
s'emparer de l'autorité. Il régne aux conditions qu'il
voulu prescrire ; & il ne reste à ses sujets de droits,
que ceux dont sa modération ne lui a pas permis de les
dépouiller.

Nous ne sommes pas placés à la distance convenable, pour occuper nos lecteurs de cette révolution ; la
térité jugera. Il faut parler des liaisons formées aux
Indes par le roi de Prusse.

Ce prince, dans l'âge des plaisirs, eut le courage de
préférer à la molle oisiveté des cours l'avantage de s'in-
truire. Le commerce des premiers hommes du siécle,
& ses réflexions, murissoient dans le secret son génie,
naturellement actif, naturellement impatient de s'étendre. Ni la flatterie, ni la contradiction ne purent jamais
le distraire de ses profondes méditations. Il forma de
bonne heure le plan de sa vie & de son régne. On osa
prédire à son avénement au trône, que ses ministres ne
feroient que ses secrétaires ; les administrateurs de ses
finances, que ses commis, ses généraux, que ses aides
de camp. Des circonstances heureuses le mirent à portée

XXXI.
Le roi de
Prusse for-
me à Emb-
den une
compagnie
pour les
Indes. Ca-
ractère de
ce prince.
Sort de son
établisse-
ment.

de développer aux yeux des nations des talens acq
dans la retraite. Saisissant avec une rapidité qui n'ap
tenoit qu'à lui le point décisif de ses intérêts, Fré
attaqua une puissance qui avoit tenu ses ancêtres dan
servitude. Il gagna cinq batailles contre elle, lui en
la meilleure de ses provinces, & fit la paix aussi à p
pos qu'il avoit fait la guerre.

En cessant de combattre, il ne cessa pas d'agir. O
vit aspirer à l'admiration des mêmes peuples, do
avoit été la terreur. Il appella tous les arts à lui,
les associa à sa gloire. Il réforma les abus de la ju
& dicta lui-même des loix pleines de sagesse. Un
simple, invariable, s'établit dans toutes les parti
l'administration. Persuadé que l'autorité du souver
un bien commun à tous les sujets, une protéctio
ils doivent tous également jouir, il voulut que ch
d'eux eût la liberté de l'approcher & de lui écrire
les instans de sa vie étoient consacrés au bien d
peuples. Ses délassemens même leur étoient util
ouvrages d'histoire, de morale, de politique
remplis de vérités pratiques. On vit régner jusqu
ses poésies des idées profondes, & propres à r
dre la lumiere. Il s'occupoit du soin d'enrichir ses é
lorsque des événemens heureux le mirent en pos
de l'Oostfrise en 1744.

Embden, capitale de cette petite province, passo
y a deux siecles, pour un des meilleurs ports de l
rope. Les Anglois, forcés de quitter Anvers, en f
le centre de leurs liaisons avec le continent. Les Ho
dois, après avoir aspiré long-tems & inutilement
l'approprier, en étoient devenus jaloux, jusqu'à tra
à le combler. Tout indiquoit que c'étoit un lieu p

à devenir l'entrepôt d'un grand commerce. L'éloignement où étoit ce foible pays de la maſſe des forces Pruſſiennes, pouvoit expoſer à quelques inconvéniens : mais Frédéric eſpéra que la terreur de ſon nom contiendroit la jalouſie des puiſſances maritimes. Dans cette perſuaſion, il voulut qu'en 1750, une compagnie pour les Indes Orientales, fût établie à Embden.

Le fonds de la nouvelle ſociété étoit de 3, 900, 000 livres, il fut principalement formé par les Anglois & les Hollandois, malgré la ſévérité des loix que leurs gouvernemens avoient portées pour l'empêcher. On étoit encouragé à ces ſpéculations par la liberté indéfinie dont on devoit jouir, en payant au ſouverain trois pour cent, de toutes les ventes qui feroient faites. L'événement ne répondit pas aux eſpérances, ſix vaiſſeaux partis ſucceſſivement pour la Chine ne rendirent aux intéreſſés que leur capital, & un bénéfice de dix pour cent en ſept années. Une autre Compagnie, qui ſe forma peu de tems après dans le même lieu pour le Bengale, prit encore plus mal ſes meſures. Un procès, dont vraiſemblablement on ne verra jamais la fin, eſt tout ce qui lui reſte des deux ſeules expéditions qu'elle ait tentées. Les commencemens de la derniere guerre ont anéanti l'un & l'autre corps.

C'eſt le ſeul échec qu'ait eſſuyé la grandeur du roi de Pruſſe. Nous n'ignorons pas qu'il eſt difficile d'apprécier les contemporains : on les voit de trop près. Les princes ſont ſur-tout ceux qu'on peut le moins ſe flatter de bien connoître. La renommée en parle rarement ſans paſſion. C'eſt le plus ſouvent d'après les baſſeſſes de la flatterie, d'après les injuſtices de l'envie, qu'ils ſont jugés. Le cri confus de tous les intérêts, de tous

Tome II. M

les ſentimens qui s'agitent & changent autour d'eu
trouble ou ſuſpend le jugement des ſages même.

Cependant, s'il étoit permis de prononcer, d'ap
une multitude de faits liés les uns aux autres, on ?
roit de Frédéric qu'il ſçut diſſiper les complots;
l'Europe conjurée contre lui; qu'il joignit à la grand
& à la hardieſſe des entrepriſes, un ſecret impénétra
dans les moyens; qu'il changea la maniere de fair
guerre, qu'on croyoit, avant lui, portée à ſa pc
ction; qu'il montra un courage d'eſprit, dont l'hiſt
lui fourniſſoit peu de modeles; qu'il tira de ſes ſ
tes même plus d'avantages que les autres n'en ſçav
tirer de leurs ſuccès; qu'il fit taire d'étonnement,
parler d'admiration toute la terre, & qu'il donn
tant d'éclat à ſa nation, que d'autres ſouverains
reçoivent de leurs peuples.

Ce prince préſente un front toujours menaçant l
pinion qu'il a donnée de ſes talens; le ſouvenir
ceſſe préſent de ſes actions; un revenu annuel de ſix
te-dix millions; un tréſor de plus de deux cens
armée de cent quatre-vingt mille hommes: tout à
ſa tranquillité. Malheureuſement, elle n'eſt pas uſ
ſes ſujets comme elle le fut autrefois. Ce mona
continue à laiſſer les Juifs à la tête de ſes monno
où ils ont introduit un très-grand déſordre. Il n'a p
ſecouru les plus riches négocians de ſes provin
que ſes opérations avoient ruinés. Il a mis dans
mains les manufactures les plus conſidérables de
pays. Ses états ſont remplis de monopoles, d
cteurs de toute induſtrie. Des peuples dont il fut l
le, ont été livrés à l'avidité d'une foule de brig
étrangers. Cette conduite a inſpiré une défiance ſu

erfelle, foit au-dedans, foit hors de la Pruffe, qu'il

a point de hardieffe à affurer que les efforts qui

font pour reffufciter la compagnie d'Embden feront

utiles.

Oh Frédéric, Frédéric! tu reçus de la nature une

agination vive & hardie, une curiofité fans bornes,

goût pour le travail, des forces pour le fupporter,

étude du gouvernement, de la politique, de la lé-

ation occupa ta jeuneffe. L'humanité par-tout en-

înée, par-tout abattue, effuya fes larmes à la vue

tes premiers travaux, & fembla fe confoler de fes

heurs, dans l'efpérance de trouver en toi fon ven-

r. Elle augura & bénit d'avance tes fuccès. L'Eu-

e te donna le nom de roi philofophe.

orfque tu parus fur le théâtre de la guerre, la célé-

de tes marches, l'art de tes campemens, l'ordre de

batailles étonnerent toutes les nations. On ne ceffoit

alter cette difcipline inviolable de tes troupes, qui

affuroit la victoire; cette fubordination méchani-

qui ne fait de plufieurs armées qu'un corps, dont

les mouvemens dirigés par une impulfion unique,

pent à la fois au même but. Les philofophes mé-

prévenus par l'efpoir dont tu les avois remplis,

gueillis de voir un ami des arts & des hommes

i les rois, applaudiffoient peut-être à tes fuccès

lans. Tu fus regardé comme le modele des rois

rriers.

exifte un titre plus glorieux; c'eft celui de roi

yen. On ne l'accorde pas aux princes, qui, con-

ant les erreurs & les vérités, la juftice & les pré-

s, les fources du bien & du mal, envifagent les

cipes de la morale comme des hypothèfes de méta-

phyfique, ne voient dans la raifon, qu'un orateur ga
par l'intérêt. O fi l'amour de la gloire s'étoit éteint
fond de ton cœur! Si ton ame, épuifée par tes grand
actions, avoit perdu fon reffort & fon énergie! Si les f
bles paffions de la vieilleffe vouloient te faire rentr
dans la foule des rois! Que deviendroit ta mémoire? Q
deviendroient les éloges que toutes les bouches de
renommée, que la voix immortelle des lettres & d
arts t'ont prodigués? Mais non : ton règne & ta
ne feront pas un problême dans l'hiftoire. R'ouvre t
cœur aux fentimens nobles & vertueux qui firent tes p
mieres délices. Occupe tes derniers jours du bonheur
tes peuples. Prépare la félicité des générations futur
par la félicité de la génération actuelle. La puiffance
la Pruffe appartient à ton génie. C'eft toi qui l'as cré
c'eft toi qui la foutiens. Il faut la rendre propre à l'
qui te doit fa gloire.

Que ces innombrables métaux enfouis dans tes cof
en rentrant dans la circulation, rendent la vie au
politique : que tes richeffes perfonnelles, qu'un ro
peut diffiper, n'aient déformais pour bafe que la ric
nationale, qui ne tarira jamais ; que tes fujets cou
fous le joug intolérable d'une adminiftration violen
arbitraire, retrouvent les tendreffes d'un pere, au
des vexations d'un oppreffeur; que des droits exi
tans fur les perfonnes & les confommations, ceffent
touffer également la culture & l'induftrie ; que les h
tans de la campagne fortis d'efclavage, que ceux
villes véritablement libres, fe multiplient au gré de l
penchans & de leurs efforts. Ainfi tu parviendr
donner de la ftabilité à l'empire que tes qualités
lantes ont illuftré, ont étendu ; tu feras placé

lifte respectable & peu nombreuse des rois ici-
toyens.

Ose davantage : donne le repos à la terre. Que l'autorité de ta médiation, que le pouvoir de tes armes, force
la paix des nations inquiettes. L'univers est la patrie
d'un grand homme ; c'est le théâtre qui convient à tes
fins : deviens le bienfaiteur de tous les peuples.

Rien n'est grand, n'est heureux dans les monarchies,
fans l'influence du maître qui les gouverne ; mais il ne
dépend pas uniquement d'un monarque de faire tout ce
convient au bonheur de ses peuples. Il trouve sou-
de puissans obstacles dans les opinions, dans le ca-
re, dans les dispositions de ses sujets. Ces opinions,
caractere, ces dispositions, peuvent fans doute être
igés ; mais en attendant qu'ils le soient en Espagne,
les regarderons comme la principale cause du peu
ccès qu'ont eu les projets si souvent formés, pour
prospérer le commerce des Philippines.

s Philippines, anciennement connues sous le nom
anilles, forment un archipel immense à l'Est de l'A-
Les montagnes de ces isles font peuplées de sauva-
qui paroissent être les plus anciens habitans du pays.
ques rapports qu'on a cru entrevoir entre leur lan-
& celle du Malabar, ont fait soupçonner qu'ils pouvoient être venus de cette agréable contrée de l'Inde.
Leur vie est toute animale. Ils n'ont point de demeure
fixe. Les fruits, les racines qu'ils trouvent dans les bois
font leur unique nourriture ; & lorsqu'ils ont épuisé un
canton, ils vont en dévorer un autre. Les efforts qu'on
a faits pour les assujettir, ont toujours été vains, parce
qu'il n'y a rien de si difficile que de dompter des peuples
errans.

XXXII.
Etablisse-
ment des
Espagnols
aux Philip-
pines.

phyſique, ne voient dans la raiſon qu'un orateur gag
par l'intérêt. O ſi l'amour de la gloire s'étoit éteint à
fond de ton cœur ! Si ton ame, épuiſée par tes grandes
actions, avoit perdu ſon reſſort & ſon énergie ! Si les fo
bles paſſions de la vieilleſſe vouloient te faire rentre
dans la foule des rois ! Que deviendroit ta mémoire ? Q
deviendroient les éloges que toutes les bouches de
renommée, que la voix immortelle des lettres & d
arts t'ont prodigués ? Mais non : ton régne & ta v
ne feront pas un problême dans l'hiſtoire. R'ouvre t
cœur aux ſentimens nobles & vertueux qui firent tes p
mieres délices. Occupe tes derniers jours du bonheur
tes peuples. Prépare la félicité des générations future
par la félicité de la génération actuelle. La puiſſance
la Pruſſe appartient à ton génie. C'eſt toi qui l'as cre
c'eſt toi qui la ſoutiens. Il faut la rendre propre à l
qui te doit ſa gloire.

Que ces innombrables métaux enfouis dans tes coff
en rentrant dans la circulation, rendent la vie aux
politique : que tes richeſſes perſonnelles, qu'une
peut diſſiper, n'aient déſormais pour baſe que la riche
nationale, qui ne tarira jamais ; que tes ſujets courb
ſous le joug intolérable d'une adminiſtration violente
arbitraire, retrouvent les tendreſſes d'un pere, au l
des vexations d'un oppreſſeur ; que des droits exce
tans ſur les perſonnes & les conſommations, ceſſent d
touffer également la culture & l'induſtrie ; que les h
tans de la campagne ſortis d'eſclavage, que ceux
villes véritablement libres, ſe multiplient au gré de l
penchans & de leurs efforts. Ainſi tu parviendras
donner de la ſtabilité à l'empire que tes qualités b
lantes ont illuſtré, ont étendu ; tu feras placé à

lifte refpectable & peu nombreufe des rois .ci-
ens.

fe davantage : donne le repos à la terre. Que l'auto-
de ta médiation, que le pouvoir de tes armes, force
n paix des nations inquiettes. L'univers eft la patrie
n grand homme ; c'eft le théâtre qui convient à tes
ns : deviens le bienfaiteur de tous les peuples.

ién n'eft grand, n'eft heureux dans les monarchies ;
s l'influence du maître qui les gouverne ; mais il ne
nd pas uniquement d'un monarque de faire tout ce
convient au bonheur de fes peuples. Il trouve fou-
de puiffans obftacles dans les opinions, dans le ca-
re, dans les difpofitions de fes fujets. Ces opinions,
aractere, ces difpofitions, peuvent fans doute être
gés ; mais en attendant qu'ils le foient en Efpagne,
les regarderons comme la principale caufe du peu
ccès qu'ont eu les projets fi fouvent formés, pour
profpérer le commerce des Philippines.

s Philippines, anciennement connues fous le nom
anilles, forment un archipel immenfe à l'Eft de l'A-
es montagnes de ces ifles font peuplées de fauva-
qui paroiffent être les plus anciens habitans du pays,
ques rapports qu'on a cru entrevoir entre leur lan-
celle du Malabar, ont fait foupçonner qu'ils pou-
t être venus de cette agréable contrée de l'Inde.
vie eft toute animale. Ils n'ont point de demeure
Les fruits, les racines qu'ils trouvent dans les bois
leur unique nourriture ; & lorfqu'ils ont épuifé un
on, ils vont en dévorer un autre. Les efforts qu'on
ts pour les affujettir, ont toujours été vains, parce
n'y a rien de fi difficile que de dompter des peuples
s.

XXXII.
Etablifle-
ment des
Efpagnols
aux Philip-
pines.

Les plaines d'où on les a chaſſés, ont été ſucceſſi
ment occupées par des colonies de Siam, de Sumatr
de Borneo, de Macaſſar, de Malaca, des Moluques
d'Arabie. Les mœurs de ces colons étrangers, leur re
gion, leur gouvernement, ne permettent pas de ſe r
prendre ſur les lieux de leur origine.

Magellan fut le premier Européen qui reconnut
iſles. Mécontent du Portugal, ſa patrie, il étoit paſſ
ſervice de Charles-Quint; & par le détroit qui de
porta ſon nom, il arriva aux Manilles en 1521. Le
heur qu'il eut d'y périr, n'auroit pas empêché vrai
blablement que ſon voyage n'eût eû des ſuites, ſi e
n'avoient été arrêtées par la combinaiſon dont on va
dre compte.

Tandis qu'au quinziéme ſiécle les Portugais s'ouv
la route des Indes orientales, & ſe rendoient les ma
des épiceries & des manufactures, qui avoient tou
fait les délices des nations policées, les Eſpagnols
roient par la découverte de l'Amérique, plus d
que l'imagination des hommes n'en avoit juſqu'al
ſiré. Quoique les deux nations ſuiviſſent leurs vues
grandiſſement dans des régions bien ſéparées, il
poſſible qu'on ſe rencontrât. Leur antipathie auroit
cet événement dangereux. Pour le prévenir, le
Alexandre VI fixa en 1493 les prétentions reſpec
par une ſuite de ce pouvoir univerſel & ridicule, qu
pontifes s'étoient arrogé depuis pluſieurs ſiécles, &
l'ignorance idolâtre de deux peuples également ſup
tieux, prolongeoit encore pour aſſocier le ciel à leur
rice. Il donna à l'Eſpagne tout le pays qu'on décou
roit à l'Oueſt du méridien pris à cent lieues des Aç
& au Portugal, tout ce qu'il pourroit conquérir à l'E

méridien. Dans la fuite, les deux puiffances convin-
t de reculer cette ligne de démarcation à deux cents
quante lieues plus à l'Oueft, pour affurer davantage
tranquillité. La cour de Rome ne connoiffoit pas
z la théorie de la terre, pour fentir que les Efpagnols
uffant leurs découvertes du côté de l'Oueft, & les Por-
ugais du côté de l'Eft, c'étoit une néceffité qu'ils fe ren-
traffent. L'expédition de Magellan démontra cette
rité.

Les Portugais, qui, quoique navigateurs, n'avoient
imaginé qu'on pût parvenir aux Indes par une autre
te que celle du cap de Bonne-Efpérance, furent très-
més d'y voir arriver les Efpagnols par la mer du Sud,
craignirent pour les Moluques, fur lefquelles leurs
aux prétendoient avoir des droits ainfi que fur les Ma-
les. La cour de Lisbonne étoit déterminée à tout,
ôt qu'à voir échapper de fes mains le commerce des
eries. Cependant, avant de fe commettre avec la
e puiffance dont les forces maritimes fuffent alors
utables, elle crut devoir tenter la voie de la négocia-
. Ce moyen réuffit plus facilement qu'on ne l'avoit
ré. Charles-Quint, que fes entreprifes continuelles
ifoient à des befoins fréquens, confentit pour la
me de 3, 420, 000 livres, à fufpendre tous les ar-
ens pour les Moluques, jufqu'à ce que les droits
ectifs euffent été éclaircis. Il s'engagea même, en cas
la décifion fût favorable, à n'en tirer avantage qu'a-
s avoir remboursé l'argent qu'il auroit touché. Depuis
accommodement, le monarque Efpagnol occupé de
aggrandiffement en Europe & en Amérique, perdit
vue les Indes orientales.

Philippe II reprit en 1564 le projet de foumettre les

Manilles. L'exécution en fut confiée à Michel Lopés
l'Egaspe. Il s'établit solidement à Luçon, la princip
de ces isles, & jetta les fondemens de quelques colon
dans les isles voisines, en particulier dans celle de Zeb
où Magellan avoit abordé. Ses successeurs auroient vr
semblablement achevé la conquête de cet archipel, si
leur eût fourni de plus grands moyens, peut-être mê
s'ils n'avoient été obligés d'employer le peu qu'ils
avoient, à soutenir les Portugais dans les Moluques.
patience Hollandoise triompha de ses efforts foibles,
difs & peu sinceres. Ils ne firent que retarder la perte
riches possessions qui en étoient l'objet; & ils laisseron
domination Castillane sur les Manilles, qu'on com
çoit à appeller Philippines, dans un état de langueur
elle n'est jamais sortie.

XXXIII.
Etat actuel
des Philip-
pines. Le nombre des Espagnols n'y passe pas trois mill
peut compter le triple de Metis. Les uns & les a
sont chargés de contenir un million trois cents soix
& quelques mille Indiens, qui se trouverent soumis
du recensement de 1752. La plupart sont chrétien
tous payent un tribut de 2 livres 13 sols. Ils son
persés dans neuf isles & distribués dans vingt dép
mens, dont celle de Luçon seule en contient douze
capitale nommée dans tous les tems Manille, est sit
à l'embouchure d'une grande rivière dans le fond d'
baie qui a trente lieues de circuit. L'Egaspe la ju
propre à être le centre de l'état qu'il vouloit fonder;
il y fixa le gouvernement & le commerce. Gomez P
de las Marignas l'entoura de murailles en 1590, &
bâtit le fort Saint-Jacques. Comme elle ne reçoit que
petits bâtimens, on jugea dans la suite qu'il couve
de fortifier Cavite, qui n'en est éloigné que de t

es, & qui lui fert de port. Il eſt en demi-cercle.
vaiſſeaux y ſont par-tout à l'abri des vents du Sud,
is expoſés à être battus de ceux du Nord, s'ils ne
gent de fort près la terre. On y occupoit autrefois
is les chantiers trois ou quatre cens Indiens. Depuis
elques années, les atteliers ont été multipliés, & il s'y
ſtruit actuellement des vaiſſeaux de guerre pour
Europe.

La colonie a pour chef un gouverneur, dont l'autorité
bordonnée au vice-roi du Mexique, doit durer huit
as. Il a le commandement des armes. Il diſpoſe de tous
les emplois civils & militaires. Il peut diſtribuer des
res aux ſoldats, les ériger même en fiefs. Cette puiſſance, quoiqu'un peu balancée par l'influence que le
clergé & l'inquiſition ont dans tous les établiſſemens Eſpagnols du nouveau monde, s'eſt trouvée ſi dangereuſe,
que pour en arrêter l'excès, on a imaginé pluſieurs expédiens. Le plus utile a été celui qui régle qu'on pourſuivra la mémoire d'un gouverneur mort dans l'exercice
de ſa charge, & que celui qui ſera révoqué, ne partira
qu'après que ſon adminiſtration aura été recherchée.
Tout particulier peut porter ſes plaintes. S'il a éprouvé
quelque injuſtice, il doit être dédommagé aux dépens
du prévaricateur, qu'on condamne de plus à une amende
envers le ſouverain, pour l'avoir rendu odieux. Dans les
premiers tems de cette ſage inſtitution, la ſévérité fut
pouſſée ſi loin, que lorſque les accuſations étoient graves
& nombreuſes, le coupable étoit mis en priſon. Pluſieurs
y moururent de frayeur, & d'autres n'en ſortirent que
pour ſubir des peines rigoureuſes. La corruption a fait
depuis des progrès. Celui qui ſuccede eſt communément
déterminé, par des ſommes conſidérables ou par les

vexations qu'il ſe propoſe de commettre, à pallier ce[...]
de ſon prédéceſſeur.

Cette colluſion a formé un ſyſtême ſuivi d'oppreſſi[...]
On a exigé arbitrairement des impôts. Le revenu pu[...]
s'eſt perdu dans les mains deſtinées à le recueillir. l[...]
droits exceſſifs ont fait dégénérer le commerce en co[...]
trebande. Le cultivateur s'eſt vu contraint de dépoſe[...]
récoltes dans les magaſins du gouvernement. On a po[...]
l'atrocité, juſqu'à fixer la quantité de grains que[...]
champs devoient produire, juſqu'à l'obliger de les f[...]
nir au fiſc, ſans en être payé que dans le tems & d[...]
maniere qu'il plairoit à des maîtres oppreſſeurs. Ce[...]
tyrannie a déterminé une infinité d'Indiens à abando[...]
les Philippines, ou à ſe réfugier dans les lieux inacc[...]
bles de ces iſles. L'hiſtoire fait monter à pluſieurs [...]
lions, les malheureux que les vexations ont fait p[...]
Il n'eſt pas poſſible d'évaluer le nombre de ceu[...]
l'anéantiſſement de la culture & des ſubſiſtances a e[...]
ché de naître. Ce qui a échappé à tant de calami[...]
cherché ſa ſûreté dans l'obſcurité & dans la miſere[...]
efforts que quelques adminiſtrateurs honnêtes on[...]
dans l'eſpace de deux ſiécles, pour arrêter le co[...]
tant de barbaries, ont été inutiles, parce que les [...]
étoient trop invétérés, pour céder à une autorité ſu[...]
donnée & paſſagere. Il n'auroit pas fallu moins q[...]
pouvoir ſuprême de la cour de Madrid, pour opp[...]
une digue ſuffiſante au torrent de la cupidité univer[...]
mais ce moyen unique n'a jamais été employé. C[...]
honteuſe indifférence eſt cauſe que les Philippines n[...]
pas été civiliſées : il n'y a ni police, ni induſtrie.[...]
peine ſauroit-on leur nom, ſans les liaiſons qu'elles en[...]
tiennent avec le Mexique.

es liaisons, aussi anciennes que l'établissement des
agnols dans les deux Indes, se réduisent à faire
er en Amérique par la mer du Sud, les produ-
s, les marchandises de l'Asie. Nul des objets qui
ient ces riches cargaisons, n'est le produit du sol
des manufactures de ces isles. Elles tirent la can-
e de Batavia. Les Chinois leur portent des soie-
, & les Anglois ou les François, les toiles blan-
s, les toiles peintes de Bengale & de Coromandel.
Tous les peuples de l'Orient y peuvent naviguer, ou-
tement, mais les nations Européennes sont obligées
de masquer leur pavillon. Sans cette précaution, qui
est heureusement qu'une cérémonie vaine, elles ne
sont pas reçues. De quelque port qu'aient été expédiées les marchandises, il faut qu'elles arrivent avant
le départ des Galions. Celles qui viendroient après,
ou ne seroient pas vendues, ou ne le seroient qu'à
perte, à des négocians qui se trouveroient réduits à
les garder dans leurs magasins, jusqu'à un nouveau
voyage. Les payemens se font avec de la cochenille
& des piastres venues du Mexique. Il y entre aussi des
cauris, qui n'ont point de cours en Afrique, mais
qui sont d'un usage général sur les bords du Gange. Il
est rare qu'on traite directement avec les Espagnols.
La plupart dégoûtés des soins pénibles du commerce,
mettent tous leurs biens entre les mains des Chinois,
qui s'enrichissent aux dépens de ces maîtres indolens.
Si, comme la cour de Madrid l'avoit ordonné en 1750,
on eût forcé ces agens les plus actifs de l'Asie, à se
faire baptiser ou à sortir du pays, les affaires seroient
tombées dans un désordre extrême.

Il y a des politiques qui pensent que ce ne seroit

pas un mal, & cette opinion eſt fort ancienne. A p
les Philippines eurent-elles ouvert leur communic
avec l'Amérique, qu'on parla de les abandon
comme nuiſibles aux intérêts de la métropole.
lippe II & ſes ſucceſſeurs ont conſtamment r
cette propoſition, qui a été renouvellée à plu
repriſes. La ville de Séville en 1731, & celle d
dix en 1733, ont eu des idées plus raiſonn
Toutes deux ont imaginé ce qu'il eſt bien éton
qu'on n'eût pas vu plûtôt, qu'il ſeroit utile à l'E
gne de prendre part directement au commerce de
ſie, & que les poſſeſſions qu'elle a dans cette p
du monde, ſeroient le centre des opérations qu'e
voudroit faire. Inutilement leur a-t-on oppoſé que
fourniſſant des étoffes de ſoie, des toiles de
ſupérieures à celles de l'Europe pour le fini, po
couleurs, ſur-tout pour le bas prix, les manuf
nationales n'en pourroient ſoutenir la concurren
ſeroient infailliblement ruinées. Cette object
peut être de quelque poids chez certains p
leur a paru tout-à-fait frivole, dans la poſitic
étoit leur patrie.

En effet, les Eſpagnols s'habillent, ſe meublent
toffes, de toiles étrangeres. Ces beſoins continuels
gmentent néceſſairement l'induſtrie, les richeſſes, la
pulation, les forces de leurs voiſins. Ceux-ci abuſe
ces avantages, pour tenir dans la dépendance la m
qui les leur procure. Ne ſe conduiroit-elle pas avec
de ſageſſe & de dignité, ſi elle adoptoit les manufac
des Indes? Outre l'économie & l'agrément qu'elle y tr
veroit, elle parviendroit à diminuer une prépondéran
dont elle ſera tôt ou tard la victime.

s inconvéniens prefqu'inféparables des nouvelles rifes, font levés d'avance. Les ifles que l'Efpagne de font fituées entre le Japon, la Chine, la Cochin-, Siam, Borneo, Macaſſar, les Moluques, & à e d'entrer en liaifon avec ces différens états. Si elles trop éloignées du Malabar, du Coromandel & du ale, pour protéger efficacement les établiffemens on y formeroit; elles font d'un autre côté, fi voifines ufieurs pays que les Européens fréquentent, qu'el- en excluroient facilement leurs ennemis en tems de re. D'ailleurs la diftance où elles font du continent, rantit des ravages qui le défolent, & elle les e à la tentation délicate de prendre part à fes ns.

XXXIV. Ce que les Philippines pourroient devenir dans des mains actives.

t éloignement n'empêche pas que leur fubfiftance it affurée. A la vérité, les tremblemens de terre réquens aux Philippines, & les pluies ne difconti- t pas depuis juillet jufqu'en novembre; mais rien de cela ne nuit à leur fertilité. Il n'y a pas dans l'Afie ntrées plus abondantes en poiffon, en grains, en , en légumes, en beftiaux, en fagou, en cocotier, ntes nourriffantes de toutes les efpeces.

y trouve même plufieurs objets propres au com- merce d'Inde en Inde; l'ébene, le tabac, la cire, ces nids d'oifeaux fi recherchés, le bray, une efpece de chan- vre blanc, dont on fait des cables & des voiles; des bois de charpente & de conftruction, excellens & en abon- dance; les cauris, les perles, du fucre qu'on peut mul- tiplier fans bornes, &, enfin, de l'or. On a des preuves inconteftables, que dans les premiers tems, les Efpagnols faifoient paffer en Amérique, une grande quantité de ce métal, trouvé dans les rivieres par les naturels du pays.

Si ce qu'ils en ramaſſent annuellement ne paſſe pas
jourd'hui mille ou douze cents livres peſant, il fau
accuſer la tyrannie, qui ne leur permet pas de joui
fruit de leur induſtrie. Une modération raiſonnabl
engageroit à reprendre leurs anciens travaux, & à ſe
à des travaux encore plus utiles à l'Eſpagne.

Alors, cette couronne tirera de la colonie pour l
rope, de l'alun, des peaux de buffle, de la caſſe, la
de ſaint Ignace ſi utile dans la médecine, de l'ind
du cacao qu'on y a tranſporté du Mexique & qui y r
fort bien, des bois de teinture, du coton, de la ſ
cannelle qu'on perfectionnera peut-être, & dont, ſ
qu'elle eſt, les Chinois ſe contentoient avant qu'il
quentaſſent Batavia. Quelques voyageurs aſſure
l'iſle de Mindanao qui la produit, avoit auſſi au
des Giroffliers. Ils ajoutent que le ſouverain du pa
donna de les arracher, en diſant qu'il valoit mieu
le fît lui-même que s'il y étoit forcé par les Ho
Cette anecdote paroît bien ſuſpecte. Ce qu'il y a
tain, c'eſt que le voiſinage des Moluques donne
des facilités pour ſe procurer les arbres qui produi
muſcade & le giroffle.

Les marchés étrangers fourniront à l'Eſpagn
ſoieries, les toiles, les autres productions de l'A
ceſſaires à ſa conſommation, & les lui fourniront à
leur marché qu'à ſes concurrens. Tous les peupl
l'Europe ſe ſervent de l'argent tiré de l'Amérique,
négocier dans l'Inde. Avant qu'ils aient pu l'y fai
ver, cet argent a dû payer des droits conſidérables,
des détours prodigieux, courir de grands riſques.
Eſpagnols, en l'envoyant directement de l'Amériqu
Philippines, gagneront ſur l'impoſition, ſur le tems

fiurances; de forte qu'en donnant la même quantité
étaux que les nations rivales, ils payeront réellement
s cher qu'elles.

s tranfports d'argent diminueroient même avec le
, fi on favoit élever ces ifles au dégré de fplen-
auquel la nature les appelle. Il faudroit pour cela
ller dans leurs ports les nations qui les fréquen-
nt avant que les Efpagnols les euffent envahies : faire
er à la Chine que quarante mille de fes fujets qui
oient établis aux Philippines, y furent maffacrés la
part, parce qu'ils fouffroient impatiemment le joug
ux qu'on leur impofoit. Les Chinois déferteroient
ia, qu'ils trouvent trop éloigné de leur patrie, &
eroient dans ces ifles les arts & la culture. On les
oit bientôt fuivis de beaucoup de négocians libres
Europe, répandus dans l'Inde, qui fe regardent
me victimes du monopole de leurs compagnies. Les
rels du pays, excités au travail par les avantages in-
ables de cette concurrence, fortiroient de leur indo-
. Ils aimeroient le gouvernement qui s'occuperoit
ur bonheur ; ils fe rangeroient en foule fous fes loix,
roient, en peu de temps, tous Efpagnols. Si nos
ectures ne font pas vaines, une colonie, telle qu'on
t de la préfenter, feroit plus utile qu'un établiffe-
purement paffif, qui dévore une partie des tréfors
amérique. La révolution eft facile. On ne peut man-
de la hâter, en établiffant une grande liberté de
merce, une grande liberté civile & religieufe, & une
té entiere pour les propriétés.

Cet édifice ne fauroit être l'ouvrage d'une compagnie
ufive. Depuis plus de deux fiécles que les Européens
uentent les mers d'Afie, ils n'ont jamais été animés

d'un efprit vraiment louable. Envain la fociété, la
rale, la politique ont fait des progrès parmi nous,
pays éloignés n'ont vu que notre avidité, notre in
tude, notre tyrannie. Le mal que nous avons fai
autres parties du monde, a été quelquefois comp
par les lumieres que nous y avons portées, par d
ges inftitutions que nous y avons établies. Les h
ont continué à gémir dans leurs ténebres & fous
defpotifme, fans aucun effort de notre part pour
délivrer de ces fléaux terribles. Si les différens go
nemens avoient eux-mêmes dirigé les démarches de
négocians libres, il eft vraifemblable que l'amour d
gloire fe feroit joint à la paffion des richeffes, &
plus d'un peuple auroit tenté des chofes capab
l'illuftrer. Des vues fi nobles & fi pures ne pou
entrer dans l'efprit d'aucune compagnie de négo
Refferrées dans les bornes étroites d'un gain p
elles n'ont jamais penfé au bonheur des nation
qui elles faifoient le commerce, & on ne le
fait un crime d'une conduite à laquelle on s'a

Combien il feroit honorable pour l'Efpagne,
perfonne n'efpere peut-être en ce moment de g
chofes, de fe montrer fenfible aux intérêts du
humain & de s'en occuper! Elle commence à fe
le joug des préjugés qui l'ont tenue dans l'enfance,
gré fes forces naturelles. Ses fujets n'ont pas e
l'ame avilie & corrompue par la contagion des
fes, dont leur indolence même & la cupidité de
gouvernement, les ont heureufement-fauvés. Cett
tion doit aimer le bien; elle le peut connoître, ell
feroit, fans doute, elle en a tous les moyens dans
poffeffions que fes conquêtes lui ont données fu

us riches pays de la terre. Ses vaiſſeaux, deſtinés à orter la félicité dans les contrées les plus reculées de Aſie, partiroient de ſes différens ports & ſe réuniroient ux Canaries, ou continueroient féparément leur che-, ſuivant les circonſtances. Ils pourroient revenir à l'Inde par le cap de Bonne-Eſpérance; mais ils s'y ndroient par la mer du Sud, où la vente de leur rgaiſon augmenteroit de beaucoup leurs capitaux. Cet vantage leur aſſureroit la ſupériorité ſur leurs concur-ens, qui en général naviguent à faux fret & ne por-ent guère que de l'argent. La riviere de la Plata leur ourniroit des rafraîchiſſemens, s'il en étoit beſoin. Ceux qui pourroient attendre ne relâcheroient qu'au Chili ou même ſeulement à Juan Fernandez.

Cette iſle délicieuſe, qui doit ſon nom à un Eſpagnol au el on l'avoit cédée, & qui s'en dégoûta après y avoir fait un aſſez long féjour, ſe trouve à cent dix lieues de la terre ferme du Chili. Sa plus grande longueur n'eſt que d'environ cinq lieues, & elle n'a pas tout-à-fait deux lieues de largeur. Dans un eſpace ſi borné & un terrein très-inégal, on trouve un beau ciel, un air pur, des eaux excellentes, tous les végétaux ſpécifiques contre le ſcorbut. L'expérience a prouvé que les grains, les fruits, les légumes, les quadrupédes de l'Europe & de l'Amérique y réuſſiſſoient admirablement. Les côtes ſont fort poiſſonneuſes. Tant d'avantages ſont couron-nés par un bon port. Les vaiſſeaux y ſont à l'abri de tous les vents, excepté de celui du nord; mais il n'eſt jamais aſſez violent, pour leur faire courir le moindre danger.

Ces commodités ont invité tous les Corſaires, qui vouloient infeſter les côtes du Pérou, par leurs pirate-

ries, à relâcher à Juan Fernandez. Anſon, qui por
dans la mer du Sud des projets plus vaſtes, y trouva
aſyle également commode & ſûr. Les Eſpagnols conva
cus enfin, que leur attention à détruire les beſtiaux qu
y avoient jettés, n'eſt pas une précaution ſuffiſante p
en écarter leurs ennemis, doivent y bâtir un fort;
poſte militaire deviendra un établiſſement utile, ſi la C
de Madrid, peut ſe déterminer à ouvrir les yeux.
plus grands détails ſeroient ſuperflus. On ne peut ſe
pêcher de voir combien les idées que nous ne fai
qu'indiquer ſeroient avantageuſes au commerce, à
navigation, à la grandeur de l'Eſpagne. Il n'eſt
poſſible que les liaiſons que la Ruſſie entretient par e
avec la Chine, s'élevent jamais à la même importa

XXXV.
Notions
générales
ſur la Tar-
tarie.

Entre ces deux grands empires, dont la grai
impoſe à l'imagination, eſt un eſpace immenſe, a
dans les premiers âges, ſous le nom de Scythie
depuis, ſous celui de Tartarie. Priſe dans tou
étendue, cette région eſt bornée, à l'occident, ſi
mer Caſpienne & la Perſe; au Sud, par la Peti
doſtan, les royaumes d'Arrakan & d'Ava, la Chi
la Corée; à l'Eſt, par la mer orientale; au Nord
la mer glaciale. Une partie de ces vaſtes déſerts
ſoumiſe à l'empire des Chinois; une autre reçoi
loix des Ruſſes; la troiſiéme eſt indépendante, ſou
nom de Khariſme, de grande & de petite Buchari

Les habitans de ces célebres contrées, vécuren
jours de chaſſe, de pêche, du lait de leurs troupe
& avec un égal éloignement pour le ſéjour des vi
pour la vie ſédentaire, & pour la culture. Leur orig
qui s'eſt perdue dans leurs déſerts & dans leurs co
errantes, n'eſt pas plus ancienne que leurs uſages

ont continué à être ce que leurs peres avoient été ; &
en remontant de génération en génération , on trouve
que rien ne reffemble tant aux hommes des premiers
âges que les Tartares du nôtre.

Ces peuples adopterent, la plupart , de bonne-heure
la doctrine du grand Lama , qui réfide à Putola , ville
fituée dans un pays qui appartient en partie à la Tartarie , & en partie à l'Inde. Cette grande contrée où les
montagnes font entaffées les unes fur les autres , eft appellée Boutan , par les habitans de l'Indoftan ; Tangut ,
par les Tartares ; Tfanli , par les Chinois ; Laffa , par
les Indiens au-delà du Gange ; & Thibet , par les Européens.

Des monumens au-deffus de tout foupçon , font remonter cette religion au-deffus de trois mille ans. Rien
n'eft plus refpectable qu'un culte qui eut toujours pour
bafe l'exiftence du premier Être & la morale la plus pure.

On penfe généralement que les fectateurs de ce ponti-
fe le croyent immortel ; que pour entretenir cette erreur , la divinité ne fe montre jamais qu'à un petit nombre de confidens : que lorfqu'elle s'offre aux adorations
du peuple , c'eft toujours dans une efpece de tabernacle ,
dont la clarté douteufe montre plutôt l'ombre de ce dieu
vivant que fes traits ; que quand il meurt , on lui fubfti-
tue un autre prêtre de la même taille , & autant qu'il eft
poffible de la même figure ; & , qu'avec le fecours de ces
précautions , l'illufion fe perpétue , même dans les lieux
où fe joue cette comédie ; à plus forte raifon dans l'efprit
des croyans éloignés de la fcène.

C'eft un préjugé qu'un philofophe lumineux & profond , vient de diffiper. A la vérité , les grands Lamas fe
montrent rarement , afin d'entretenir la vénération qu'ils

N 2

font parvenus à inſpirer pour leur perſonne & pour leur myſtères ; mais ils admettent à leur audience les ambaſſa deurs, ils reçoivent les ſouverains qui viennent les viſi ter. S'il eſt difficile de jouir de leur vue, hors des occa ſions importantes & des plus grandes ſolemnités ; on peut toujours enviſager leurs portraits continuellement ſuſpendus au-deſſus des portes du temple de Putola.

Ce qui a donné un cours ſi univerſel à la fable de l'im mortalité des Lamas, c'eſt que la foi du pays ordonne de croire, que l'eſprit ſaint qui a animé un de ces pontifes paſſe d'abord après ſa mort dans le corps de celui qui eſt légitimement élu pour le remplacer. Cette tranſmigration du ſouffle divin, s'allie très-bien avec la métempſycoſe dont le ſyſtème eſt établi de tems immémorial dans ces contrées.

La religion Lamique fit de bonne-heure des progrès conſidérables. On l'adopta dans une portion du globe fort étendue. Elle domine dans tout le Thibet, dans toute la Mongalie. Les deux Bucharies, & pluſieurs provinces de la Tartarie, lui ſont preſque totalement ſoumiſes. Elle a des ſectateurs dans le royaume de Cachemire, aux Indes & à la Chine.

C'eſt de tous les cultes, le ſeul qui puiſſe ſe glo fier d'une antiquité très-reculée, ſans mélange d'aucun autre dogme. La religion des Chinois a été plus d'une fois altérée par l'arrivée des divinités étrangeres & des ſuperſtitions qu'on a fait goûter aux dernieres claſſes du peuple. Les Juifs ont vu finir leur hiérarchie & démolir leur temple. Alexandre & Mahomet éteigni rent, autant qu'il étoit en eux, le feu ſacré des Gue bres. Tamerlan & les Mogols ont affoibli dans l'Inde le culte du dieu Brama. Mais ni le tems, ni la for

ne, ni les hommes, n'ont pu ébranler le pouvoir
théocratique du grand Lama.

Cette ftabilité, cette perpétuité, doivent être particulieres aux religions qui ont des dogmes fixes, une hiérarchie eccléfiaftique bien ordonnée, & un chef fuprême,
qui, par fon autorité, maintient ces dogmes dans leur
état primitif, en condamnant toutes les opinions nouvelles, que l'orgueil feroit tenté de produire, & la crédulité d'adopter. Les Lamas avouent eux-mêmes, qu'ils
ne font pas des dieux : mais ils prétendent repréfenter la
divinité, & avoir reçu du ciel le pouvoir de décider en
dernier reffort, de tout ce qui intéreffe le culte public.
Leur théocratie s'étend bien auffi entierement fur le tem-
porel que fur le fpirituel : mais les foins profanes ne leur
paroiffent pas mériter de les occuper; ils abandonnent
toujours l'adminiftration de l'état à des délégués qu'ils
ont jugé dignes de leur confiance. Cet ufage a fait fortir
fucceffivement de leur vafte domination plufieurs provinces. Elles font devenues la proie de ceux qui les gouvernoient. Le grand Lama, autrefois maître abfolu de
tout le Thibet, n'en poffede aujourd'hui que la moindre partie.

Les opinions religieufes des Tartares, n'ont dans aucun tems énervé leur valeur. C'eft pour arrêter les irruptions qu'ils faifoient à la Chine, que fut élevée, environ
trois fiécles avant l'ére chretienne, cette fameufe muraille, qui s'étend depuis le fleuve Jaune jufqu'à la mer de
Kamfchatka; qui eft terraffée par-tout, & flanquée par
intervalles de groffes tours, fuivant l'ancienne méthode
de fortifier les places. Un pareil monument prouve qu'il
y avoit alors dans l'empire, une prodigieufe population :
mais il doit auffi faire préfumer qu'on y manquoit d'é-

nergie & de fcience militaire. Si les Chinois avoient
du courage, ils auroient eux-mêmes attaqué des hordes
errantes, ou les auroient contenues par des armées bien
difciplinées; s'ils avoient fçu la guerre, ils auroient compris que des lignes de cinq cents lieues ne pouvoient pas
être gardées par-tout, & qu'il fuffifoit qu'elles fuffent per-
cées à un feul endroit, pour que le refte des fortifications
devînt inutile.

Aufli, les incurfions des Tartares continuerent-elles
jufqu'au treizieme fiécle. A cette époque, l'empire fut
conquis par ces barbares, que commandoit Gengiskan.
Ce fceptre étranger ne fut brifé, que lorfqu'au bout de
quatre-vingt-neuf ans, il fe trouva dans les mains d'un
prince indolent, livré aux femmes, efclave de fes miniftres.

Les Tartares, chaffés de leur conquête, n'établirent
point dans leur pays les loix & la police de la Chine. En
repaffant la grande muraille, ils retomberent dans la barbarie, & vécurent dans leurs déferts, aufli groffiers qu'ils
en étoient fortis. Cependant, joints au petit nombre de
ceux qui avoient continué leur vie errante, ils formerent
plufieurs hordes qui fe peuplerent dans le filence, & qui,
avec le tems, fe fondirent dans celle des Mantchoux.
Leur réunion leur infpira le projet d'envahir de nouveau
la Chine, qui étoit en proie à toutes les horreurs des
diffenfions domeftiques.

Les mécontens étoient alors fi multipliés, qu'ils
formoient jufqu'à huit corps d'armée, fous autant de
chefs. Dans cette confufion, les Tartares, qui, depuis
long-tems, ravageoient les provinces feptentrionales de
l'empire, s'emparerent de la capitale en 1644, & bientôt
après de l'état entier.

Cette révolution fembla moins fubjuguer la Chine, que l'augmenter d'une portion confidérable de la Tartarie. Bientôt après, elle s'aggrandit encore par la foumiffion des Tartares Mogols, célébres pour avoir fondé la plupart des trônes de l'Afie, celui de l'Indoftan en particulier.

Les vainqueurs fe foumirent à la légiflation des vaincus; ils dépouillerent leurs mœurs, pour prendre celles de leurs efclaves. On a voulu regarder cet événement comme une démonftration de la fageffe du gouvernement Chinois. Mais n'eft-il pas dans la nature que les grandes maffes faffent la loi aux petites? Eh, bien! c'eft par une conféquence de ce principe fi fimple, que l'invafion de la Chine n'a rien changé, ni à fes loix, ni à fes coutumes, ni à fes ufages. Les Tartares, répandus dans l'empire le plus peuplé de la terre, s'y trouverent dans un rapport moindre que celui d'un à dix mille. Ainfi, pour qu'il en arrivât autrement qu'il n'en eft arrivé, il eût fallu qu'un Tartare prévalût fur dix mille Chinois. Concevez-vous que cela fût poffible? Laiffez donc là cette preuve de l'excellence de l'adminiftration Chinoife, d'ailleurs affez prouvée. Et puis ces Tartares n'avoient ni mœurs, ni coutumes, ni ufages fixes. Quelle merveille qu'ils ayent adopté les inftitutions qu'ils trouvoient, bonnes ou mauvaifes? Cette révolution étoit à peine finie, que l'empire vit s'élever un nouvel ennemi, qui pouvoit devénir dangereux.

Les Ruffes, qui, vers la fin du feizieme fiécle, avoient conquis les plaines incultes de la Sibérie, étoient arrivés de défert en défert jufqu'au fleuve Amour qui les conduifoit à la mer orientale, & jufqu'à la Selenga, qui les approchoit de la Chine, dont ils avoient entendu vanter les richeffes.

XXXVI.
Démêlés des Ruffes & des Chinois dans la Tartarie.

Les Chinois comprirent que les courſes des R[...]
ſes pourroient avec le tems troubler leur tranquill[...]
& ils conſtruiſirent quelques forts, pour arrêter[...]
voiſin, dont l'ambition devenoit ſuſpecte. Alors c[...]
mencerent entre les deux nations des diſputes vi[...]
touchant les frontieres. Leurs chaſſeurs ſe charge[...]
ſouvent; & l'on ſe croyoit tous les jours à la v[...]
d'une guerre ouverte. Heureuſement, les plénipo[...]
tiaires des deux cours parvinrent à ſe concilier en 16[...]
les limites des deux puiſſances furent poſées à l[...]
viere Kerbechi, près de l'endroit même où l'on n[...]
cioit, à trois cents lieues de la grande muraille. C[...]
le premier traité qu'euſſent fait les Chinois, depui[...]
fondation de leur empire. Cette pacification offri[...]
autre nouveauté. On accorda aux Ruſſes la li[...]
d'envoyer tous les ans une caravane à Pékin, [...]
les étrangers avoient été conſtamment éloignés, [...]
des précautions tout-à-fait myſtérieuſes. Il fut [...]
voir que les Tartares, qui s'étoient pliés aux [...]
& au gouvernement de la Chine, s'écartoient [...]
maximes politiques.

XXXVII.
Les Ruſſes
obtiennent
la liberté
d'envoyer
une cara-
vane à la
Chine.

Cette condeſcendance n'inſpira pas de la modé[...]
aux Ruſſes. Ils continuerent leurs uſurpations, &[...]
rent, trente lieues au-delà des limites convenues,[...]
ville qu'ils nommerent Albaſſinskoi. Les Chinoi[...]
tant plaints inutilement de cette infidélité, prirent[...]
1715, le parti de ſe faire juſtice. Les guerres o[...]
Czar étoit engagé dans la Baltique, ne lui perme[...]
pas d'envoyer des troupes à l'extrémité de la Tart[...]
la place fut emportée après trois ans de ſiége.

La cour de Péterſbourg fut aſſez éclairée, pou[...]
ſe pas livrer à un reſſentiment inutile. Elle fit pa[...]

1719, pour Pékin, un ministre chargé de ressusci-
ter le commerce anéanti par les derniers troubles. La
négociation réussit : mais la caravane de 1721, ne
étant pas conduit avec plus de réserve que celles qui
avoient précédée, il fut arrêté que dans la suite les
deux nations ne traiteroient ensemble que sur la frontiere. De nouvelles brouilleries ont encore interrompu
cette liaison. Un commerce interlope, est tout ce qui
en reste. Il est languissant; mais on doit croire que la
Russie s'occupe des moyens de le ranimer.

Les avantages qu'elle en retirera, doivent l'engager à surmonter les difficultés inséparables de cette entreprise. Cette
puissance est la seule de l'Europe qui puisse négocier sans
argent avec les Chinois, & leur donner des marchandises
pour des marchandises. Avec ses riches & précieuses pelle-
teries, elle obtiendra toujours ce qu'ils sont en possession
de fournir à une grande partie du globe. Indépendamment des objets qui serviront à sa consommation, elle
pourra faire des spéculations assez étendues, sur le thé
& sur la rhubarbe. Rien ne seroit plus sage & plus facile
que de réexporter ces deux productions, parce qu'elles
conserveront toujours, par la voie de terre, un degré de
perfection, qui se perd nécessairement à travers ces
mers immenses par où l'on nous apporte tout ce qui
vient de ces contrées si reculées de l'Asie. Mais pour
que ce commerce devienne quelque chose, il faut qu'il
soit conduit sur des principes différens de ceux qu'on a
suivis jusqu'ici.

Autrefois, il partoit tous les ans de Pétersbourg, une
caravane qui, après avoir traversé des déserts immenses, étoit reçue sur la frontiere de la Chine par quelques
centaines de soldats qui l'escortoient jusqu'à la capitale

de l'Empire. Là, tous ceux qui la compofoient étoi[ent]
renfermés dans un caravenferai, où ils étoient obli[gés]
d'attendre que les marchands Chinois vinfient leur [offrir]
le rebut de leurs magafins. Leur traite ainfi confomm[ée,]
ils reprenoient la route de leur patrie, & fe retrouv[oient]
à Pétersbourg, trois ans après en être partis.

Dans le cours ordinaire des chofes, les maun[ifes]
marchandifes qu'apportoit la caravane, n'auroien[t]
que peu de valeur : mais, comme ce commerce [fe faifoit]
pour le compte de la cour, & que la vente s'en f[aifoit]
toujours fous les yeux du fouverain, les plus vils obj[ets]
acqueroient du prix. Etre admis à cette efpece de f[oire]
étoit une faveur que le defpote n'accordoit guère qu[e] [aux]
gens en faveur. Tous vouloient fe montrer dign[es de]
cette diftinction. On y réuffiffoit en pouffant foll[ement]
les encheres, & en faifant placer ainfi fon nom f[ur la]
lifte des acheteurs. Malgré cette honteufe émula[tion]
les objets offerts étoient fi peu importans, que le[ur pro]
duit, la confommation de la cour prélevée, ne f[era]
jamais à cent mille écus. Pour rendre ces échanges [dignes]
de quelque confidération, il faudra les abandonner [à l'in]
telligence, à l'activité, à l'économie des particulier[s.]

C'eût été la méthode qu'il eût fallu fuivre, fi l'on [eût]
réuffi à établir une communication entre la Sibéri[e &]
l'Inde, par la Tartarie indépendante, comme Pierre [pre]
mier fe l'étoit propofé. Ce grand prince, toujours occ[upé]
de projets, vouloit établir cette liaifon par le Sirth, q[ui]
rofe le Turkeftan, & il envoya en 1719 deux mille cinq c[ents]
hommes, pour s'emparer de l'embouchure de cette riv[ière.]

Elle n'exiftoit plus. Les eaux avoient été détou[rnées]
& conduites par différens canaux dans le lac Atall. C['é]
toit l'ouvrage des Tartares Usbecks, qui avoient

ge des observations répétées qu'ils avoient vu faire. cident si singulier détermina les Russes à reprendre route d'Astracan, d'où ils étoient partis. Il fallut que cour de Pétersbourg se contentât des liaisons qu'elle retenoit aux Indes par la mer Caspienne.

Telle fut, dans les siécles les plus reculés, la voie par le nord & le midi communiquoient ensemble. Les ré- ons voisines de ce Lac immense, aujourd'hui très-pau- res, très-dépeuplées, très-barbares, offrent à des yeux vans des traces d'une ancienne splendeur, qu'il n'est possible de contester. On y découvre encore tous les jours des monnoies frappées au coin des premiers califes. Ces monumens & d'autres aussi authentiques, donnent de la vraisemblance au naufrage de quelques In- diens sur les côtes de l'Elbe du tems d'Auguste, qu'on a toujours regardé comme fabuleux, malgré l'autorité des écrivains contemporains qui le rapportoient. On n'a jamais compris comment des habitans de l'Inde, auroient pu naviguer sur les mers germaniques. Mais, comme l'observe M. de Voltaire, il n'étoit pas plus étrange de voir un Indien trafiquer dans les pays septentrionaux, que de voir un Romain passer dans l'Inde par l'Arabie. Les Indiens alloient en Perse, s'embarquoient sur la mer d'Hircanie, remontoient le Volga, pénétroient dans la grande Permie par le Kama, & de-là pouvoient aller s'em- barquer sur la mer du Nord ou sur la Baltique. Il y eut, de tout tems, des hommes entreprenans.

Quoi qu'il en soit de ces conjectures, les Anglois n'eurent pas plûtôt découvert Archangel au milieu du seizieme siécle, & lié un commerce avec la Russie, qu'ils formerent le projet de s'ouvrir à la faveur du Volga & de la mer Caspienne, une route en Perse beaucoup plus fa-

XXXIX.
L aisons de la Russie avec les In- des par la mer Cas- pienne.

cile & plus courte que celle des Portugais, oblig[...]
faire le tour de l'Afrique & d'une partie de l'Afie, [...]
se rendre dans le golfe Perfique. Ils y étoient d'a[...]
plus encouragés, que la partie feptentrionale de l[...]
se, qui baigne la mer Cafpienne, a des produ[...]
bien plus riches que la méridionale. Les foies du [...]
van, du Manzeradan, & plus particulierement ce[...]
Ghilan, font les meilleures de l'Orient, & pou[...]
fervir à élever d'excellentes manufactures. Mais le [...]
merce des Anglois n'étoit pas encore affez formé, [...]
furmonter les obftacles que devoit trouver une ent[...]
fi vafte & fi compliquée.

Ces difficultés n'effrayerent pas quelques années [...]
un duc de Holftein, qui avoit établi dans fes ét[...]
fabriques de foie. Il vouloit en tirer les matieres p[...]
res de la Perfe, où il envoya des ambaffadeurs q[...]
rent fur la mer Cafpienne.

Lorfque la France fe fut apperçue de l'inf[...]
commerce dans la balance de la politique, elle [...]
de faire arriver dans fes ports les foies de la Pe[...]
Ruffie. La funefte paffion des conquêtes fit ou[...]
projet comme tant d'autres, imaginés par quelque[...]
mes éclairés, pour la profpérité de ce grand empi[...]

Il n'étoit pas poffible que Pierre premier guid[...]
fon génie, par fon expérience, & par les étrangers [...]
fervoient de leurs lumieres, ne fentît, à la fin, que [...]
toit à fes peuples qu'il appartenoit de s'enrichir [...]
l'extraction des productions de la Perfe, & de proc[...]
proche de celles des Indes. Auffi ce grand prince [...]
il pas plutôt vu commencer les troubles qui ont b[...]
verfé l'Empire des Sophis, qu'il s'empara en 1722 [...]
fertiles contrées qui bordent la mer Cafpienne. La [...]

du climat, l'humidité du fol, la malignité de l'air,
nt périr les troupes chargées de conferver ces conquê-
Cependant, la Ruffie ne fe détermina à abandon-
les provinces ufurpées, que, lorfqu'en 1736, elle
Koulikan victorieux des Turcs, en état de les lui
cher.

La cour de Pétersbourg avoit perdu de vue le com-
rce de cette région, lorfqu'un Anglois, nommé El-
n forma en 1741 le projet de le donner à fa nation.
t homme entreprenant fervoit en Ruffie. Il conçut le
ffein de faire paffer par le Volga & par la mer Caf-
enne des draps de fon pays, dans la Perfe, dans le
ord de l'Indoftan, & dans une grande partie de la Tar-
arie. Par une fuite de fes opérations, il devoit recevoir
n échange de l'or, & les marchandifes, que les Arméniens, maîtres du commerce intérieur de l'Afie, faifoient payer un prix exceffif. Ce plan fut adopté avec
chaleur par la compagnie Angloife de Mofcovie, & le
miniftere Ruffe le favorifa.

Mais à peine l'aventurier Anglois avoit-il ouvert la
carrière, que Koulikan, auquel il falloit des inftrumens
hardis & actifs pour feconder fon ambition, réuffit à
l'attacher à fon fervice, & à acquérir par fon moyen l'empire de la mer Cafpienne. La cour de Pétersbourg, aigrie
par cette trahifon, révoqua en 1746, tous les privileges
qu'elle avoit accordés : mais c'étoit un foible remede à
un fi grand mal. La mort violente du tyran de la Perfe,
étoit bien plus propre à raffurer les efprits.

Cette grande révolution, qui replongeoit plus que
jamais les états du Sophi dans l'anarchie, fit repaffer
dans les mains des Ruffes le fceptre de la mer Cafpienne.
C'étoit un préliminaire néceffaire pour ouvrir le com-

merce avec la Perse & avec les Indes; mais il ne fit
pas pour le faire réussir. Les Arméniens opposoie[nt]
succès une barriere presque insurmontable. Une n[ation]
active, accoutumée aux usages de l'Orient, en po[sses-]
sion de gros capitaux, vivant avec une économie e[xtrê-]
me, ayant des liaisons toutes formées de tems imm[émo-]
rial, descendant aux moindres détails, s'élevant au[x plus]
vastes spéculations : une telle nation ne pouvoit pa[s être]
aisément supplantée. La cour de Pétersbourg ne l[e tenta]
pas; & elle prit le sage parti d'attirer à Astraca[n une]
colonie de ce peuple rusé, laborieux & riche. C['est par]
ses mains qu'ont toujours passé, que passent enco[re les]
marchandises de l'Asie, qui arrivent par cette vo[ie en]
Russes. Cette importation est peu de chose, & ne p[eut,]
de long-tems, beaucoup augmenter; à moins qu['on ne]
trouve le secret d'ouvrir des débouchés à la réexpo[rtation.]
Pour porter la vérité de cette assertion jusqu'à l'évi[dence,]
il suffira de jetter un coup-d'œil rapide sur l'état a[ctuel de]
la Russie.

XL.
État de
l'empire
de Russie,
avec les
moyens de
le rendre
florissant.

Cet empire, qui, comme tous les autres, a [de foi-]
bles commencemens, est devenu avec le tems [le plus]
vaste de l'univers. Son étendue d'Orient en Occid[ent est]
de deux mille deux cents lieues, & d'environ hu[it cents]
du sud au nord.

Plusieurs membres de ce colosse, n'ont jamais [eu de]
gouvernement, n'en ont pas encore. Celui que [l'indo-]
lence ou les circonstances ont rendu le chef des [autres,]
a toujours été conduit par des principes Asia[tiques,]
c'est-à-dire, oppresseurs ou arbitraires. On ne s'y [est ap-]
proché des usages de l'Europe, que par l'institut[ion d'un]
corps de noblesse.

Telle est sans doute la cause principale qui a e[mpêché]

efpece humaine de fe multiplier fur ce fol immenfe. Par
le dénombrement de 1747 , il ne s'y eft trouvé que
6,646, 390 , perfonnes qui payaffent la capitation ; &
tous les mâles étoient compris dans le rôle, depuis l'enfant qui vient de naître jufqu'au vieillard le plus décré-
pit. En fuppofant le nombre des femmes égal à celui des
ommes, on verra qu'il y a en Ruffie 13, 292, 780 efclaves. Il faut ajouter à ce calcul les ordres de l'empire
qui ne font pas affujettis à ce honteux impôt : l'état mi-
taire qui monte à deux cents mille hommes, la nobleffe
& le clergé qu'on évalue au même nombre; les habitans
de l'Ukraine & de la Livonie qui ne paffent pas douze
cents mille. Alors il fe trouvera que la population fixe
de la Ruffie , ne s'éleve qu'à 14, 892 , 780 perfonnes
des deux fexes.

Il feroit également inutile & impoffible de faire le dénombrement des peuples errans dans ces vaftes déferts.
Comme ces hordes de Tartares , de Sibériens , de Samoyédes , de Lapons , d'Oftiacks , ne fauroient contri-
buer à la richeffe, à la force, à la fplendeur d'un état;
ils doivent être comptés pour rien , ou pour peu de
chofe.

Lorfque la population eft foible , les revenus de l'Empire ne fauroient être confidérables. A l'élévation de
Pierre premier au trône , les impofitions ne rendoient
au fifc que vingt-cinq millions. Il les fit monter à foixan-
te-cinq. Depuis fa mort ils n'ont augmenté que peu;
& cependant les peuples fuccombent fous un fardeau
qui eft au-deffus de leurs forces énervées par le defpotifme.

Tout invite la Ruffie à remédier à ce défaut de population & de richeffes. Elle n'y réuffira que par l'agricul-

ture. On feroit des efforts inutiles pour l'encourager d
les provinces les plus feptentrionales. Aucune product
ne peut profpérer dans ces déferts glacés. Ce fera t
jours avec des oifeaux, des poiffons, des bêtes fauv
que fe nourriront, que s'habilleront, que payeront l
tribut, les habitans difperfés de loin en loin dans ce
mat dur & fauvage.

A mefure qu'on s'éloigne du Nord, la nature dev
moins avare en hommes & en productions. Ceper,
tout languit fur un territoire immenfe, faute de br
de moyens. Ce fol attend fa profpérité des lumieres
l'indulgence, des fecours du gouvernement. L'Uk
obtiendra une attention particuliere.

Cette vafte contrée, qui, après avoir été dans l
pendance de la Porte & de la Pologne, eft venue f
dre dans les poffeffions du Czar, eft peut-être l
le plus fécond du monde connu. La Ruffie en t
plupart de fes confommations, la plupart des obj
fon commerce; & elle n'en obtient pas la vingtie
rie de ce qu'on pourroit lui demander. Les Of
qui l'habitoient ont péri la plupart dans des exp
meurtrieres. On a voulu les remplacer par des O
& des Samoyédes; mais ne voyoit-on pas que ce
mes, par leur petiteffe ou leur difformité, abbatard
fans fruit une race grande, robufte, & courageu
feroit facile & raifonnable, d'attirer les Moldaves
Valaques, qui font unis à la Ruffie par les liens
même religion, & qui la regardent comme le fié
l'Empire Grec.

Rien n'avanceroit plus la culture que l'exploitati
mines. La nature en a formé dans plufieurs prov
mais elle les a comme prodiguées à la Sibérie, q

foit une contrée baffe , & que le terrein y foit humide
& marécageux. Le fer qu'on en tire eft fort fupérieur à
celui des autres parties de la Ruffie, égal à celui de la
Suede même. Ce travail occuperoit des hommes , que
rien n'occupe , & fourniroit d'excellens inftrumens d'agriculture à de malheureux efclaves , trop fouvent réduits
à fouiller avec du bois , une terre forte & rébelle. A
l'extraction du fer, on ajouteroit celle de ces précieux
métaux , qui enflamment fi fort la cupidité de tous les
hommes & de tous les peuples , & que la Sibérie pofféde
exclufivement. Ses mines d'argent, près d'Argun , font
connues très-anciennement; & l'on a découvert depuis
peu , des mines d'argent & d'or , dans le pays des
Baskirs. Il eft des nations auxquelles il conviendroit de
négliger , de combler ces fources de richeffes. Il n'en
eft pas ainfi de la Ruffie, où toutes les provinces in-
térieures font dans un tel état de pauvreté , qu'on y
connoît à peine ces fignes de convention qui repréfentent toutes chofes dans le commerce.

Celui que les Ruffes ont ouvert avec la Chine, avec la
Perfe, avec la Turquie, avec la Pologne, a prefqu'uniquement pour bafe, les fourrures d'hermines, de zibeli-
nes, de loups blancs, de renards noirs, que fournit la
Sibérie. Il y a telle peau, qu'à raifon de la fineffe, de la
longueur, de la couleur, du luftre de fon poil, le caprice
des confommateurs a porté à un prix qu'on a peine à
croire. Ces liaifons pourroient devenir plus confidérables, & s'étendre à de nouveaux objets.

Cependant ce feroit toujours fur les côtes de la mer
Baltique, que fe feroient les plus grands enlevemens des
productions du Pays. Rarement les voit-on paffer par
les mains des négocians Ruffes. Ils manquent générale-

ment de connoissances, de fonds, de crédit & de liberté. Ce font des maisons étrangeres, qui reçoivent, qui expédient les marchandifes.

Il n'est point d'état aussi heureusement situé, pour étendre fon commerce. Presque toutes les rivieres y font navigables. Pierre premier voulut que l'art fecondât la nature, & que divers canaux joigniffent ces fleuves les uns aux autres. Les plus importans font achevés. Il en a qui n'ont pas encore atteint leur perfection ; quelques-uns même dont on n'a fait que donner le plan. Tel est le grand projet de réunir la mer Cafpienne au Pont-Euxin, en creufant un canal du Tanaïs au Volga.

Malheureufement ces moyens, qui rendent fi facile circulation des denrées dans tout l'intérieur de la Ruffie, & qui font accompagnés d'une communication aifée avec toutes les parties du globe, font rendus inutiles par les entraves que l'induftrie ne fauroit vaincre.

Le gouvernement a concentré dans fes mains la vente & l'achat des productions les plus importantes. Tant que ce monopole durera, les opérations de commerce feront néceffairement infideles & languiffantes. Le béné- fice de ce revenu deftructeur, contribueroit à la profpérité publique ; mais n'y fuffiroit pas, fans la réduction des troupes.

A l'élévation de Pierre premier au trône, l'état militaire de la Ruffie fe réduifoit à quarante mille ftrelits, difciplinés & féroces, qui n'avoient du courage que contre les peuples qu'ils opprimoient, contre le fouverain qu'ils dépofoient ou qu'ils maffacroient au gré de leur caprice. Ce grand prince caffa cette milice féditieufe, & parvint à former un état de guerre, modelé fur celui du refte de l'Europe.

Malgré la bonté de ses troupes, la Russie est, de toutes les puissances, celle qui doit éviter la guerre avec le
plus de soin. La fureur de se donner de l'influence dans
les affaires de l'Europe ne doit pas l'entraîner loin de ses
frontieres : elle n'y pourroit agir sans subsides; & il seroit contre toute raison qu'un état, dont la population
n'est que de six personnes par lieue quarrée, songeât à
vendre son sang. L'accroissement d'un territoire déja trop
étendu ne doit pas la pousser plus vivement aux hostilités. Jamais l'empire ne parviendra à recueillir le fruit des
créations de son réformateur, à former un état contigu
& serré, à devenir un peuple éclairé & florissant; à moins
qu'il n'abdique la manie si dangereuse des conquêtes,
pour se livrer uniquement aux arts de la paix. Aucun de
ses voisins ne peut le forcer à s'écarter de cet heureux
système.

Du côté du Nord, l'empire est mieux gardé par la mer
Glaciale, qu'il ne le seroit par des escadres ou des for-
teresses.

Un bataillon, & deux piéces de campagne, disperse-
roient toutes les hordes de Tartares qui pourroient re-
muer vers l'Orient.

Quand la Perse sortiroit de ses ruines, ses efforts iroient
se perdre dans la mer Caspienne & dans l'immense désert
qui la sépare de la Russie.

Au Midi, les Turcs sont aujourd'hui sans force; &
le théâtre où ils pourroient agir, est également destru-
cteur du vaincu & du vainqueur.

Que peut craindre à l'Occident la Russie des Polo-
nois, qui n'ont jamais eu ni places, ni troupes, ni
revenu, ni gouvernement, & qui n'ont presque plus
de territoire.

La Suede a perdu tout ce qui la rendoit formida
Il ne lui refte que la certitude d'être dépouillée de
Finlande, lorfque la cour de Pétersbourg jugera ce
opération convenable à fes intérêts.

Quand le génie de Fréderic, qui fait aujourd'hui de
le Nord le contrepoids des forces Mofcovites, fe per
tueroit dans fes fucceffeurs, il n'eft guère vraifembl
que l'ambition du Brandebourg fe tournât contre la Ruf
Jamais ces monarques ne pourroient lever un bras
cet empire, fans en étendre un autre vers l'Allemag
ce qui diviferoit néceffairement trop leurs efforts, pe
être efficaces.

Il réfulte de ces difcuffions, que la Ruffie doit à
intérêts bien raifonnés, le facrifice d'une partie de
forces de terre. Peut-être celui d'une partie de fa me
n'eft-il pas moins indifpenfable.

Les foibles relations de cet empire avec le refte
l'Europe, s'entretenoient uniquement par terre; lorfqu
les Anglois cherchant un paffage dans les mers du Nord
pour arriver aux Indes orientales, découvrirent le po
d'Archangel. Ayant remonté la Duina, ils arrivere
Mofcou, & y jetterent les fondemens d'un nouv
commerce.

Il ne s'étoit pas ouvert d'autre porte de commu
tion pour la Ruffie, quand Pierre I. entreprit d'at
fur la mer Baltique les navigateurs qui fréquentoient la
Blanche, & de procurer aux productions de fon e
un débouché plus étendu, plus avantageux. Son
de création le porta bientôt plus loin. Il eut l'ambitie
devenir une puiffance maritime; & ce fut à Cron
qui fert de port à Pétersbourg, qu'il plaça fes flotte

La mer n'eft pas affez large devant le baffin du

Les bâtimens qui veulent y entrer, sont violemment poussés par l'impétuosité de la Neva, sur les côtes dangereuses de la Finlande. On y arrive par un canal si rempli d'écueils, qu'il faut un tems fait exprès pour les éviter. Les vaisseaux s'y pourrissent vîte. L'expédition des escadres est retardée plus long-tems qu'ailleurs, par les glaces. On ne peut sortir que par un vent d'Est, & les vents d'Ouest régnent la plus grande partie de l'été dans ces parages. Un dernier inconvénient, c'est qu'on ait été réduit à placer les chantiers à Pétersbourg, d'où les vaisseaux n'arrivent à Cronstadt, qu'après avoir passé avec de grands dangers, un bas fond qui se trouve au milieu du fleuve.

Si Pierre I. n'avoit eu cette prédilection aveugle, que les grands hommes ont, comme les hommes ordinaires, pour les lieux qu'ils ont créés, on lui eût fait aisément comprendre que Cronstadt & Pétersbourg n'avoient pas été formés pour être l'entrepôt de ses forces navales, & que l'art n'y pouvoit pas forcer la nature. Il auroit donné la préférence à Revel, qui se refusoit beaucoup moins à cette importante destination. Peut-être ses réflexions l'auroient-elles conduit à voir, que la position de son empire ne l'appelloit pas à ce genre de puissance.

En effet, la Russie a peu de côtes ; la plupart ne sont pas peuplées, & aucune ne naviguera jamais, à moins que le gouvernement ne change. Où trouver donc des hommes capables de conduire des vaisseaux de guerre ? Cependant Pierre I. vint à bout de créer une marine. Une passion que rien n'arrêtoit, lui fit surmonter des obstacles qu'on croyoit invincibles ; mais ce fut avec plus d'éclat que d'utilité. Si ses successeurs sont jamais touchés du bien de leur empire, ils renonceront à la vaine

gloire de montrer leur pavillon dans des parages é-
gnés, où il n'a pas à protéger un commerce qui ne
fait que dans les rades nationales, qui ne s'y fait mê
que par des négocians étrangers. Alors changeant de f
stême, la Russie épargnera les frais que lui coûtent a
lement trente-six ou quarante vaisseaux de guerre, &
réduira à ses galeres qui suffisent à sa défense, qu
mettroient même en état d'attaquer toutes les puiss
de la Baltique, si les circonstances l'exigeoient jamais.

Ces galeres sont de différentes grandeurs : on en
pose quelques-unes pour la cavalerie, & un plus ga
nombre pour l'infanterie. Comme ce sont les sol
tous instruits à manier la rame, qui forment eux-mê
les équipages; il n'y a ni retardement ni dépense à ci
dre. On jette l'ancre toutes les nuits, & le débarque
se fait où l'on est le moins attendu.

La descente exécutée, les troupes tirent les ga
à terre, & en forment un camp retranché. Un
de l'armée est chargée de sa garde, le reste
dans le pays qu'on veut mettre à contribution.
pédition faite, on se rembarque, pour recom
ailleurs le ravage & la destruction. Combien
riences ont démontré l'efficacité de ces armemen

Les changemens que nous avons indiqués
dispensables pour rendre la Russie florissante,
faudroient suffire. Pour donner à cette prospérité
consistance, il faut donner de la stabilité à l'o
la succession. La couronne de cet empire fut lo
héréditaire; Pierre I. la rendit patrimoniale
devenue élective à la derniere révolution. Ce
toute nation veut savoir à quel titre on lui co
& le titre qui le frappe le plus est celui de

-tance. Otez aux regards de la multitude ce figne vifi-ble, & vous remplirez les états de révoltes & de dif-fenfions.

Mais il ne fuffit pas d'offrir aux peuples un fouve-rain qu'ils ne puiffent pas méconnoître. Il faut que ce fouverain les rende heureux ; ce qui eft impoffible en Ruffie, à moins qu'on n'y change la forme du gou-vernement.

L'efclavage civil eft la condition de tous les fujets de cet empire, qui ne font pas nobles : ils font à la difpofition de leurs barbares maîtres, comme le font ailleurs les troupeaux. Entre ces efclaves, les plus maltraités font les cultivateurs ; ces hommes précieux, dont, fous des climats plus fortunés, on a chanté avec tant d'enthoufiafme le repos, le bonheur & la liberté.

L'efclavage politique eft celui dans lequel eft tom-be toute la nation, depuis que les fouverains ont établi l'autorité arbitraire. Parmi les fujets qu'on re-garde comme libres dans cet empire, il n'en eft aucun qui ait la fûreté morale de fa perfonne, la propriété conftante de fes biens, une liberté, qu'il ne puiffe perdre que dans des cas prévus & déterminés par la loi.

On occupe depuis long-tems l'Europe du projet d'un code, qui doit donner une légiflation à la Ruffie. L'augufte princeffe qui la gouverne a très-bien fenti, qu'il falloit que les peuples approuvaffent eux-mêmes les loix qu'ils devoient fuivre, pour qu'ils les refpe-ctaffent & les chériffent comme leur propre ouvrage. *Mes enfans*, a-t-elle dit aux députés de toutes les villes de fon vafte empire, *pefez avec moi l'intérêt de la nation ; formons enfemble un corps de loix qui*

établisse solidement la félicité publique. Mais q
font des loix fans magiftrats? Que font des magiftra
dont le defpote peut réformer les jugemens felon fa
caprice, ou qu'il peut même punir de les avoir rendus

Sous un tel gouvernement, il ne fauroit exifter de
lien entre les membres & leur chef. S'il eft toujour
redoutable pour eux, toujours ils font redoutables
pour lui. La force publique dont il abufe pour les
écrafer, n'eft que le produit des forces particulier
de ceux qu'il opprime. Le défefpoir, ou un fentim
plus noble, peuvent à chaque inftant les tourner con
tre lui.

Le refpect qu'on doit à la mémoire d'un auffi gra
homme que Pierre I, ne doit pas empêcher de dir
qu'il ne lui fut pas donné de voir l'enfemble d'un état
bien conftitué. Il étoit né avec du génie. On lui in
pira l'amour de la gloire. Cette paffion le rendit act
patient, appliqué, infatigable, capable de vaincre les
difficultés que la nature, l'ignorance, l'habitude, fo
piniâtreté, oppofoient à fes entreprifes. Avec ces ver
tus, & les étrangers qu'il appella à lui, il réuffit à
créer une armée, une flotte, un port. Il fit plufieur
réglemens néceffaires pour le fuccès de fes hardis pro
jets; mais quoique les voix de la renommée lui aye
prodigué de toutes parts le fublime titre de légiflateur
à peine publia-t-il deux ou trois loix, qui même por
toient l'empreinte d'un caractere féroce. On ne le vit
pas s'élever jufqu'à combiner la félicité de fes peu
ples avec fa grandeur perfonnelle. Après fes magnifi
ques établiffemens, la nation continua à languir dans
la pauvreté, dans la fervitude & dans l'oppreffion.
Il ne voulut rien relâcher de fon defpotifme, il la

va peut-être ; & laissa à ses successeurs cette idée atroce & destructive, que les sujets ne sont rien, & que le souverain est tout.

Depuis sa mort, on n'a cessé de répéter que la nation n'étoit pas encore assez éclairée, pour qu'on pût rompre utilement ses fers. Courtisans flatteurs, ministres infideles, apprenez que la liberté est le premier droit de tous les hommes ; que le soin de la diriger vers le bien commun, doit être le but de toute société raisonnablement ordonnée ; & que le crime de la force, est d'avoir privé la plus grande partie du globe de cet avantage naturel.

Catherine, qui paroît avoir porté sur le trône l'ambition des grandes choses, commence à comprendre, que des ravages dans les déserts de la Moldavie, & dans quelques isles sans défense, achetés par le sang de deux ou trois cents mille hommes, ne rendront pas son nom cher & vénérable à la postérité. On la voit occupée à faire naître chez un peuple abruti par l'esclavage, le sentiment de la liberté. Réussira-t-elle à l'égard de la génération actuelle ? c'est un problême. Pour les races futures, voici peut-être les moyens qu'il conviendroit d'employer.

Il faut choisir la province la plus féconde de l'empire, y bâtir des maisons, les pourvoir de toutes les choses nécessaires à l'agriculture, attacher à chacune une portion de terre. Il faut appeller des hommes libres des contrées policées, leur céder en toute propriété l'asyle qu'on leur aura préparé, leur assurer une subsistance pour trois ans, les faire gouverner par un chef qui n'ait aucun domaine dans la contrée. Il faut accorder la tolérance à toutes les religions, & par conséquent permettre des cultes particuliers & domestiques, & n'en point permettre de public.

C'est de-là que le levain de la liberté s'étendra dans

tout l'empire : les pays voiſins verront le bonheur de
colons, & ils voudront être heureux comme eux; j
chez des ſauvages, je ne leur dirois pas, conſtruiſez
cabane qui vous aſſure une retraite contre l'inclém
des ſaiſons, ils ſe moqueroient de moi; mais je la t
rois. Le tems rigoureux arriveroit, je jouirois de ma
voyance; le ſauvage le verroit, & l'année ſuivante il
miteroit. Je ne dirois pas à un peuple eſclave, ſo
bre; mais je lui mettrois devant les yeux les avanta
de la liberté, & il la deſireroit.

Je me garderois bien de charger mes transfuges
premieres dépenſes que j'aurois faites pour eux. Je
garderois bien davantage de rejetter ſur les ſurvivans
dette prétendue de ceux qui mourroient ſans l'avoir aco
tée. Cette politique ſeroit auſſi fauſſe qu'inhuma
L'homme de vingt, de vingt-cinq, de trente ans, i
vous porte en don ſa perſonne, ſes forces, ſes talens
vie, ne vous gratifie-t-il pas aſſez? Faut-il qu'il vous pa
la rente du don qu'il vous fait? Lorſqu'il ſera quadr
alors vous le traiterez comme votre ſujet; encore atten
drez-vous la troiſiéme ou quatriéme génération, ſi v
voulez que votre projet proſpere, & amener vos pe
à une condition dont ils auront eu le tems de conn
les avantages.

Dans ce nouvel ordre de perſonnes & de choſes
les intérêts du monarque ne ſeront plus que ceux d
ſujets, il faudra pour donner des forces à la Ruſſie,
pérer l'éclat de ſa gloire; ſacrifier l'influence qu'elle
dans les affaires générales de l'Europe; réduire
bourg, devenu mal-à-propos une capitale, à n'être
entrepôt de commerce; tranſporter le gouvernemen
l'intérieur de l'empire. C'eſt de ce centre de la d

tion, qu'un fouverain fage, jugeant avec connoiſſance des beſoins & des reſſources, pourra travailler efficacement à lier entr'elles les parties trop détachées de ce grand état. De l'anéantiſſement de tous les genres d'eſclavage, il ſortira un tiers état, ſans lequel il n'y eut jamais chez aucun peuple, ni arts, ni mœurs, ni lumieres.

Juſqu'à cette époque, la cour de Ruſſie fera des efforts inutiles pour éclairer les peuples, en appellant des hommes célebres de toutes les contrées. Ces plantes exotiques périront dans le pays, comme les plantes étrangeres périſſent dans nos ſerres. Inutilement on formera des écoles & des académies à Péterſbourg; inutilement on enverra à Paris & à Rome des éleves ſous les meilleurs maîtres. Ces jeunes gens, au retour de leur voyage, feront forcés d'abandonner leur talent, pour ſe jetter dans des conditions ſubalternes qui les nourriſſent. En tout, il faut commencer par le commencement, & le commencement eſt de mettre en vigueur les arts méchaniques & les claſſes baſſes. Sachez cultiver la terre, travailler des peaux, fabriquer des laines, & vous verrez s'élever rapidement des familles riches. De leur ſein ſortiront des enfans, qui, dégoûtés de la profeſſion pénible de leurs peres, ſe mettront à penſer, à diſcourir, à arranger des ſyllabes, à imiter la nature; & alors vous aurez des poëtes, des philoſophes, des orateurs, des ſtatuaires & des peintres. Leurs productions deviendront néceſſaires aux hommes opulens, & ils les acheteront. Tant qu'on eſt dans le beſoin, on travaille; on ne ceſſe de travailler que quand le beſoin ceſſe. Alors naît la pareſſe; avec la pareſſe, l'ennui: & par-tout les beaux-arts ſont les enfans du génie, de la pareſſe & de l'ennui.

Etudiez les progrès de la ſociété, & vous verrez des

Agriculteurs dépouillés par des brigands; ces agricul
oppoſer à ces brigands une portion d'entr'eux, & v
des ſoldats. Tandis que les uns récoltent, & que les
tres font ſentinelle, une poignée d'autres citoyens d
laboureur & au ſoldat, vous faites un métier péuible
laborieux. Si vous vouliez, vous ſoldats, nous dé
dre, vous laboureurs, nous nourrir, nous vous dé
rions une partie de votre fatigue par nos danſes &
chanſons. Voilà le troubadour & l'homme de lettres. A
le tems, cet homme de lettres s'eſt ligué, tantôt ave
chef contre les peuples, & il a chanté la tyrannie; t
tôt avec le peuple contre le tyran, & il a chanté la li
té. Dans l'un & l'autre cas, il eſt devenu un cito
important.

Suivez la marche conſtante de la nature; auſſi
chercheriez-vous inutilement à vous en écarter. V
verrez vos efforts & vos dépenſes s'épuiſer ſans in
vous verrez tout périr autour de vous; vous vous re
verez preſqu'au même point de barbarie dont vous ave
voulu vous tirer, & vous y reſterez juſqu'à ce que le
circonſtances faſſent ſortir de votre propre ſol une pla
indigene, dont les lumieres étrangeres peuvent tout a
plus accélérer les progrès. N'en eſpérez pas davantag
& cultivez votre ſol.

Un autre avantage que vous y trouverez, c'eſt que
ſciences & les arts nés ſur votre ſol, s'avanceront pe
peu à leur perfection, & que vous ſerez des origina
au lieu que ſi vous empruntez des modéles étrang
vous ignorerez la raiſon de leur perfection, & vous
condamnerez à n'être jamais que de foibles copies.

Le tableau qu'on s'eſt permis de tracer de la
ſie, pourra paroître un hors-d'œuvre; mais peut

moment étoit-il favorable pour apprécier une puiſ-
ance qui, depuis quelques années, joue un rôle ſi
fier & ſi éclatant. Il faut parler maintenant des liaiſons que les autres nations de l'Europe ont formées
avec la Chine.

La Chine eſt le pays de la terre où il y a le moins
de gens oiſifs, le ſeul peut-être où il n'y en ait point.
Quoiqu'on y ait le ſecours de l'imprimerie, & tous
les moyens généraux de l'éducation, on n'y voit cependant ni grand édifice, ni belle ſtatue, ni poëme,
ni éloquence, ni muſique, ni peinture, ni même aucune des connoiſſances qu'un homme ſeul, iſolé, mé-
ditatif, pourroit porter par ſes efforts à un grand point
de perfection. Comme les mœurs ne permettent pas
l'émigration, & que la population de l'empire eſt exceſſive, le néceſſaire eſt la limite des travaux. Il y a
plus de profit à l'invention du plus petit art utile,
qu'à la plus ſublime découverte qui ne montre que du
génie. On fait plus de cas de celui qui ſait tirer parti
des recoupes de la gaze, que de celui qui réſoudroit
le problème des trois corps. C'eſt-là ſur-tout que ſe
fait la queſtion, qu'on n'entend que trop fréquem-
ment parmi nous : *à quoi cela ſert-il?* L'attente de la
diſette qui s'avance, remplit tous les citoyens d'activité, de mouvement & d'inquiétude. Il n'y a pas un
inſtant qui n'ait ſa valeur. L'intérêt doit être le mo-
bile ſecret ou public de toutes les actions. Il eſt impoſſible que les menſonges, les fraudes, les vols ne
ſe multiplient : les ames y doivent être baſſes, l'eſprit y doit être petit, intéreſſé, rétréci & meſquin.

Un Européen achete des étoffes à Canton; il eſt trompé
ſur la quantité, la qualité & le prix. Les marchandiſes

XLI.
Liaiſons
des Euro-
péens avec
la Chine.
Etat de cet
Empire,
relative-
ment au
commerce.

ſont dépoſées ſur ſon bord. La friponnerie du march*e*
Chinois eſt déjà reconnue, lorſqu'il vient chercher *ſ*
argent. L'Européen lui dit : Chinois, tu m'as trom*pé*
le Chinois répond, cela ſe peut, mais il faut pa*yer*
L'Européen : Mais tu es un fripon, un gueux, un *mi*
ſérable. Le Chinois : Européen, cela ſe peut, m*ais il*
faut payer. L'Européen paye ; le Chinois reçoit *l'*
argent, & dit en ſe ſéparant de ſa dupe : A quoi t'a *ſ*
ta colere ? Qu'ont produit tes injures ? N'aurois-tu *pas*
beaucoup mieux fait de payer tout de ſuite, & de te *tai*
re ? Par-tout où l'on eſt inſenſible à l'inſulte, par-*tout*
où l'on rougit ſi peu de la friponnerie, l'empire p*eut*
être très-bien gouverné ; mais les mœurs particuli*eres*
ſont très-vicieuſes.

Cet eſprit d'avidité réduiſit les Chinois à ren*ermer*
dans leur commerce intérieur aux monnoies d'*or &*
d'argent qui étoient d'un uſage général. Le n*ombre*
des faux-monnoyeurs, qui augmentoit chaque j*our, ne*
permettoit pas une autre conduite : on ne fa*brique*
plus que des eſpeces de cuivre.

Le cuivre étant devenu rare, par des évén*emens*
dont l'hiſtoire ne rend pas compte, on lui aſſoci*a les*
coquillages, ſi connus ſous le nom de cauris. Le *Gou*
vernement s'étant apperçu que le peuple ſe dégo*ûtoit*
d'un objet ſi fragile, ordonna que les uſtenſi*les de*
cuivre répandus dans tout l'empire, fuſſent livré*s aux*
hôtels des monnoies. Ce mauvais expédient n'*ayant*
pas fourni des reſſources proportionnées aux b*eſoins*
publics, on fit raſer environ quatre cents temp*les de*
Foé, dont les idoles furent fondues. Dans la ſu*ite la*
cour paya les magiſtrats & l'armée, partie en c*uivre*
& partie en papier. Les eſprits ſe révolterent *à*

...e innovation si dangereuse, & il fallut y renoncer. ...is cette époque qui remonte à trois siecles, la ...noie de cuivre est la seule monnoie légale.

...algré le caractère intéressé des Chinois, leurs liai- ...sons extérieures furent long-tems très-peu de chose. ...éloignement où cette nation vivoit des autres peu- ...les, venoit du mépris qu'elle avoit pour eux. Cepen- ...t on desira plus qu'on n'avoit fait de fréquenter les ...orts voisins; & le gouvernement Tartare, moins zélé ...our le maintien des mœurs, que l'ancien gouverne- ...nt, favorisa ce moyen d'accroître les richesses de la ...nation. Les expéditions qui, jusqu'alors, n'avoient été ...permises que par la tolérance intéressée des comman- ...dans des provinces maritimes, se firent ouvertement. ...Un peuple dont la sagesse étoit célebre, ne pouvoit ...manquer d'être accueilli favorablement. Il profita de la ...haute opinion qu'on avoit de lui pour établir le goût ...des marchandises qu'il pouvoit fournir; & son activité ...braffa le continent comme les mers.

...Aujourd'hui la Chine trafique avec la Corée, qu'on ...croit avoir été originairement peuplée par les Tartares, ...qui a été surement plusieurs fois conquise par eux, & ...qu'on a vue, tantôt esclave, tantôt indépendante des ...Chinois dont elle est actuellement tributaire. Ils y portent ...du thé, de la porcelaine, des étoffes de soie, & prennent ...en échange des toiles de chanvre & de coton, & du gin- ...feng médiocre.

...Les Tartares, qu'on peut regarder comme étrangers, ...achetent des Chinois des étoffes de laine, du riz, du ...thé, du tabac, qu'ils payent avec des moutons, des ...bœufs, des fourrures, & sur-tout du ginseng. Cet arbu- ...ste ne croît que sur les montagnes les plus escarpées, au

milieu des forêts les plus épaisses, autour des ro[ch]
les plus affreux. Sa tige hérissée d'une espece de p[...]
est d'ailleurs unie, ronde, & d'un rouge foncé, ex[...]
dans la partie inférieure où elle blanchit un peu, [...]
s'éleve à la hauteur d'environ dix-huit pouces. Ve[rs sa]
cime, elle jette des rameaux d'où sortent des feu[...]
oblongues, menues, cotoneuses, dentelées, d'un [...]
obscur par dessus, blanchatre & luisant par-dessous.[...]
connoît son âge par ses branches, & son âge aug[mente]
son prix. Le ginseng a plusieurs vertus, dont les [...]
reconnues sont de fortifier l'estomac & de purifier le [...]
Il est si précieux aux yeux des Chinois, qu'ils ne le [...]
vent jamais trop cher. Le gouvernement fait cueilli[r]
les ans cette plante par dix mille soldats Tartares, [...]
chacun doit rendre gratuitement deux onces du m[...]
ginseng. On leur donne pour le reste un poids [...]
en argent. Cette récolte est interdite aux particu[...]
Une défense si odieuse ne les empêche pas d'en ch[...]
Sans cette contravention à une loi injuste, ils serai[ent]
hors d'état de payer les marchandises qu'ils tir[ent de]
l'empire, & réduits par conséquent à s'en passer.

On a déja fait connoître le commerce de la Chine [...]
les Russes. Actuellement il n'est pas important ; m[ais]
peut & il doit le devenir.

Celui qu'elle fait avec les habitans de la petite Bu[cha]
rie, se réduit à leur donner du thé, du tabac, des d[...]
pour les grains d'or qu'ils trouvent dans leurs tor[...]
quand la neige commence à fondre. Si jamais ces [...]
res apprennent à exploiter les mines dont leurs m[onta]
gnes sont remplies, on verra des liaisons, aujourd['hui]
languissantes, prendre un accroissement, dont il [...]
pas possible de fixer les bornes.

L'em[...]

L'empire eft féparé des états du Mogol & des autres contrées des Indes par des fables, des montagnes, des rochers qui rendent toute communication impraticable. Auffi fon commerce de terre eft-il fi borné, qu'il ne paffe pas huit ou neuf millions. Celui qu'il fait par mer eft plus confidérable.

C'eft avec les foieries, fon thé, fa porcelaine, & quelques autres objets de moindre importance, qu'il le foutient. Le Japon paye les Chinois avec du cuivre & de l'or; les Philippines, avec des piaftres; Batavia, avec des poivres & des épiceries; Siam, avec des bois de teinture & des vernis; le Tonquin, avec des foies; la Cochinchine, avec du fucre & de l'or. Toutes ces branches réunies peuvent monter à trente millions, & occuper cent cinquante bâtimens. Les Chinois gagnent au moins cent pour cent dans ces différentes affaires, dont la Cochinchine fournit la moitié. Ils ont pour correfpondans dans la plupart des marchés qu'ils fréquentent, les defcendans de ceux de leurs compatriotes qui s'exilerent de leur patrie lorfque les Tartares s'en rendirent maîtres.

Le commerce de la Chine qui, du côté du Nord, ne s'étend pas plus loin que le Japon, ni du côté de l'Orient, au-delà des détroits de Malaca & de la Sonde, auroit vraifemblablement acquis une plus grande extenfion; fi les conftrudireurs Chinois, moins affervis aux anciens ufages, avoient daigné s'inftruire à l'école des navigateurs Européens.

Ceux d'entre eux qui parurent les premiers fur les côtes de la Chine, furent admis dans toutes les rades indifféremment. Leur extrême familiarité avec les femmes; leurs violences avec les hommes; des actes répétés de

hauteur & d'indiscrétion les firent concentrer depuis
Canton, le port le plus méridional de l'empire.

Cette ville est située sur les bords du Tigre, rivi
considérable qui communique, d'un côté par divers c
naux avec les provinces les plus reculées, & qui de la
tre conduit au pied de ses murs les plus grands vaissea
On y voyoit nos pavillons mêlés avec ceux du pa
Dans la suite l'on a obligé les navires Européens de s'a
rêter à Hoaung-pon, à quatre lieues de la place. Il
douteux si ce fut la crainte de quelque surprise qui insp
cette précaution, ou si ce fut un moyen imaginé par
gens en place pour leurs intérêts particuliers. La défian
& l'avidité des Chinois autorisent les deux conjectur

Cet arrangement ne changea rien à la situation p
sonnelle des navigateurs. Ils continuerent à jouir à
Canton de toute la liberté qui ne choquoit pas l'
public. Leur caractère les portoit à en abuser; & is
lasserent bientôt de la circonspection nécessaire, dans un
gouvernement rempli de formalités. On les punit à leur
imprudence; tout accès chez les gens en place leur fut
fermé. Le magistrat, fatigué de leurs plaintes continu
les, ne voulut plus les recevoir que par le canal des in
terprètes dépendans des marchands Chinois. Tous le
Européens eurent ordre d'habiter dans un quartier q
leur fut assigné. On ne dispensa de cette obligation q
ceux qui trouvoient ailleurs un hôte qui répondoit
leurs mœurs & de leur conduite. Les gênes augmen
rent encore en 1760. La cour avertie par les Ang
que le commerce éprouvoit des vexations criantes,
partir de Pekin des commissaires, qui se laisseren
duire par les accusés. Sur le rapport de ces hom
corrompus, tous les Européens furent confinés dans

petit nombre de maifons, d'où ils ne pouvoient traiter
qu'avec quelques négocians munis d'un privilége exclufif. Ce monopole vient de ceffer ; mais les autres
gênes font toujours les mêmes.

Ces humiliations ne nous ont pas dégoûtés du commerce de la Chine. Nous continuerons d'y aller chercher
du thé, de la porcelaine, des foies, des foieries, du vernis, du papier, & quelques autres objets moins confidérables.

Le thé eft un arbriffeau de la hauteur de nos grena-
diers ou de nos myrthes. Il vient des graines femées dans
des trous de trois ou quatre pouces de profondeur. On
n'eftime de lui que fes feuilles. A trois ans il en offre
en abondance ; mais il en donne moins à fept. On le
coupe alors à la tige pour obtenir des rejettons, dont
chacun fournit à peu de chofe près autant de produit
qu'un arbufte entier.

XLII.
Les Euro-
péens achè-
tent du thé
à la Chine.

La plupart des provinces de la Chine cultivent le thé :
mais il n'a pas le même degré de bonté par-tout ; quoique par-tout on ait l'attention de le placer au Midi &
dans les vallées. Celui qui croît fur un fol pierreux eft
fort fupérieur à celui qui fort des terres légeres, & plus
fupérieur encore à celui qu'on trouve dans les terres
jaunes.

La différence des terreins n'eft pas la feule caufe de la
perfection plus ou moins grande du thé : les faifons où
la feuille eft ramâffée y influent encore davantage.

La première récolte fe fait au commencement de Mars.
Les feuilles, alors petites, tendres & délicates, forment
ce qu'on appelle le thé impérial, parce qu'il fert principalement à l'ufage de la cour & des gens en place. Les
feuilles de la feconde récolte qui eft au mois d'Avril,

font plus grandes & plus développées; mais de moins
qualité que les premieres. Enfin le dernier & le mo[ins]
eftimé des thés, fe recueille dans le mois fuivant. L[es]
uns & les autres font enfermés dans des boëtes d'é[tain]
groffier, pour les garantir de l'impreffion de l'air qui [les]
feroit perdre leur parfum.

Le thé eft la boiffon ordinaire des Chinois. Ce n[e fut]
pas un vain caprice qui en introduifit l'ufage. Dans p[refque]
que tout leur empire, les eaux font mal-faines & de m[au]
vais goût. De tous les moyens qu'on imagina pour [les]
améliorer, il n'y eut que le thé qui eut un fuccès en[tier.]
L'expérience lui fit attribuer d'autres vertus. On fe [per]
fuada que c'étoit un excellent diffolvant, qui purifie [le]
fang, qui fortifioit la tête & l'eftomac, qui facili[toit la]
digeftion & la tranfpiration.

La haute opinion que les premiers Européens qu[i pé]
nétrerent à la Chine, fe formerent du peuple qui l'ha[bite,]
leur fit adopter l'idée, peut-être exagérée, qu'il avoi[t du]
thé. Ils nous communiquerent leur enthoufiafme, & c[et]
enthoufiafme a été toujours en augmentant dans le no[rd]
de l'Europe & de l'Amérique, dans les contrées où l['air]
eft groffier & chargé de vapeurs.

Quelle que foit en général la force des préjugés, [on]
ne peut guère douter que le thé ne produife que [d']
heureux effets chez les nations qui en ont le plus u[ni]
fellement adopté l'ufage. Ce bien ne doit pas être [au]
tant ce qu'il eft à la Chine même. On fçait que les [Chi]
nois gardent pour eux le thé le mieux choifi & le [mieux]
foigné. On fçait qu'ils mêlent fouvent au thé q[u'on tire]
de l'empire d'autres feuilles, qui, quoique reffem[blant]
pour la forme, peuvent avoir des propriétés diffé[rentes.]
On fçait que la grande exportation qui fe fait d[e]

les a rendus moins difficiles fur le choix du terrein, &
moins exacts pour les préparations. Notre maniere de
le prendre, fe joint à ces négligences, à ces infidélités.
Nous le buvons trop chaud & trop fort. Nous y mêlons
toujours beaucoup de fucre, fouvent des odeurs, & quelquefois des liqueurs nuifibles. Indépendamment de ces
confidérations, le long trajet qu'il fait par mer fuffiroit
pour lui faire perdre la plus grande partie de fes fels
bienfaifans.

On ne pourra juger définitivement des vertus du thé,
que lorfqu'il aura été tranfplanté dans nos climats. On
commençoit à défefpérer du fuccès, quoique les expériences n'euffent été tentées qu'avec des graines, &, à
ce qu'on prétend, avec des graines mal choifies. Il a été
enfin porté un arbriffeau, dont la tige avoit fix pouces;
& c'eft à M. Linnœus, au plus célebre botanifte de
l'Europe, qu'il a été remis. Cet habile homme eft parvenu à le conferver; & il efpere de le multiplier en plein
air, en Suede même; puifqu'il ne périt pas dans les régions les plus feptentrionales de la Chine. Ce fera un
très-grand avantage de cultiver nous-mêmes une plante
qui ne peut que difficilement perdre autant à changer de
terrein, qu'à moifir dans la longue traverfée qu'elle étoit
obligée de faire. Il n'y a pas long-tems que nous étions
tout auffi éloignés du fecret de faire de la porcelaine.

Il exiftoit il y a quelques années dans le cabinet du
comte de Caylus, deux ou trois petits fragmens d'un
vafe crû Egyptien, qui, dans des effais faits avec beaucoup de foins & d'intelligence, fe trouverent être de porcelaine non couverte. Si ce favant ne s'eft pas mépris
ou n'a pas été trompé, ce bel art étoit déja connu dans
les beaux tems de l'ancienne Egypte. Mais il faudroit

XLIII.
Les Euro-
péens ache-
tent de la
porcelaine
à la Chine.

des monumens plus authentiques qu'un fait iſolé, p‍‍
en faire refuſer l'invention à la Chine, où l'origine ‍‍
perd dans la nuit des tems.

Sans entrer dans le ſyſtême de ceux qui veulent d‍‍
ner à l'Egypte une antériorité de fondation, de loix, ‍‍
ſciences & d'arts de toute eſpece, que la Chine a p‍‍
être autant de droit de revendiquer en ſa faveur; ‍‍
fait ſi ces deux empires, également anciens, n'ont ‍‍
reçu toutes leurs inſtitutions ſociales d'un peuple f‍‍
dans le vaſte eſpace de terre qui les ſépare? Si les h‍‍
tans ſauvages des grandes montagnes de l'Aſie, a‍‍
avoir erré durant pluſieurs ſiécles dans le continent, ‍‍
fait le centre de notre hémiſphere, ne ſe ſont pas d‍‍
perſés inſenſiblement vers les côtes des mers qui l‍‍
ronnent, & formés en corps de nation ſéparées à ‍‍
Chine, dans l'Inde, dans la Perſe, en Egypte? Si ‍‍
déluges ſucceſſifs, qui ont pu déſoler cette partie d‍‍
terre, n'ont pas empriſonné les hommes dans ces ré‍‍
gions, coupées par des montagnes & des déſerts? Ces
conjectures ſont d'autant moins étrangeres à l'hiſtoire du
commerce, que celle-ci doit, tôt ou tard, donner les
plus grandes lumieres ſur l'hiſtoire générale du ge‍‍
humain, de ſes peuplades, de ſes opinions, & de ſes i‍‍
ventions de toute eſpece.

Celle de la porcelaine eſt, ſinon une des plus mer‍‍
leuſes, du moins l'une des plus agréables qui ſoient ‍‍
ties des mains de l'homme. C'eſt la propreté du ‍‍
qui vaut mieux que ſa richeſſe.

La porcelaine eſt une eſpece de poterie, ou pl‍‍
c'eſt la plus parfaite de toutes les poteries. Elle eſt p‍‍
ou moins blanche, plus ou moins ſolide, plus ou m‍‍
tranſparente. La tranſparence ne lui eſt pas même t‍‍

ment effentielle, qu'il n'y en ait beaucoup & de fort belle fans cette propriété.

La porcelaine eft couverte ordinairement d'un vernis blanc ou d'un vernis coloré. Ce vernis n'eft autre chofe qu'une couche de verre fondu & glacé, qui ne doit jamais avoir qu'une demi tranfparence. On donne le nom de couverte à cette couche, qui conftitue proprement la porcelaine. Celle qui n'a pas reçu cette efpece de vernis, fe nomme bifcuit de porcelaine. Celle-ci a bien le mérite intrinfeque de l'autre, mais elle n'en a ni la propreté, ni l'éclat, ni la beauté.

Le mot de poterie convient à la définition de la porcelaine, parce que, comme toutes les autres poteries plus communes, fa matiere eft prife immédiatement dans les fubftances de la terre même, fans autre altération de l'art qu'une fimple divifion de leurs parties. Il ne doit entrer aucune fubftance métallique ni faline dans fa compofition, pas même dans fa couverte, qui doit fe faire avec des matieres auffi fimples, ou peu s'en faut.

La meilleure porcelaine & communément la plus folide, fera celle qui fera faite avec le moins de matieres différentes ; c'eft-à-dire, avec une pierre vitrifiable, & une belle argile blanche & pure. C'eft de cette derniere terre que dépend la folidité & la confiftance de la porcelaine & de toute la poterie en général.

Les connoiffeurs divifent en fix claffes la porcelaine qui nous vient d'Afie : la porcelaine truitée, le blanc ancien, la porcelaine du Japon, celle de la Chine, le Japon Chiné & la porcelaine de l'Inde. Toutes ces dénominations tiennent plutôt au coup d'œil qu'à un caractere bien décidé.

La porcelaine truitée, qu'on appelle ainfi fans doute

parçe qu'elle a de la reſſemblance avec les écailles de truite, paroît être la plus ancienne, & celle qui tient à plus près à l'enfance de l'art. Elle a deux imperfections. La pâte en eſt toujours fort griſe, & la couverte en eſt gerſée en mille manières. Cette gerſure n'eſt pas ſeulement dans la couverte, elle prend auſſi ſur le biſcuit. De-là vient que cette porcelaine n'eſt preſque point tranſparente, qu'elle n'eſt point ſonore, qu'elle eſt très fragile, & qu'elle tient au feu plus facilement qu'une autre. Pour cacher la difformité de ces gerſures, on la bariolée de couleurs différentes. Cette bigarrure a fait ſon mérite & ſa réputation. La facilité avec laquelle le comte de Lauraguais l'a imitée, a convaincu les gens attentifs que cette eſpece de porcelaine n'eſt qu'une porcelaine manquée.

Le blanc ancien eſt certainement d'une grande beauté; ſoit qu'on s'en tienne à l'éclat de ſa couverte, ſoit qu'on en examine le biſcuit. Cette porcelaine eſt précieuſe, aſſez rare & de peu d'uſage. Sa pâte paroît très-courte, & on n'en a pu faire que de petits vaſes, ou des figures, & des magots dont la forme ſe prête à ſon défaut. On la vend dans le commerce comme porcelaine du Japon, quoiqu'il paroiſſe certain qu'il s'en fait à très-belle de la même eſpece à la Chine. Il y en a deux teintes différentes, l'une qui a le blanc de la craie préciſément, l'autre qui joint à ſa blancheur un léger coup-d'œil bleuâtre qui ſemble annoncer plus de tranſparence. En effet la couverte ſemble être un peu plus épaiſſe dans celle-ci. On a cherché à imiter cette porcelaine à ſaint Cloud, & il en eſt ſorti des pieces qui paroiſſoient fort belles. Ceux qui les ont examinées de plus près, ont trouvé que c'étoit des frittes, que cette du plomb , & qu'elles ne pouvoient pas foutenir le parallele.

Il eft plus difficile qu'on ne penfe de bien diftinguer ce qu'on appelle porcelaine du Japon , de ce que la Chine fournit de plus beau en ce genre. Un fin connoiffeur que nous avons confulté , prétend qu'en général ce qu'on appelle véritablement Japon , a une couverture plus blanche & moins bleuâtre que la porcelaine de la Chine, que les ornemens y font mis avec moins de profufion, que le bleu y eft plus éclatant, que les deffins & les fleurs y font moins baroques, mieux copiés de la nature. Son témoignage paroît confirmé par les écrivains, qui difent que les Chinois qui trafiquent au Japon, en rapportent quelques pieces de porcelaine qui ont plus d'éclat & moins de folidité que les leurs , & qu'ils s'en fervent pour la décoration de leurs appartemens, mais jamais pour l'ufage , parce qu'elles foutiennent difficilement le feu. Il croit de la Chine tout ce qui eft couvert d'un vernis coloré , foit en verd celadon, foit en couleur bleuâtre, foit en violet pourpre. Tout ce que nous avons ici du Japon nous eft venu, ou nous vient, par la voie des Hollandois , les feuls Européens à qui l'entrée de cet empire ne foit pas interdite. Il eft poffible qu'ils l'ayent choifi dans les porcelaines que les Chinois y apportent annuellement, qu'ils l'ayent acheté à Canton même. Dans l'un & l'autre cas, la diftinction entre la porcelaine du Japon & celle de la Chine, feroit fauffe au fond, & n'auroit d'autre bafe que le préjugé. Il réfulte cependant de cette opinion, que tout ce qui porte parmi nous le titre de porcelaine du Japon, eft toujours de très-belle porcelaine.

Il y a moins à douter fur ce qu'on appelle porcelaine

de la Chine. La couverte eſt plus bleuâtre, elle eſt plus chargée de couleurs, & les deſſins en ſont plus biſarres que dans celle qu'on nomme du Japon. La pâte elle-même eſt communément plus blanche, plus liée, plus graſſe, ſon grain plus fin, plus ſerré, & on lui donne moins de paiſſeur. Parmi les diverſes porcelaines qui ſe fabriquent à la Chine, il y en a une qui eſt fort ancienne. Elle eſt peinte en gros bleu, en beau rouge & en verd de cuivre. Elle eſt fort groſſiere, fort maſſive, & d'un poids fort conſidérable. Il s'en trouve de cette eſpece qui eſt truitée. Le grain en eſt ſouvent ſec & gris. Celle qui n'eſt pas truitée eſt ſonore; mais l'une & l'autre ont très-peu de tranſparence. Elle ſe vend ſous le nom d'ancien Chine, & les pieces les plus belles ſont cenſées venir du Japon. C'étoit originairement une belle poterie plutôt qu'une porcelaine véritable. Le tems & l'expérience l'ont perfectionnée. Elle a acquis plus de tranſparence, & les couleurs appliquées avec plus de ſoin, ont eu plus d'éclat. Cette porcelaine differe eſſentiellement des autres, en ce qu'elle eſt faite d'une pâte courte, qu'elle eſt très-dure & très-ſolide. Les pieces de cette porcelaine ont toujours en-deſſous trois ou quatre traces de ſupports, qui ont été mis pour l'empêcher de fléchir dans la cuiſſon. Avec ce ſecours on eſt parvenu à fabriquer des pieces d'une hauteur, d'un diametre conſidérables. Les porcelaines qui ne ſont pas de cette eſpece & qu'on appelle Chine moderne, ont la pâte plus longue, le grain plus fin, & la couverte plus glacée, plus blanche, plus belle. Elles ont rarement des ſupports, & leur tranſparence n'a rien de vîtreux. Tout ce qui eſt fabriqué de cette pâte eſt tourné facilement, en ſorte que la main de l'ouvrier paroît avoir gliſſé deſſus, ainſi que ſur une excellente argile. Les porcelaines de cette espece varient à l'infini pour la forme, pour les couleurs, pour la main d'œuvre & pour le prix.

Une cinquieme espece de porcelaine est celle à qui nous donnons le nom de Japon Chiné, parce qu'elle réunit aux ornemens de la porcelaine qu'on croit du Japon, ceux qui sont plus dans le goût de la Chine. Parmi cette espece de porcelaine, il s'en trouve une, enrichie d'un très-beau bleu avec des cartouches blancs. Cette couverte a cela de particulier, qu'elle est d'un véritable émail blanc, tandis que les autres couvertes ont une demi transparence ; car les couvertures de la Chine ne font jamais transparentes tout-à-fait.

Les couleurs s'appliquent en général de la même maniere sur toutes les porcelaines de la Chine, sur celles même qu'on a faites à son imitation. La premiere, la plus solide de ces couleurs, est le bleu qu'on retire du saffre qui n'est autre chose que la chaux de cobalt. Cette couleur s'applique ordinairement à crud sur tous les vases, avant de leur donner la couverte & de les mettre au four ; en sorte que la couverte qu'on met ensuite par-dessus lui sert de fondant. Toutes les autres couleurs, & même le bleu qui entre dans la composition de la palette, s'appliquent sur la couverte, & ont besoin d'être unies préalablement avec une matiere saline ou une chaux de plomb qui favorise leur ingrez dans la couverte. Une maniere particuliere & assez familiere aux Chinois de peindre la porcelaine, c'est de colorer la couverte toute entiere. Pour lors la couleur ne s'applique ni dessus ni dessous la couverte, mais on la mêle & on l'incorpore dans la couverte elle-même. Il se fait des choses de fantaisie très-extraordinaires en ce genre. De quelque maniere que les couleurs soient appliquées, elles se tirent communément du cobalt, de l'or, du fer, des terres martiales & du cuivre. Celle du cuivre eſt très-délicate & demande de grandes précautions.

Toutes les porcelaines dont nous avons parlé ſe font à King-to-ching, bourgade immenſe de la province de Kianſi. Elles y occupent cinq cents fours & un million d'hommes. On a eſſayé à Pékin, & dans d'autres lieux de l'empire, de les imiter; & les expériences ont été mal heureuſes par-tout, malgré la précaution qu'on avoit priſe de n'y employer que les mêmes ouvriers, les mêmes ma tieres. Auſſi a-t-on univerſellement renoncé à cette bran che d'induſtrie, excepté au voiſinage de Canton où ſe fabrique la porcelaine connue parmi nous ſous le nom de porcelaine des Indes. La pâte en eſt longue & facile; mais en général les couleurs, le bleu ſur-tout & le rouge de mars, y ſont très-inférieurs à ce qui vient du Japon & de l'intérieur de la Chine. Toutes les couleurs, excepté le bleu, y relevent en boſſe, & ſont communément mal appliquées. On ne voit du pourpre que ſur cette porce laine, ce qui a fait follement imaginer qu'on le peignoit en Hollande. La plûpart des taſſes, des aſſiettes, des autres vaſes que portent nos négocians, ſortent de cette manufacture, moins eſtimée à la Chine que ne le ſera dans nos contrées celles de fayance.

Nous avons cherché à naturaliſer parmi nous l'art & la porcelaine. La Saxe s'en eſt occupée plus heureuſe ment que les autres états. Sa porcelaine eſt de la vraie porcelaine, & vraiſemblablement compoſée de matieres fort ſimples, quoique dépendante ſûrement d'une combi naiſon plus recherchée que celle de l'Aſie. Cette combi naiſon particuliere, & la rareté des matériaux qui entrent dans ſa compoſition, doivent cauſer la cherté de cette porcelaine. Comme il ne fort de cette manufacture qu'une feule & même efpece de pâte, on a penfé avec affez de vraifemblance que les Saxons ne poffedent que leur fe-cret, & n'ont point du tout l'art de la porcelaine. On eft confirmé dans ce foupçon par la grande reffemblance qu'il y a entre la mie & le grain de la porcelaine de Saxe, & celles de quelques autres porcelaines d'Allemagne, qui paroiffent faites par une combinaifon à-peu-près femblable.

Quoi qu'il en foit de cette conjecture, on peut affurer qu'il n'y a point de porcelaine dont la couverte foit plus agréable à la vue, plus égale, plus unie, plus folide & plus fixe. Elle réfifte à un très-grand feu, beaucoup plus long-tems que différentes couvertes des porcelaines de la Chine. Ses couleurs jouent agréablement & ont un ton très-mâle. On n'en connoît point d'auffi bien afforties à la couverte. Elles ne font ni trop, ni trop peu fondues. Elles ont du brillant, fans être noyées & glacées, comme la plupart de celles de Sevre.

Ce mot nous avertit qu'il faut parler des porcelai-nes de France. On fait qu'elles ne font faites, ainfi que celles d'Angleterre, qu'avec des frittes, c'eft-à-dire, avec des pierres infufibles par elles-mêmes, aux-quelles on fait prendre un commencement de fufion, en y joignant une quantité de fel plus ou moins con-fidérable. Auffi font-elles plus vitreufes, plus fufibles, moins folides & plus caffantes que toutes les autres. Celle de Sevre qui eft fans comparaifon la plus mau-vaife de toutes, & dont la couverte a toujours un coup-d'œil jaunâtre fale, qui décéle le plomb dont elle eft chargée; n'a que le mérite que peuvent lui donner des deffinateurs, des peintres du premier ordre. Ces grands maîtres ont mis tant d'art à quelques-unes de

ces pieces, qu'elles feront précieuſes pour la poſtérité
mais en elle-même, elle ne fera jamais qu'un objet de
goût, de luxe & de dépenſes. Les ſupports feront une
des principales cauſes de ſa cherté.

Toute porcelaine, au moment qu'elle reçoit ſon dernier coup de feu, ſe trouve dans un état de fuſion com-
mencée : elle a pour lors, de la molleſſe, & pourroit être
maniée comme le fer lorſqu'il eſt embraſé. On n'en connoît point qui ne ſouffre, qui ne ſe tourmente lorſqu'il
eſt dans cet état. Si les piéces qui ſont tournées ont plus
d'épaiſſeur & de ſaillie d'un côté que de l'autre, auſſi-
tôt, le fort emporte le foible : elles fléchiſſent de ce côté,
& la piece eſt perdue. On pare à cet inconvénient par
des morceaux de porcelaines, faits de la même pâte,
de différentes formes, qu'on applique au-deſſous ou contre les parties qui font plus de ſaillie & courent plus de
riſques de fléchir que les autres. Comme toute porcelaine
prend une retraite au feu à meſure qu'elle cuit, il faut
non-ſeulement que la matiere dont on fait les ſupports
puiſſe ſe retraire auſſi ; mais encore que ſa retraite ne
ſoit, ni plus, ni moins grande que celle de la piéce
qu'elle eſt deſtinée à ſoutenir. Les différentes pâtes ayant
des retraites différentes, il s'enſuit que le ſupport doit
être de la même pâte que la porcelaine.

Plus une porcelaine eſt tendre au feu, & ſuſceptible
de vitrification, plus elle a beſoin de ſupport. C'eſt par
cet inconvénient que péche eſſentiellement la porcelaine
de Sevre, dont la pâte eſt d'ailleurs fort chere, & qui
en conſomme ſouvent plus en ſupport, qu'il n'en entre
dans la piéce de porcelaine même. La néceſſité de ce
moyen diſpendieux, entraîne encore un autre inconvénient. La couverte ne peut cuire en même tems que

porcelaine, qui eſt obligée par-là, d'aller deux fois au
feu. La porcelaine de la Chine & celles qui lui reſſemblent étant faites d'une pâte plus ſolide, moins ſuſceptible de vitrification, ont rarement beſoin d'être ſoutenues,
& ſe cuiſent avec la couverture. Elles conſomment donc
beaucoup moins de pâte, ſouffrent moins de perte, demandent moins de tems, de ſoins & de feu.

Quelques écrivains ont cru bien établir la prééminence
de la porcelaine d'Aſie ſur les nôtres, en diſant que ces
dernieres réſiſtent moins au feu que celle qui leur a ſervi
de modele, que toutes celles d'Europe fondent dans celle
de Saxe, & que celle de Saxe finit par fondre dans celle
des Indes. Rien n'eſt plus faux que cette aſſertion, priſe
dans toute ſon étendue. Il y a peu de porcelaines de la
Chine, qui réſiſtent autant au feu que celle de Saxe.
Elles ſe déforment même & ſe bouillonnent au feu qui
cuit celle de M. de Lauraguais. Mais cela doit être compté
pour rien ou pour fort peu de choſe. La porcelaine n'eſt
pas faite pour retourner dans les fours dont elle eſt ſortie. Elle n'eſt pas deſtinée à eſſuyer un feu de rever-
bere.

C'eſt par la ſolidité que les porcelaines de la Chine l'emportent véritablement ſur celles d'Europe; c'eſt par la propriété qu'elles ont d'être échauffées plus promptement &
avec moins de riſque, de ſouffrir ſans danger l'impreſſion
ſubite des liqueurs froides ou bouillantes; c'eſt par la facilité qu'elles offrent de les cuire & de les travailler: avantage incomparable qui fait qu'on en fabrique, ſans peine,
des pieces de toute grandeur, qu'on la cuit avec moins
de riſque, qu'elle eſt à meilleur marché, d'un uſage univerſel, & qu'elle peut être par conſéquent l'objet d'un
commerce plus étendu.

Un autre avantage bien rare de la porcelaine des b
des, c'est que sa pâte est admirable pour faire des cu
sets & mille autres ustensiles de ce genre, qui font d
utilité journaliere dans les arts. Non-seulement ces va
résistent plus long-tems au feu; mais ce qui est bien p
précieux, ils ne communiquent rien aux verres & a
matieres qu'on y fait fondre. Leur matiere est si pure,
blanche, si compacte & si dure, qu'elle n'entre en fu
que difficilement & ne porte point de couleur.

La France touche au moment de jouir de toutes
commodités. Il est certain que M. le comte de Lauragu
qui a cherché long-tems le secret de la porcelaine d
Chine, est parvenu à en faire qui lui ressemble. Ses m
tériaux ont le même caractere; & s'ils ne sont pas exa
ment de la même espece, ils sont au moins des espe
du même genre. Comme les Chinois, il peut faire l
pâte longue ou courte, & employer à son choix son p
cédé, ou un procédé différent. Sa porcelaine ne le cèd
en rien à celle des Chinois pour la facilité à se tourner, à
se modeler, & lui est supérieure par la solidité de sa couverte, peut-être aussi par son aptitude à recevoir les couleurs. S'il parvient à lui donner la même finesse, la même blancheur du grain, nous nous passerons aisément
la porcelaine de la Chine. Il ne sera pas si facile de renoncer à sa soie.

Les annales de cet empire attribuent la découver
la soie à l'une des femmes de l'empereur Hoangti.
impératrices se firent depuis une agréable occupatio
nourrir des vers, d'en tirer la soie & de la mettre en
vre. On prétend même qu'il y avoit dans l'intérieu
palais, un terrein destiné à la culture des mûriers. L'
pératrice, accompagnée des dames les plus distingu

de fa cour, fe rendoit en cérémonie dans ce verger & y cueilloit elle-même les feuilles de quelques branches qu'on abaiffoit à fa portée. Une politique fi fage, encouragea bien cette branche d'induftrie, que bientôt la nation qui n'étoit couverte que de peaux, fe trouva habillée de foie. En peu de tems, l'abondance fut fuivie de la perfection. On dut ce dernier avantage aux écrits de plufieurs hommes éclairés, de quelques miniftres même, qui n'avoient pas dédaigné de porter leurs obfervations fur cet art nouveau. La Chine entiere s'inftruifit dans leur théorie de tout ce qui pouvoit y avoir rapport.

L'art d'élever les vers qui produifent la foie, de filer cette production, d'en fabriquer des étoffes, paffa de la Chine aux Indes & en Perfe, où il ne fit pas des progrès rapides. S'il en eût été autrement, Rome n'eût pas donné jufqu'à la fin du troifiéme fiécle une livre d'or, pour une livre de foie. La Grece ayant adopté cette induftrie dans le huitiéme fiécle ; les foieries fe répandirent un peu plus, fans devenir communes. Ce fut long-tems un objet de magnificence, réfervé aux places les plus éminentes & aux plus grandes folemnités. Roger, roi de Sicile, appella enfin d'Athènes des ouvriers en foie ; & bientôt la culture des mûriers s'étendit de cette ifle au continent voifin. D'autres contrées de l'Europe voulurent jouir d'un avantage qui donnoit des richeffes à l'Italie, & elles y parvinrent après quelques efforts inutiles. Cependant la nature du climat, & peut-être d'autres caufes, n'ont pas permis d'avoir par-tout le même fuccès.

Les foies de Naples, de Sicile, de Reggio, font toutes communes, foit en organfin, foit en trame. On les employe pourtant utilement ; elles font mêmes néceffaires

pour les étoffes brochées, pour les broderies, pour to[us]
les ouvrages où l'on a besoin de soie forte.

Les autres soies d'Italie, celles de Novi, de Veni[se]
de Toscane, de Milan, du Montferrat, de Bergame &[e.]
Piémont, sont employées en organsin pour chaîne, qu[oi]
qu'elles n'ayent pas toutes la même beauté, la mê[me]
bonté. Les soies de Bologne eurent long-tems la pré[fé]
rence sur toutes les autres. Depuis que celles du Piém[ont]
ont été perfectionnées, elles tiennent le premier ra[ng]
pour l'égalité, la finesse, la légéreté. Celles de Berga[me]
sont celles qui en approchent le plus.

Quoique les soies que fournit l'Espagne soient en g[é]
néral fort belles, celles de Valence ont une grande su[pé]
riorité. Les unes & les autres sont propres à tout. Le[ur]
seul défaut est d'être un peu trop chargées d'huile, ce qu[i]
leur fait beaucoup de tort à la teinture.

Les soies de France, supérieures à la plupart des soi[es]
de l'Europe, ne cédent qu'à celles de Piémont & de Ba[r]
game pour la légéreté. Elles ont d'ailleurs plus de bril[l]
lant en teint que celles de Piémont, plus d'égalité & de
nerf que celles de Bergame. La France récoltoit il y a
quelques années, six mille quintaux de soie. La livre de
quatorze onces, se vendoit depuis quinze jusqu'à ving[t]
& une livres. Au prix commun de dix-huit livres, c'éto[it]
un revenu de dix millions. Lorsque les nouvelles plan[t]
tations auront fait les progrès qu'on en doit attend[re]
cette puissance se trouvera déchargée du tribut qu'e[lle]
paye à l'étranger. Il est encore considérable.

La diversité des soies que recueille l'Europe, ne l[a]
pas mise en état de se passer de celle de la Chine. Qu[oi]
qu'en général sa qualité soit pesante & son brin inég[al]
elle sera toujours recherchée pour sa blancheur. On e[n]

communément qu'elle tient cet avantage de la nature. Ne
ſoit-il pas plus naturel de penſer, que lors de la fila-
e, les Chinois jettent dans la baſſine quelque ingré-
nt qui a la vertu de chaſſer toutes les parties hétéro-
es, du moins les plus groſſieres ? Le peu de déchet
cette ſoie, en comparaiſon de toutes les autres, lorſ-
on la fait cuire pour la teinture, paroît donner un
nd poids à cette conjecture.

Quoi qu'il en ſoit de cette idée, la blancheur de la ſoie
de la Chine, à laquelle nulle autre ne peut être compa-
ée, la rend ſeule propre à la fabrique des blondes & des
es. Les efforts qu'on a faits pour lui ſubſtituer les
res dans les manufactures de blonde, ont toujours
vains, ſoit qu'on ait employé des ſoies apprêtées ou
apprêtées. On a été un peu moins malheureux à
rd des gazes. Les ſoies les plus blanches de France
Italie l'ont remplacée avec une apparence de ſuccès;
s le blanc & l'apprêt n'ont jamais été ſi parfaits.

ans le dernier ſiecle, les Européens tiroient de la
e fort peu de ſoie. La nôtre étoit ſuffiſante pour les
s noires ou de couleur, & pour les maⁱlis qui étoient
d'uſage. Le goût qu'on a pris depuis quarante ans,
lus généralement depuis vingt-cinq, pour les gazes
ches & pour les blondes, a étendu peu-à-peu la con-
nation de cette production orientale. Elle s'eſt élevée
s les tems modernes à quatre-vingt milliers par an,
t la France a toujours employé près des trois quarts.
e importation a ſi fort augmenté, qu'en 1766, les
lois ſeuls en tirerent cent quatre milliers. Comme
azes & les blondes ne pouvoient pas la conſommer,
manufacturiers en employerent une partie dans leurs
riques de moires & de bas. Ces bas ont, ſur les au-

Q 2

tres, l'avantage d'une blancheur éclatante & inaltérable
mais ils font infiniment moins fins.

. Indépendamment de cette foie d'une blancheur unique
qui fe recueille. principalement dans la province de Tche
Kiang, & que nous connoiſſons en Europe fous le no
de foie de Nankin, lieu où on la fabrique plus particu
rement ; la Chine produit des foies communes que nous
appellons foies de Canton. Comme elles ne font propre
qu'à quelques trames, & qu'elles font auſſi cheres que
celles d'Europe qui fervent aux mêmes uſages, on en tire
très-peu. Ce que les Anglois & les Hollandois en porte
ne paſſe pas cinq ou fix milliers. Les étoffes forment le
plus grand objet.

Les Chinois ne font pas moins habiles à mettre les foies
en œuvre qu'à les recueillir. Cet éloge ne doit pas s'éten
dre à celles de leurs étoffes où il entre de l'or & de l'ar
gent. Leurs manufacturieres n'ont jamais ſçu paſſer ces mé
taux par la filiere ; & leur induſtrie s'eſt toujours borné
à rouler leurs foies dans des papiers dorés, ou à appliquer
les étoffes fur les papiers mêmes. Les deux méthodes font
également vicieuſes. ·

. Quoique les hommes foient plus frappés en général du
nouveau que de l'excellent, ces étoffes, malgré leur bril
lant, ne nous ont jamais tentés. Nous n'avons été que
moins rebutés de la défectuoſité de leur deſſin. On n'y
voit que des figures eſtropiées, & des grouppes fans in
tention. Perſonne n'y a reconnu le moindre talent pour
diſtribuer les jours & les ombres, ni cette grace, cette fa
cilité qui fe font remarquer dans les ouvrages de nos be
artiſtes. Il y a dans toutes leurs productions quelque cho
de roide & de meſquin, qui déplaît aux gens d'un goût
un peu délicat. Tout y porte le caractère parti

…er de leur génie, qui manque de feu & d'élévation. Ce qui nous fait fupporter ces énormes défauts dans …ux de leurs ouvrages qui repréfentent des fleurs, des …feaux, des arbres, c'eft qu'aucun de ces objets n'eft en …lief. Les figures font peintes fur les étoffes même, avec …es couleurs prefque ineffaçables. Cependant l'illufion eft …entiére, qu'on croiroit tous ces objets brochés ou brodés. Les étoffes unies de la Chine n'ont pas befoin d'indul…gence. Elles font parfaites, ainfi que leurs couleurs, le verd & le rouge en particulier. Le blanc du damas a un agrément infini. Les Chinois n'employent à cet ouvrage …que des foies de Tche-Kiang. Ils font, comme nous, dé…bouillir la chaîne à fonds, mais ils ne cuifent la trame qu'à …mi. Cette méthode conferve à l'étoffe un peu de corps …de fermeté. Les blancs en font roux, fans être jaunê…tes, & délicieux à la vue, fans avoir ce grand éclat qui …a fatigue. Elle ne fe repofe pas moins agréablement fur …e vernis Chinois.

Le vernis eft une efpece de gomme liquide de couleur …rouffâtre. Celui du Japon eft préférable à ceux du Ton…quin & de Siam, qui ont eux-mêmes une grande fupério…rité fur celui de Camboge. Les Chinois en achetent dans …tous les marchés; parce que celui qu'ils tirent de plufieurs …de leurs provinces ne fuffit pas à leur confommation. L'ar…bre qui le donne fe nomme Tfi-chu, & a l'écorce, ainfi …que la feuille du frêne. Sa plus grande élévation eft de …quinze pieds, & fa groffeur commune de deux pieds & de…mi. Il ne produit ni fleurs ni fruits, & fe multiplie ainfi. Au printems, lorfque la féve du Tfi-chu commence à …e développer, il faut choifir le plus vigoureux des rejet…tons qui fortent du tronc de l'arbre. On l'enduit d'une terre …jaune que l'on enveloppe d'une natte propre à le défen-

XLV.
Les Eu-
ropens
achetent
des ouvra-
ges de ver-
nis & du pa-
pier à la
Chine.

dre des impreſſions de l'air. Si le rejetton pouſſe rapidement des racines, on le coupe & on le plante en automn-
ne. Si la nature eſt plus tardive, on remet l'opération à
un autre tems. En quelque ſaiſon qu'elle ſe faſſe, il faut
garantir des fourmis le nouveau plant, en rempliſſant de
cendres la foſſe qui lui eſt deſtinée.

Ce n'eſt qu'à ſept ou huit ans que le Tſi-chu offre ſon
vernis, & c'eſt en été qu'il le donne. Il coule de différentes inciſions faites de diſtance en diſtance à l'écorce ſeule.
Une coquille reçoit la liqueur à chaque fente. La récolte
peut paſſer pour bonne lorſque mille arbres rendent dans
une nuit vingt livres de vernis. Cette gomme eſt ſi dangereuſe, que ceux qui la mettent en œuvre ſont obligés,
pour ſe garantir de ſa malignité, de prendre les précautions les plus ſuivies. Les ouvriers ſe frottent les mains &
le viſage d'huile de rabette, avant & après le travail. Ils
ont un maſque, des gants, des bottines, & un plaſtron
devant l'eſtomac.

Le vernis s'employe de deux manieres. Dans la premiere, l'on frotte le bois d'une huile particuliere aux Chinois; & dès qu'elle eſt ſéche l'on applique le vernis. Sa
tranſparence eſt telle que les veines du bois paroiſſent
peintes, ſi l'on n'en met que deux ou trois couches. Il n'y
a qu'à les multiplier pour donner au vernis l'éclat du miroir.

L'autre maniere eſt plus compliquée. Avec le ſecours
d'un maſtic, on colle ſur le bois une eſpece de carton. Ce
fonds uni & ſolide reçoit ſucceſſivement pluſieurs couches
de vernis. Il ne doit être ni trop épais, ni trop liquide; &
c'eſt à ſaiſir ce juſte milieu que conſiſte principalement le
mérite de l'artiſte.

De quelque maniere que le vernis ſoit employé, il rend
le bois comme incorruptible. Les vers ne s'y établiſſent

que difficilement, & l'humidité n'y pénétre prefque jamais, il ne faut qu'un peu d'attention pour empêcher que l'odeur même ne s'y attache.

L'agrément du vernis répond à fa folidité. Il fe prête à l'or, à l'argent, à toutes les couleurs. On y peint des hommes, des campagnes, des palais des chaffes, des combats. Il ne laifferoit rien à defirer, fi de mauvais deffins Chinois ne le déparoient généralement.

Malgré ce vice, les ouvrages de vernis exigent des foins extrêmement fuivis. On leur donne au moins neuf ou dix couches, qui ne fauroient être trop légeres. Il faut laiffer entre elles un intervalle fuffifant, pour qu'elles puiffent bien fécher. L'efpace doit être encore plus confiderable entre la derniere couche, & le moment où l'on commence à polir, à peindre & à dorer. Pour tous ces travaux, un été fuffit à peine à Nankin, dont les atteliers fourniffent la cour & les principales villes de l'empire. A Canton on va plus vîte. Comme les Européens demandent beaucoup d'ouvrages; qu'ils les veulent affortis à leurs idées, & qu'ils ne donnent que peu de tems pour les exécuter; tout fe fait avec précipitation. L'artifte, forcé de renoncer au bon, borne fon ambition à produire des effets qui puiffent arrêter agréablement la vue. Le papier n'a jamais les mêmes imperfections.

Originairement, les Chinois écrivoient avec un poinçon de fer fur des tablettes de bois, qui, réunies, formoient des volumes. Dans la fuite ils tracerent leurs caractères fur des piéces de foie ou de toile, auxquelles on donnoit la longueur & la largeur dont on avoit befoin. Enfin le fecret du papier fut trouvé il y a feize fiécles.

On croit communément que ce papier fe fait avec de la foie. Ceux auxquels la pratique des arts eft un peu fa-

miliere, n'ignorent pas qu'il eſt impoſſible de diviſer ſuffi-
ſamment la ſoie pour en compoſer une pâte uniforme.
C'eſt le coton qui eſt la matiere du bon papier Chinois,
d'un papier qui ſeroit comparable, peut-être même ſupé-
rieur au nôtre, s'il ſe conſervoit auſſi longtems.

Le papier inférieur, celui qui n'eſt pas deſtiné à l'é-
criture, eſt compoſé de la premiere ou ſeconde écorce
du mûrier, de l'orme, du cotonier, & ſur-tout du Bam-
bou. Ces matieres, après avoir pourri dans des eaux
bourbeuſes, ſont enterrées dans la chaux. On les blanchit au ſoleil, & des chaudieres bouillantes les réduiſent
en une pâte fluide qui eſt étendue ſur des claies, d'où il
ſort des feuilles de dix ou douze pieds, & même davantage. C'eſt de ce papier que ſont formés les ameublemens Chinois. Il plaît ſinguliérement par les formes,
l'éclat & la variété que l'induſtrie a ſçu lui donner.

Quoique ce papier ſe coupe, qu'il prenne l'humidité,
& que les vers l'attaquent, il eſt devenu un objet de
commerce. L'Europe a emprunté de l'Aſie l'idée d'en
meubler des cabinets, d'en compoſer des paravents.
Cependant ce goût commence à paſſer. Déja les papiers
Anglois remplacent ceux de la Chine, & les banniront
ſans doute lorſqu'ils auront atteint plus de perfection.
Les François imitent cette nouveauté, & il eſt vraiſemblable que toutes les nations l'adopteront.

Outre les objets dont on a parlé, les Européens achè-
tent à la Chine de l'encre, du camphre, du borax, de
la rhubarbe, de la gomme lacque, du rottin, eſpece de
canne qui ſert à faire des fauteuils, & ils y achetoient
autrefois de l'or.

En Europe un marc d'or vaut à-peu-près quatorze
marcs & demi d'argent. S'il exiſtoit un pays où il

valût vingt, nos négocians y en porteroient, pour l'é-
changer contre de l'argent. Ils nous rapporteroient cet
argent, pour l'échanger contre de l'or, auquel ils donne-
roient la même deftination. Cette activité continueroit
jufqu'à ce que la valeur relative des deux métaux fe trou-
vât à-peu-près la même dans les deux contrées. Le même
intérêt fit envoyer long-tems à la Chine de l'argent pour
le troquer contre de l'or. On gagnoit à cette mutation
quarante-cinq pour cent. Les compagnies exclufives ne
firent jamais ce commerce, parce qu'un pareil bénéfice,
quelque confidérable qu'il paroiffe, auroit été fort inférieur à celui qu'elles faifoient fur les marchandifes. Leurs
agens qui n'avoient pas la liberté du choix, fe livrerent
à ces fpéculations pour leur propre compte. Ils poufferent cette branche d'induftrie avec tant de vivacité, que
bientôt ils ne trouverent pas un avantage fuffifant à la
continuer. L'or eft plus ou moins cher à Canton, fuivant la faifon où l'on l'achete. On l'a à bien meilleur
marché depuis le commencement de février jufqu'à la fin
de mai, que durant le refte de l'année où la rade eft
remplie de vaiffeaux étrangers. Cependant dans les tems
les plus favorables il n'y a que dix-huit pour cent à gagner, gain infuffifant pour tenter perfonne. Les employés
de la compagnie de France font les feuls qui n'ayent pas
fouffert de la ceffation de ce commerce, qui leur fut toujours défendu. Les directeurs fe réfervoient exclufivement cette fource de fortune. Plufieurs y puifoient;
mais Caffanier feul fe conduifoit en grand négociant. Il
expédioit des marchandifes pour le mexique. Les piaftres
qui provenoient de leur vente, étoient portées à Acapul-
co, d'où elles paffoient aux Philippines, & de-là à la
Chine où on les convertiffoit en or. Cet habile homme,

par une circulation lumineuſe, ouvroit une carriere dans
laquelle il eſt bien étonnant que perſonne n'ait marché
après lui.

Toutes les nations Européennes qui paſſent le cap de
Bonne-Eſpérance, vont à la Chine. Les Portugais y
abordèrent les premiers. On leur céda avec un eſpace
d'environ trois milles de circonférence, Macao, ville bâtie dans un terrein ſtérile & inégal, ſur la pointe d'une
petite iſle ſituée à l'embouchure de la riviere de Canton.
Ils obtinrent la diſpoſition de la rade trop reſſerrée, mais
ſûre & commode, en s'aſſujettiſſant à payer à l'empire
tous les droits d'entrée ; & ils acheterent la liberté d'élever des fortifications, en s'engageant à un tribut annuel
de 37, 500 livres. Tout le tems que la cour de Lisbonne
donna des loix aux mers des Indes, cette place fut un entrepôt célebre. Sa proſpérité diminua dans les mêmes pro-
portions que la puiſſance des Portugais. Inſenſiblement
elle s'eſt anéantie. Macao n'a plus de liaiſon avec ſa métropole, & toute ſa navigation ſe réduit à l'expédition de
trois petits bâtimens, un pour Timor, & deux pour Goa.
Juſqu'en 1744, les foibles reſtes d'une colonie autrefois
ſi floriſſante, avoient joui d'une eſpece d'indépendance.

L'aſſaſſinat d'un Chinois détermina le vice-roi de Canton à demander à ſa cour un magiſtrat pour inſtruire,
pour gouverner les barbares de Macao ; ce furent les propres termes de la requête. On envoya un Mandarin, qui
prit poſſeſſion de la place au nom de ſon maître. Il déda-
gna habiter parmi des étrangers, pour leſquels on a un
grand mépris ; & il a établi ſa demeure à une lieue de la ville.

Les Hollandois furent encore plus maltraités il y a
près d'un ſiécle. Ces républicains qui, malgré l'aſcen-
dant qu'ils avoient pris dans les mers d'Aſie, s'étoient

u exclus de la Chine par les intrigues des Portugais , parvinrent à s'en ouvrir enfin les ports. Mécontens de l'exiftence précaire qu'ils y avoient, ils tenterent d'élever un fort auprès de Hoaung-pon , fous prétexte d'y bâtir un magafin. Leur projet étoit, dit-on , de fe rendre maîtres du cours du Tigre, & de faire également la loi aux Chinois & aux étrangers qui voudroient négocier à Canton, On démêla leurs vues, plutôt qu'il ne convenoit à leurs intérêts. Ils furent maffacrés, & leur nation n'ofa de long-tems fe montrer fur les côtes de l'empire. Elle y parut vers l'an 1730. Les premiers vaiffeaux qui y aborderent, étoient partis de Java. Ils portoient différentes productions de l'Inde en général, de leurs colonies en particulier, & les échangeoient contre celles du pays. Ceux qui les conduifoient, uniquement occupés du foin de plaire au confeil de Batavia, de qui ils recevoient immédiatement leurs ordres , & dont ils attendoient leur avançement , ne fongeoient qu'à fe défaire avantageufement des marchandifes qui leur étoient confiées , fans s'attacher à la qualité de celles qu'ils recevoient. La compagnie ne tarda pas à s'appercevoir que de cette maniere , elle ne foutiendroit jamais dans les ventes la concurrence des nations rivales. Cette confidération la détermina à faire partir directement d'Europe , des navires avec de l'argent. Ils touchent à Batavia , où ils fe chargent des denrées du pays propres pour la Chine , & reviennent directement dans nos parages , avec des cargaifons beaucoup mieux compofées qu'elles n'étoient autrefois , mais non pas auffi-bien que celles des Anglois.

De tous les peuples qui ont fait le commerce de la Chine, cette nation eft celle qui l'a le plus fuivi. Elle avoit une loge dans l'ifle de Chufan , du tems que les affaires fe traitoient principalement à Emouy. Lorsque des circonstances particulieres les eurent amenées à Canton, son activité fut toujours la même. L'obligation imposée à sa compagnie d'exporter des étoffes de laines, la détermina à y entretenir assez constamment des employés chargés de les vendre. Cette pratique jointe au goût qu'on prit dans les possessions Angloises pour le thé, fit tomber dans ses mains vers la fin du dernier siécle presque tout le commerce de la Chine avec l'Europe. Les droits énormes que mit le gouvernement sur cette consommation étrangere, ouvrirent les yeux des autres nations, de la France en particulier.

Cette monarchie avoit formé en 1660 une compagnie particuliere pour ce commerce. Un riche négociant de Rouen, nommé Fermanel, étoit à la tête de l'entreprise. Il avoit jugé qu'elle ne pouvoit être exécutée utilement qu'avec un fonds de deux cents vingt mille livres, & les souscriptions ne monterent qu'à cent quarante mille; ce qui fut cause que le voyage fut malheureux. L'éloignement qu'on avoit naturellement pour un empire, qui ne voyoit dans les étrangers que des hommes propres à corrompre ses mœurs, à entreprendre sur sa liberté, fut considérablement augmenté par les pertes qu'on avoit faites. Inutilement les dispositions de ce peuple changerent vers l'an 1685, & avec elles la maniere dont nous étions traités. Les François ne fréquenterent que rarement ses ports. La nouvelle société qu'on forma en 1698, ne mit pas plus d'activité dans ses expéditions que la premiere. Ce commerce n'a pris de la consistance que lorsqu'il a été réuni à celui des Indes, & dans la même proportion.

Les Danois & les Suédois ont commencé à fréquenter les ports de la Chine à-peu-près dans le même tems, s'y ſont gouvernés ſuivant les mêmes principes. Il eſt vraiſemblable que celle d'Embden les auroit adoptés, ſi elle eût eu le tems de prendre quelque conſiſtance.

Les achats que les Européens ſont annuellement à la Chine, peuvent s'apprécier par ceux de 1766, qui ſont montés à 26, 754, 494. liv. Cette ſomme, dont le thé ſeul abſorbe plus des quatre cinquiémes, a été payée en piaſtres ou en marchandiſes, apportées par vingt-trois vaiſſeaux. La Suede a fourni, 1, 935, 168 liv. en argent; & en étain, en plomb, en autres marchandiſes, 427, 500 liv. Le Danemarck, 2, 161, 630 livres; & en fer, plomb, & pierres à fuſil, 231, 000 livres. La France, 4, 000, 000 livres en argent, & 400, 000 l. en draperies. La Hollande, 2, 735, 400 liv. en argent, 44, 600 livres en lainages, & 4, 000, 150 livres en productions de ſes colonies. La Grande-Bretagne, 5, 443, 566 livres en argent, 2, 000, 475 livres en étoffes de laine, & 3, 375, 000 livres, en pluſieurs objets tirés de diverſes parties de l'Inde. Toutes ces ſommes réunies forment un total de 26, 754, 494 livres. Nous ne faiſons pas entrer dans ce calcul dix millions en argent que les Anglois ont porté de plus que nous n'avons dit; parce qu'ils étoient deſtinés à payer les dettes que cette nation avoit contractées, ou à former un fonds d'avance pour négocier dans l'intervalle des voyages.

Il n'eſt pas aiſé de prévoir ce que deviendra ce commerce. Quelque paſſion qu'ait la Chine pour l'argent, elle paroît plus portée à fermer ſes ports aux Européens que diſpoſée à leur faciliter les moyens d'étendre leurs opérations. A meſure que l'eſprit Tartare s'eſt affoibli, que les conquérans ſe ſont nourris des maximes du peuple vaincu, ils ont adopté ſes idées, ſon averſion, ſon

XLVI.
A quelles ſommes s'élevent les achats que les Européens ſont à la Chine

XLVII.
Que deviendra le commerce de l'Europe avec la Chine?

mépris en particulier pour les étrangers. Ces difpofitions fe font manifeftées par des gênes humiliantes, qui ont fucceffivement remplacé les égards qu'on avoit pour eux. De cette fituation équivoque à une expulfion entiere, il n'y a pas bien loin. Elle pourroit être d'autant plus prochaine, qu'il y a une nation active, qui s'occupe peut être en fecret des moyens de l'effectuer.

Les Hollandois voyent, comme tout le monde, que l'Europe a pris un goût vif pour plufieurs productions Chinoifes. Ils doivent penfer, que l'impoffibilité de les tirer directement du lieu de leur origine, n'en anéantiroit pas la confommation. Si nous étions tous exclus de l'empire, fes fujets exporteroient eux-mêmes leurs marchandifes. Comme l'imperfection de leur marine ne leur permet pas de pouffer loin leur navigation, ils ne pourroient les dépofer qu'à Java ou aux Philippines ; & nous ferions réduits à les tirer de l'une des deux nations à qui ces colonies appartiennent. La concurrence des Efpagnols eft fi peu à craindre, que les Hollandois feroient affurés de voir ce commerce entier tomber dans leurs mains. Il eft horrible de foupçonner ces républicains d'une politique fi baffe ; mais perfonne n'ignore que des moindres intérêts les ont déterminés à des actions plus odieufes.

Si les ports de la Chine étoient une fois fermés, il eft vraifemblable qu'ils le feroient pour toujours. L'obftination de cette nation, ne lui permettroit jamais de revenir fur fes pas, & nous ne voyons point que la force pût l'y contraindre. Quels moyens pourroit-on employer contre un état dont la nature nous a féparés par un efpace de huit mille lieues ? Il n'eft point de gouvernement affez dépourvu de lumieres, pour imaginer que des équipages fatigués ofaffent tenter des conquêtes dans un pays dé-

...du par un peuple innombrable, quelque lâche qu'on ...pofe une nation avec laquelle les Européens ne fe font ...s encore mefurés. Les coups qu'on lui porteroit fe ré... iroient à intercepter fa navigation dont elle s'occupe ...u, & qui n'intéreffe ni fes commodités ni fa fubfiftance. Cette vengeance inutile n'auroit même qu'un tems fort borné. Les vaiffeaux deftinés à cette croifiere de piraterie, feroient écartés de ces parages une partie de l'année les mouçons, & l'autre partie par les tempêtes nommées typhons, qui font particulieres aux mers de la Chine.

Après avoir développé la maniere dont les nations de l'Europe ont conduit jufqu'à préfent le commerce des Indes, il convient d'examiner trois queftions qui femblent naître du fond du fujet, & qui ont partagé jufqu'ici les écrits. Doit-on continuer ce commerce ? Les grands établiffemens font-ils néceffaires pour le faire avec fuccès? Faut-il le laiffer dans les mains des compagnies exclufives ? Nous porterons dans cette difcuffion l'impartialité d'un homme de lettres, qui n'a dans cette caufe d'autre rêt que celui du genre-humain.

Ceux qui voudront confidérer l'Europe comme ne formant qu'un feul corps, dont les membres font unis entre eux par un intérêt commun, ou du moins femblable, ne mettront pas en problême fi fes liaifons avec l'Afie lui font avantageufes. Le commerce des Indes augmente évidemment la maffe de nos jouiffances. Il nous donne des boiffons faines & délicieufes, des commodités plus recherchées, des ameublemens plus gais, quelques nouveaux plaifirs, une exiftence plus agréable. Des attraits fi puiffans ont également agi fur les peuples qui, par leur ...tion, leur activité, le bonheur de leurs découvertes, la hardieffe de leurs entreprifes, pouvoient aller puifer ces

XLVIII.
L'Europe doit - elle continuer fon commerce avec les Indes?

délices à leur fource; & fur les nations qui n'ont pu
les procurer que par le canal intermédiaire des états maritimes, dont la navigation faifoit refluer dans tout notre
continent la furabondance de ces voluptés. La paffion
des Européens pour ce luxe étranger a été fi vive, que
ni les plus fortes impofitions, ni les prohibitions, & les
peines les plus féveres, n'ont pu l'arrêter. Après avoir
lutté vainement contre un penchant qui s'irritoit par les
obftacles, tous les gouvernemens ont été forcés de céder
au torrent, quoique des préjugés univerfels, cimentés
par le tems & l'habitude, leur fiffent regarder cette complaifance comme nuifible à la ftabilité du bonheur général des nations.

Il étoit tems que cette tyrannie finît. Doutera-t-on que
ce foit un bien d'ajouter aux jouiffances propres d'un climat, celles qu'on peut tirer des climats étrangers? La
fociété univerfelle exifte pour l'intérêt commun, & par
l'intérêt réciproque de tous les hommes qui la compofent.
De leur communication il doit réfulter une augmentation
de félicité. Le commerce eft l'exercice de cette précieufe
liberté, à laquelle la nature a appellé tous les hommes, a
attaché leur bonheur, & même leurs vertus. Difons plus;
nous ne les voyons libres que dans le commerce; ils ne
le deviennent que par les loix qui favorifent réellement
le commerce: & ce qu'il y a d'heureux en cela, c'eft
qu'en même tems qu'il eft le produit de la liberté, il la
à la maintenir.

On a mal vu l'homme, quand on a imaginé que
pour le rendre heureux, il falloit l'accoutumer aux privations. Il eft vrai que l'habitude des privations diminue la fomme de nos malheurs; mais en retranchant
encore plus fur nos plaifirs que fur nos peines, il

con-

conduit l'homme à l'insensibilité plutôt qu'au bonheur. S'il a reçu de la nature un cœur qui demande à sentir ; si son imagination le promene sans cesse malgré lui sur des projets ou des fantômes de félicité qui le flattent ; laissez à son ame inquiette un vaste champ de jouissance à parcourir. Que notre intelligence nous apprenne à voir dans les biens dont nous jouissons, des motifs de ne pas regretter ceux auxquels nous ne pouvons atteindre : c'est-là le fruit de la sagesse. Mais exiger que la raison nous persuade, de rejetter ce que nous pourrions ajouter à ce que nous possédons, c'est contredire la nature, c'est anéantir peut-être les premiers principes de la sociabilité.

Comment réduire l'homme à se contenter de ce peu que les moralistes prescrivent à ses besoins ? Comment fixer les limites du nécessaire, qui varie avec sa situation, ses connoissances & ses desirs ? A peine eut-il simplifié par son industrie les moyens de se procurer la subsistance, qu'il employa le tems qu'il venoit de gagner, à étendre les bornes de ses facultés & le domaine de ses jouissances. De-là naquirent tous les besoins factices. La découverte d'un nouveau genre de sensations excita le desir de les conserver, & la curiosité d'en imaginer d'une autre espece. La perfection d'un art introduisit la connoissance de plusieurs. Le succès d'une guerre occasionnée par la faim ou par la vengeance, donna la tentation des conquêtes. Les hazards de la navigation jetterent les hommes dans la nécessité de se détruire ou de se lier. Il en fut des traités de commerce entre les nations séparées par la mer, comme des pactes de société entre les hommes semés & rapprochés par la nature sur une même terre. Tous

ces rapports commencerent par des combats, & fini-
rent par des aſſociations. La guerre & la navigation
ont mêlé les ſociétés & les peuplades. Dès lors, les
hommes ſe ſont trouvés liés par la dépendance ou la
communication. L'alliage des nations fondues enſemble
dans l'incendie des guerres, s'épure & ſe polit par le
commerce. Dans ſa deſtination, le commerce veut que
toutes les nations ſe regardent comme une ſociété unique, dont tous les membres ont également droit de
participer aux biens de tous les autres. Dans ſon objet
& ſes moyens, le commerce ſuppoſe le deſir & la liberté
concertée entre tous les peuples, de faire tous les échanges qui peuvent convenir à leur ſatisfaction mutuelle.
Deſir de jouir, liberté de jouir; il n'y a que ces deux
reſſorts d'activité, que ces deux principes de ſociabilité,
parmi les hommes.

Que peuvent oppoſer à ces raiſons d'une communication libre & univerſelle, ceux qui blâment le commerce de l'Europe avec les Indes? Qu'il entraîne une
perte conſidérable d'hommes; qu'il arrête le progrès de
notre induſtrie; qu'il diminue la maſſe de notre argent.
Il eſt aiſé de détruire ces objections.

Tant que les hommes jouiront du droit de ſe choiſir
une profeſſion, d'employer à leur gré leurs facultés, ne
ſoyons pas inquiets de leur deſtinée. Comme dans l'état
de liberté chaque choſe a le prix qui lui convient, ils
ne braveront aucun danger qu'autant qu'ils en ſeront
payés. Dans des ſociétés bien ordonnées, chaque indi-
vidu doit être le maître de faire ce qui convient le mieux
à ſon goût, à ſes intérêts, tant qu'il ne bleſſe en rien la
propriété, la liberté des autres. Une loi qui interdiroit
tous les travaux où les hommes peuvent courir le riſque

de leur vie, condamneroit une grande partie du genre humain à mourir de faim, & priveroit la fociété d'une foule d'avantages. On n'a pas befoin de paffer la ligne pour faire un métier dangereux; & fans fortir de l'Europe, on trouveroit des profeffions beaucoup plus deftructives de l'efpece humaine que la navigation des Indes. Si les périls des voyages maritimes moiffonnent quelques hommes, donnons à la culture de nos terres toute la protection qu'elle mérite, & notre population fera fi nombreufe, que l'état pourra moins regretter les victimes volontaires que la mer engloutit. On peut ajouter que la plupart de ceux qui périffent dans ces voyages de long cours, font enlevés par des caufes accidentelles, qu'il feroit facile de prévenir par un régime de vie plus fain, & par une conduite plus réglée. Mais quand on ajoute aux vices de fon climat & de fes mœurs, les vices corrupteurs des climats où l'on aborde ; comment réfifter à ce double principe de deftruction ?

En fuppofant même que le commerce des Indes dût coûter à l'Europe autant d'hommes que l'on prétend qu'il en abforbe ou qu'il en fait périr, eft-il bien certain que cette perte n'eft pas réparée & compenfée par les travaux dont il eft la fource, & qui nourriffent, qui multiplient la population ? Les hommes difperfés fur les vaiffeaux qui voguent vers ces parages, n'occuperoient-ils pas fur la terre une place qu'ils laiffent à remplir par des hommes à naître ? Qu'on jette un regard attentif fur le grand nombre d'habitans qui couvrent le territoire refferré des peuples navigateurs, & l'on fera convaincu que ce n'eft pas la navigation d'Afie, ni même la navigation en général, qui diminue la population des Européens, mais qu'elle feule balance peut-être toutes les caufes de

dépériſſement & de décadence de l'eſpece humaine. P
ſurons encore ceux qui craignent que le commerce des In:
ne diminue les occupations & les profits de notre induſt:

Quand il ſeroit vrai que cette communication au:
arrêté quelques-uns de nos travaux, à combien d'au:
n'a-t-elle pas donné naiſſance ? La navigation lui d
une grande extenſion. Nos colonies en ont reçu la c:
ture du ſucre, du café & de l'indigo. Pluſieurs de :
manufactures ſont alimentées par ſes ſoies & par :
cotons. Si la Saxe & d'autres contrées de l'Europe f:
de belles porcelaines ; ſi Valence fabrique des Peki:
ſupérieurs à ceux de la Chine même; ſi la Suiſſe im:
les mouſſelines & les toiles brodées de Bengale ; ſi l'A:
gleterre & la France impriment ſupérieurement des t:
ſes; ſi tant d'étoffes inconnues autrefois dans nos c:
mats occupent aujourd'hui nos meilleurs artiſtes, n'eſ
ce pas de l'Inde que nous tenons tous ces avantages?

Allons plus loin , & ſuppoſons que nous ne devo:
aucun encouragement, aucune connoiſſance à l'Aſie, l:
conſommation que nous faiſons de ſes marchandiſes n'en
doit pas nuire davantage à notre induſtrie. Car avec qu:
les payons-nous ? N'eſt-ce pas avec le prix de nos ouvra:
ges portés en Amérique ? Je vends à un Eſpagnol pou:
cent francs de toile, & j'envoie cet argent aux Indes. U:
autre envoie aux Indes la même quantité de toile :
nature. Lui & moi en rapportons du thé. Eſt-ce qu'à
fond notre opération n'eſt pas la même ? Eſt-ce que no:
n'avons pas également converti en thé une valeur de ce:
francs en toile? Nous ne différons, qu'en ce que l'un f:
ce changement par deux procédés , & que l'autre le f:
par le moyen d'un ſeul. Suppoſez que les Eſpagnols :
lieu d'argent me donnent d'autres marchandiſes d:

l'Inde soit curieuse : est-ce que j'aurai diminué les travaux de la nation quand j'aurai porté ces marchandises aux Indes? N'est-ce pas la même chose que si j'y avois porté nos productions en nature? Je pars d'Europe avec des manufactures nationales. Je les vais changer dans la mer du Sud contre des piastres. Je porte ces piastres aux Indes. J'en rapporte des choses utiles ou agréables. Ai-je rétréci l'industrie de l'état? Non, j'ai étendu la consommation de ses produits, & j'ai multiplié ses jouissances. Ce qui trompe les gens prévenus contre le commerce des Indes, c'est que les piastres arrivent en Europe avant d'être transportées en Asie. En derniere analyse, que l'argent soit ou ne soit pas employé comme gage intermédiaire, j'ai échangé directement ou indirectement avec l'Asie, des choses usuelles contre des choses usuelles, mon industrie contre son industrie, mes productions contre ses productions.

Mais s'écrient quelques esprits chagrins, l'Inde a englouti dans tous les tems les trésors de l'univers. Depuis que le hazard a donné aux hommes la connoissance de la métallurgie, disent ces censeurs, on n'a cessé de cultiver cet art.. L'avarice, pale, inquiette, n'a pas quitté ces rochers stériles, où la nature avoit enfoui sagement des perfides trésors. Arrachés des abymes de la terre, ils ont toujours continué de se répandre sur sa surface, d'où, malgré l'extrême opulence des Romains, de quelques autres peuples, on les a vus disparoître en Europe, en Afrique, dans une partie de l'Asie même. Les Indes les ont absorbés. L'argent prend encore aujourd'hui la même route. Il coule sans interruption de l'Occident au fond de l'Orient, & s'y fixe sans que rien puisse jamais le faire rétrograder. C'est donc pour les Indes que les mines du Pérou sont ouvertes ; c'est donc pour les Indiens que les Européens ſe ſont ſouillés de tant de crimes en Amérique. Tandis que les Eſpagnols épuiſent le ſang de leurs eſclaves dans le Mexique, pour arracher l'argent des entrailles de la terre, les Banians ſe fatiguent encore davantage pour l'y faire rentrer. Si jamais les richeſſes du Potoſi tariſſent ou s'arrêtent, notre avidité ſans doute ira les déterrer ſur les côtes du Malabar, où nous les avons apportées. Après avoir épuiſé l'Inde de perles & d'aromates, nous irons peut-être les armes à la main y ravir le prix de ce luxe. Ainſi nos cruautés & nos caprices entraîneront l'or & l'argent dans de nouveaux climats, où l'avarice & la ſuperſtition les enfouiront encore.

Ces plaintes ne ſont pas ſans fondement. Depuis que les autres parties du monde ont ouvert leur communication avec l'Inde, elles ont toujours échangé des métaux contre des arts & des denrées. La nature a prodigué aux Indiens le peu dont ils ont beſoin; le climat leur interdit notre luxe, & la religion leur donne de l'éloignement pour les choſes qui nous ſervent de nourriture. Comme leurs uſages, leurs mœurs, leur gouvernement, ſont reſtés les mêmes au milieu des révolutions qui ont bouleverſé leur pays, il n'eſt pas permis d'eſpérer qu'ils puiſſent jamais changer. L'Inde a été, l'Inde ſera ce qu'elle eſt. Tout le tems qu'on y fera le commerce, on y portera de l'argent, on en rapportera des marchandiſes. Mais avant de ſe récrier contre l'abus de ce commerce, il faut en ſuivre la marche, en voir le réſultat.

D'abord il eſt conſtant que notre or ne paſſe pas aux Indes. Ce qu'elles en produiſent eſt augmenté continuellement de celui du Monomotapa, qui y arrive par la côte orientale de l'Afrique & par la mer Rouge; de celui des Turcs, qui y entre par l'Arabie & par

Baffora; de celui de Perfe, qui prend la double route de l'océan & du continent. Jamais celui que nous tirons des colonies Efpagnoles & Portugaifes, ne groffit cette maffe énorme. En général, nous fommes fi éloignés d'envoyer de l'or dans les mers d'Afie, que pendant longtems nous avons porté de l'argent à la Chine, pour l'y échanger contre de l'or.

L'argent même que l'Inde reçoit de nous ne forme pas une auffi groffe fomme qu'on feroit tenté de le croire, en voyant la quantité immenfe de marchandifes que nous en tirons. Leur vente annuelle s'élève depuis quelque tems à cent cinquante millions. En fuppofant qu'elles n'ont coûté que la moitié de ce qu'elles ont produit, il devroit être paffé dans l'Inde pour leur achat foixante-quinze millions, fans compter ce que nous aurions dû y envoyer pour nos établiffemens. On ne craindra pas d'affurer, que depuis quelque tems toutes les nations réunies de l'Europe n'y portent pas annuellement au-delà de vingt-quatre millions. Huit millions fortent de France, fix millions de Hollande, trois millions d'Angleterre, trois millions de Dannemarck, deux millions de la Suede, & deux millions du Portugal. Il faut donner de la vraifemblance à ce calcul.

Quoiqu'en général les Indes n'ayent nul befoin, ni de nos denrées, ni de nos manufactures, elles ne laiffent pas de recevoir de nous, en fer, en plomb, en cuivre, en étoffes de laine, en quelques autres articles moins confidérables, pour la valeur du cinquiéme au moins de ce qu'elles nous fourniffent.

Ce moyen de payer eft groffi, par les reffources que les Européens trouvent dans leurs poffeffions d'Afie. Les plus confidérables, de beaucoup, font celles

R 4

que les iſles à épiceries fourniſſent aux Hollandois & le Bengale aux Anglois.

Les fortunes que les marchands libres & les agens des compagnies font aux Indes, diminuent encore l'exportation de nos métaux. Ces hommes actifs verſent leurs capitaux dans les caiſſes de leur nation, dans les caiſſes des nations étrangeres, pour en être payés en Europe, où ils reviennent tous un peu plutôt, un peu plus tard. Ainſi, une partie du commerce ſe fait aux Indes, avec l'argent gagné dans le pays même.

Il arrive encore des événemens, qui mettent dans nos mains les tréſors de l'Orient. Qui peut douter qu'en renverſant des trônes dans le Décan & dans le Bengale, & en diſpoſant à leur gré de ces grandes places, les François & les Anglois n'ayent mis dans leurs mains les richeſſes accumulées dans ces contrées opulentes depuis tant de ſiécles? Il eſt viſible que ces ſommes réunies à d'autres moins conſidérables, que les Européens ont acquiſes par la ſupériorité de leur intelligence & de leur courage, ont dû retenir parmi nous beaucoup d'argent, qui, ſans ces révolutions, auroit pris la route de l'Aſie.

Cette riche partie du monde, nous a même reſtitué une partie des tréſors que nous y avions verſés. Perſonne n'ignore l'expédition de Koulikan dans l'Inde; mais tout le monde ne ſait pas que ce terrible vainqueur arracha à la molleſſe, à la lâcheté des Mogols, pour plus de deux milliards en eſpeces, ou en effets précieux. Le palais ſeul de l'empereur, en renfermoit d'ineſtimables & ſans nombre. La ſalle du trône étoit revêtue de lames d'or. Des diamans en ornoient le plafond. Douze colonnes d'or maſſif, garnies de perles &

e pierres précieuses, formoient trois côtés du trône, dont le dais sur-tout étoit digne d'attention. Il repréfentoit la figure d'un paon, qui, étendant sa queue & ses ailes, couvroit le monarque de son ombre. Les diamans, les rubis, les émeraudes, toutes les pierreries dont ce prodige de l'art étoit compofé, repréfentoient au naturel les couleurs de cet oiseau brillant. Sans doute qu'une partie de ces richeffes eft rentrée dans l'Inde. Les guerres cruelles, qui, depuis ce tems-là ont défolé la Perfe, auront fait enterrer bien des tréfors venus de la conquête du Mogol. Mais il n'eft pas poffible que différentes branches de commerce n'en ayent fait couler quelques parties en Europe, par des canaux trop connus pour en parler ici.

Admettons, fi l'on veut, qu'il n'en ait rien reflué parmi nous; la caufe de ceux qui condamnent le commerce des Indes, parce qu'il fe fait avec des métaux, n'en fera pas meilleure. Il eft aifé de le prouver. L'argent ne croît pas dans nos champs; c'eft une production de l'Amérique, qui nous eft tranfmife en échange de nos productions. Si l'Europe ne le verfoit pas en Afie, bientôt l'Amérique feroit dans l'impoffibilité de le verfer en Europe. Sa furabondance dans notre continent, lui feroit tellement perdre de fa valeur, que les nations qui nous l'apportent ne pourroient plus en tirer de leurs colonies. Une fois que l'aune de toile, qui vaut préfentement vingt fols, fera montée à une piftole, les Efpagnols ne pourront plus l'acheter pour la porter dans le pays où croît l'argent. Ce métal leur coûte à exploiter. Dès que la dépenfe de cette exploitation fera décuplée, fans que l'argent ait augmenté de prix; cette exploitation, plus onéreufe que profitable à fes entrepreneurs, fera néceffairerement abandonnée. Il ne viendra plus de métaux du nouveau monde, dans l'ancien. L'Amérique ceſſera d'exploiter ſes meilleures mines; comme par dégrés, elle ſe vue forcée d'abandonner les moins abondantes. Cet évènement ſeroit même déja arrivé, ſi elle n'avoit trouvé un débouché d'environ trois milliards en Aſie, par la route du cap de Bonne-Eſpérance ou par celle des Philippines. Ainſi ce verſement de métaux dans l'Inde, que tant de gens aveuglés par leurs préjugés ont regardé juſqu'ici comme ſi ruineux, a été également utile, & à l'Eſpagne dont il a ſoutenu l'unique manufacture, & aux autres peuples, qui, ſans cela, n'auroient pu continuer à vendre, ni leurs productions, ni leur induſtrie. Le commerce des Indes ainſi juſtifié, il convient d'examiner s'il a été conduit dans les principes d'une politique judicieuſe.

XLIX.
L'Europe a-t-elle beſoin de grands établiſſemens dans les indes pour y faire le commerce.

Tous les peuples de l'Europe, qui ont doublé le cap de Bonne-Eſpérance, ont cherché à fonder de grands Empires en Aſie. Les Portugais, qui ont montré la route de ces riches contrées, ont donné, les premiers, l'exemple d'une ambition ſans bornes. Peu contens de s'être rendus les maîtres des iſles, dont les productions étoient précieuſes, d'avoir élevé des fortereſſes par-tout où il en falloit, pour mettre dans leur dépendance la navigation de l'Orient; ils voulurent donner des loix à Malabar, qui, partagé en pluſieurs petites ſouverainetés jalouſes ou ennemies les unes des autres, fut forcé de ſubir le joug.

Les Eſpagnols ne montrerent pas d'abord plus de modération. Avant même d'avoir achevé la conquête des Philippines, qui devoient former le centre de leur puiſſance, ils firent des efforts pour étendre plus loin le domination. Si depuis ils n'ont pas affujetti le refte de cet immenfe archipel, s'ils n'ont pas rempli de leurs fureurs tous les lieux voifins ; il faut chercher la caufe de leur inaction dans les tréfors de l'Amérique, qui, fans affouvir leurs defirs, ont fixé leurs vues.

Les Hollandois enleverent au Portugal les meilleurs poftes qu'il avoit dans le continent, & le chafferent de toutes les ifles où croiffent les épicéries. Ils n'ont réuffi à conferver ces poffeffions, de même que celles qu'ils y ont ajoutées, qu'en établiffant un gouvernement moins vicieux que celui du peuple fur les ruines duquel ils s'élevoient.

Les pas incertains & lents des François, ne leur ont pas permis pendant long-tems de former de grands projets ou de les fuivre. Dès qu'ils fe font trouvés en force, ils ont profité du renverfement de l'autorité Mogole, pour ufurper l'Empire du Coromandel. On leur a vu conquérir, ou fe faire céder par des négociations artificieufes, un terrein plus étendu qu'aucune puiffance Européenne n'en avoit jamais poffédé dans l'Indoftan.

Les Anglois, plus fages, n'ont travaillé à s'agrandir, qu'après avoir dépouillé les François, & lorfqu'aucune nation rivale ne pouvoit les traverfer. La certitude de n'avoir, enfin, que les naturels du pays à combattre, les a déterminés à porter leurs armes dans le Bengale. C'étoit la contrée de l'Inde qui devoit leur fournir le plus de marchandifes propres pour les marchés d'Afie & d'Europe, celle qui devoit le plus confommer de leurs manufactures, celle enfin, qu'à la faveur d'un grand fleuve, leur pavillon pouvoit le plus aifément tenir dans leur dépendance. Ils ont vaincu, & ils fe flattent de jouir long-tems du fruit de leurs victoires.

Leurs fuccès, ceux des François, ont confondu toutes les nations. On comprend fans peine comment des
ifles abandonnées à elles-mêmes, fans aucune liaifon
avec leurs voifins, fans avoir ni l'art, ni les moyens de
fe défendre, ont pu être fubjuguées. Mais des victoires
remportées de nos jours, dans le continent, par cinq
ou fix cens Européens, fur des armées innombrables de
Gentils & de Mahométans, inftruits la plûpart dans les
arts de la guerre, caufent un étonnement dont on ne
revient pas. Les efprits devroient être cependant préparés de loin à ces étranges fcènes.

A peine les Portugais parurent dans l'Orient, qu'un
petit nombre de vaiffeaux & de foldats y bouleverferent
les royaumes. Il ne fallut que l'établiffement de quelques comptoirs, la conftruction de quelques forts, pour
abattre les puiffances de l'Inde. Lorfqu'elles ceffesent
d'être opprimées par les premiers conquérans, elles le furent par ceux qui les chaffoient & les remplaçoient. L'hiftoire de ces délicieufes contrées, ceffa d'être l'hiftoire des
naturels du pays ; & ne fut plus que celle de leurs tyrans.

Mais qu'étoit-ce donc que ces hommes finguliers,
qui ne s'inftruifoient jamais à l'école du malheur & de
l'expérience ; qui fe livroient eux-mêmes, fans défenfe,
à leur ennemi commun ; qui n'apprenoient pas de leurs
défaites continuelles, à repouffer quelques aventuriers
que la mer avoit comme vomis fur leurs côtes ? Ces
hommes toujours dupes & toujours victimes, étoient-ils
de la même efpece que ceux qui les attaquoient ? Pour
réfoudre ce problême, il fuffira de remonter aux caufes
de la lâcheté des Indiens ; & nous commencerons par le
defpotifme qui les écrafe.

Il n'est point de nation, qui, en se poliçant, ne perde sa vertu, de son courage, de son amour pour l'inépendance ; & il est tout simple que les peuples du midi de l'Asie, s'étant les premiers assemblés en société, ayent été les premiers exposés au despotisme. Telle a été, depuis l'origine du monde, la marche de toutes les associations. Une autre vérité également prouvée par l'histoire, c'est que toute puissance arbitraire se précipite vers sa destruction, & que des révolutions plus ou moins rapides, ramenent par-tout un peu plutôt, un peu plus tard la liberté. On ne connoît guère que l'Indostan, où les habitans ayant une fois perdu leurs droits, ne soient jamais parvenus à les recouvrer. Les tyrans sont cent fois tombés, mais la tyrannie s'est toujours maintenue.

A l'esclavage politique, s'est joint l'esclavage civil. L'Indien n'est pas le maître de sa vie : on n'y connoît point de loi qui la protege contre les caprices du despote, ni même contre les fureurs de ses délégués. Il n'est pas le maître de son esprit : l'étude de toutes les sciences intéressantes pour l'humanité lui est interdite ; & toutes celles qui sont reçues concourent à son abrutissement. Il n'est pas le maître du champ qu'il cultive : les terres & leurs productions appartiennent au Souverain ; & c'est beaucoup pour le laboureur, s'il peut se promettre de son travail une nourriture suffisante pour lui & pour sa famille. Il n'est pas le maître de son industrie : tout artiste qui a eu le malheur de montrer un peu de talent, court risque d'être destiné au service du chef de l'empire, de ses lieutenans, ou de quelque homme riche, qui aura acheté le droit de l'occuper à sa fantaisie. Il n'est pas le maître de ses richesses : pour se souftraire aux vexations, il dépose son or dans le sein de la terre, & l'y laisse enseveli même à sa mort, avec la folle persuasion qu'il lui servira dans une autre vie. Peut-on douter qu'une autorité absolue, arbitraire, tyrannique, qui enveloppe, pour ainsi-dire, l'Indien de tous les côtés, ne brise tous les ressorts de son ame, & ne le rende incapable des sacrifices qu'exige le courage?

Le climat de l'Indostan s'oppose aussi à de généreux efforts. La mollesse qu'il inspire met un obstacle invincible aux révolutions grandes & hardies, si ordinaires dans les régions du Nord. Le corps & l'esprit également affoiblis, n'ont que les vices & les vertus de l'esclavage. A la seconde, au plus tard à la troisiéme génération, les Tartares, les Turcs, les Persans, les Européens même, prennent la nonchalance Indienne. Sans doute que des institutions religieuses ou morales pourroient vaincre les influences physiques. Mais les superstitions du pays n'ont jamais connu ce but élevé. Jamais elles n'ont promis de récompenses dans une autre vie, au citoyen généreux qui mourroit pour la défense ou la gloire de la patrie. En conseillant, en ordonnant même quelquefois le suicide, par l'appât séduisant des délices futures, elles ont sévérement défendu l'effusion du sang.

C'étoit une suite nécessaire du systême de la métempsycose. Ce dogme doit inspirer à ses sectateurs une charité habituelle & universelle. La crainte de nuire à leur prochain, c'est-à-dire à tous les animaux, à tous les hommes, les occupe continuellement. Le moyen qu'on soit soldat, quand on peut se dire : peut-être que l'éléphant, le cheval que je vais abattre, renferme l'ame de mon pere ; peut-être l'ennemi que je vais percer

t autrefois le chef de ma race ? Ainsi aux Indes, la
igion fortifie la lâcheté, née du despotisme & du climat. Les mœurs y ajoutent plus encore.

Dans toutes les régions, le plaisir de l'amour est le
premier des plaisirs ; mais le desir n'en est pas aussi ardent dans une zone que dans une autre. Tandis que
les peuples du Septentrion, usent si modérément de ce
délicieux présent de la nature, ceux du midi s'y livrent
avec une fureur qui brise tous les ressorts. La politique a quelquefois tourné ce penchant à l'avantage de
la société ; mais les législateurs de l'Inde paroissent n'a-
voir eu en vue que d'augmenter les funestes influences d'un
climat brûlant. Les Mogols, derniers conquérans de ces
contrées, ont été plus loin. L'amour n'est, pour eux,
qu'une débauche honteuse & destructive, consacrée par
la religion, par les loix, par le gouvernement. La conduite militaire des peuples de l'Indostan, soit Gentils,
soit Mahométans, est digne de pareilles mœurs. On
entrera dans quelques détails ; & on les puisera dans
les écrits d'un officier Anglois, que ses faits de guerre
ont rendu célebre dans ces contrées éloignées.

D'abord les soldats composent la moindre partie des
camps Indiens. Chaque cavalier est suivi de sa femme,
de ses enfans, & de deux domestiques, dont l'un doit
panser le cheval & l'autre aller au fourrage. Le cor-
tège des officiers & des généraux, est proportionné à
leur vanité, à leur fortune & à leur grade. Le Souverain lui-même plus occupé, lorsqu'il se met en campagne, de l'étalage de sa magnificence que des besoins
de la guerre, traîne à sa suite, son serrail, ses éléphans,
sa cour, la plupart des sujets de sa capitale. La nécessité de pourvoir aux besoins, aux caprices, au luxe

de cette biſarre multitude, forme naturellement au milieu de l'armée une eſpéce de ville, remplie de magaſins & d'inutilités. Les mouvemens d'un monſtre ſi peſant & ſi mal conſtitué, ſont néceſſairement fort lents.
Il regne une grande confuſion dans ſes marches, dans
ſes opérations. Quelque ſobres que ſoient les Indiens
& même les Mogols, les vivres doivent leur manquer
ſouvent, & la famine entraîne après elle des maux
contagieux, une affreuſe mortalité.

Cependant, elle n'emporte preſque jamais que des
recrues. Quoiqu'en général, les habitans de l'Indoſtan
affectent une grande paſſion pour la gloire militaire, ils
font le métier de la guerre le moins qu'ils peuvent.
Ceux qui ont eu aſſez de ſuccès dans les combats pour
obtenir des titres honorables, ſont diſpenſés, pendant
quelque tems, du ſervice; & il eſt rare qu'ils ne pro-
tent pas de ce privilége. La retraite de ces vétérans,
réduit les armées à n'être qu'un vil aſſemblage de ſoldats levés à la hâte, dans les différentes provinces de
l'empire, & qui ne connoiſſent nulle diſcipline.

La maniere de vivre des troupes eſt digne d'une con-
ſtitution ſi vicieuſe. Elles mangent le ſoir une quantité
prodigieuſe de riz, & prennent après leur ſoupé des
drogues qui les plongent dans un ſommeil profond. Malgré cette mauvaiſe habitude, l'on ne voit point de garde
autour du camp, deſtinée à prévenir les ſurpriſes; &
rien ne peut déterminer le ſoldat à ſe lever matin pour
l'exécution des entrepriſes qui exigeroient le plus de cé-
lérité.

Les oiſeaux de proie, dont on a toujours un grand
nombre, réglent les opérations. Les trouve-t-on peſans,
engourdis? c'eſt un mauvais augure qui empêche de ſe

vrer bataille : font-ils furieux & emportés? on marche au combat, quelqûes raifons qu'il y ait pour l'éviter ou 1e différer. Cette fuperftition, ainfi que l'obfervation des jours heureux ou malheureux, décident du fort des pro-jets les mieux concertés.

On ne connoît point d'ordre dans les marches. Cha-que foldat va felon fon caprice, & fe contente de fuivre le gros du corps auquel il eft attaché. Souvent on lui voit fur la tête fes fubfiftances, & les uftenfiles nécef-faires pour les préparer; tandis que fes armes font por-tées par fa femme, communément fuivie de plufieurs en-fans. Si un fantaffin a des parens ou des affaires dans l'armée ennemie, il y paffe fans inquiétude, & rejoint enfuite fes drapeaux, fans trouver la moindre oppofition à fon retour.

L'action n'eft pas mieux dirigée que fes préparatifs. La cavalerie qui fait toute la force des armées Indiennes, où l'on a un mépris décidé pour l'Infanterie, charge affez bien à l'arme blanche, mais ne foutient jamais le feu du canon ou de la moufqueterie. Elle craint de perdre fes chevaux, la plupart Arabes, Perfans ou Tartares, qui font toute fa fortune. Ceux qui compofent ce corps, également refpecté & bien payé, ont tant d'attache-ment pour leurs chevaux, qu'ils en portent quelquefois le deuil.

Autant les Indiens redoutent l'artillerie ennemie, au-tant ils ont confiance en la leur, quoiqu'ils ignorent également, & la maniere de la traîner, & celle de s'en fervir. Leurs canons, qui ont tous des noms pom-peux, & qui font la plupart d'une grandeur gigantef-que, font plutôt un obftacle qu'un inftrument de vic-toire.

Ceux qui ont l'ambition de ſe diſtinguer, s'enivrent d'opium, auquel ils attribuent la vertu d'échauffer le ſang, & de porter l'ame aux actions héroïques. Dans cette ivreſſe paſſagere, ils reſſemblent bien plus, par leur habillement & par leur fureur impuiſſante, à des femmes fanatiques, qu'à des hommes déterminés.

Le prince qui commande ces troupes mépriſables, monte toujours ſur un éléphant richement caparaçonné, où il eſt à la fois, & le général & l'étendart de l'armée entiere qui a les yeux ſur lui. Prend-il la fuite? eſt-il tué? la machine ſe détruit. Tous les corps ſe diſperſent, ou ſe rangent ſous les enſeignes de l'ennemi.

Ce tableau que nous aurions pu étendre, ſans le charger, rend croyables nos ſuccès dans l'Indoſtan. Beaucoup d'Européens même, jugeant de ce qu'on pourroit dans l'intérieur du pays, par ce qui a été opéré ſur les côtes, penſent que la conquête entiere de ces contrées, pourroit s'entreprendre ſans témérité. Cette extrême confiance leur eſt venue de ce que dans des poſitions où aucun ennemi ne pouvoit les harceler ſur leurs derrieres, ni intercepter les ſecours qui leur arrivoient; ils ont vaincu des tiſſerands & des marchands timides, des armées ſans courage & ſans diſcipline, des princes foibles, jaloux les uns des autres, toujours en guerre avec leurs voiſins ou avec leurs ſujets. Ils ne veulent pas voir, que s'ils s'enfonçoient dans les profondeurs de l'Inde, ils auroient tous péri avant d'être arrivés au milieu de leur carriere. La chaleur exceſſive du climat, des fatigues continuelles, des maladies ſans nombre, le défaut de ſubſiſtances, cent autres cauſes d'une mort inévitable, réduiroient les conquérans à rien, quand même les troupes qui les harceleroient ne leur feroient courir des dangers d'aucune espece.

Suppofons cependant, fi l'on veut, que dix mille foldats Européens ont parcouru, ont ravagé l'Inde d'un bout à l'autre ; qu'en réfultera-t-il ? Ces forces fuffiront-elles pour affurer la conquête, pour contenir chaque peuple, chaque province, chaque canton ; & fi elles ne fuffifent pas, qu'on nous dife de quelle augmentation de troupes on aura befoin ?

Qu'on admette la domination folidement établie, la fituation du conquérant ne fera pas beaucoup meilleure. Les revenus de l'Indoftan feront abforbés dans l'Indoftan même. Il ne reftera à la puiffance de l'Europe qui aura conçu ce projet d'ufurpation, qu'un grand vuide dans fa population, & la honte d'avoir embraffé des chimeres.

La queftion que nous venons d'agiter eft devenue affez inutile, depuis que les Européens ont travaillé eux-mêmes à rendre leurs fuccès dans l'Indoftan plus difficiles. En affociant à leurs jaloufies mutuelles les naturels du pays, ils les ont formés à la tactique, à la difcipline, aux armes. Cette faute politique a ouvert les yeux aux fouverains de ces contrées. L'ambition d'avoir des troupes aguerries les a faifis. Leur cavalerie a mis plus d'ordre dans fes mouvemens ; & leur infanterie, jufqu'alors fi méprifée, a pris la confiftance de nos bataillons. Une artillerie nombreufe & bien fervie, a défendu leur camp, a protégé leurs attaques. Les armées mieux compofées & plus réguliérement payées, ont été en état de tenir plus long-tems la campagne.

Ce changement que des intérêts momentanés avoient

S 2

empêché, peut-être, de prévoir, pourra devenir avec le tems affez confidérable pour mettre des obftacles infurmontables à la paffion qu'ont les Européens de s'étendre dans l'Indoftan, pour les dépouiller même des conquêtes qu'ils y ont faites. Sera-ce un bien? Sera-ce un mal? C'eft ce que nous allons difcuter.

Lorfque les Européens voulurent commencer à négocier dans cette opulente région, ils la trouverent partagée en un grand nombre de petits états, dont les uns étoient gouvernés par des princes du pays, & les autres par des rois Patanes. Les haînes qui les divifoient leur mettoient prefque continuellement les armes à la main. Indépendamment de ces guerres de province à province, il y en avoit une perpétuelle entre chaque fouverain & fes fujets. Elle étoit entretenue par des régiffeurs ou fermiers, qui pour fe rendre agréables à la cour, faifoient toujours outrer la mefure des impôts. Ces barbares ajoutoient à ce fardeau le poids plus accablant encore des vexations. Leurs rapines n'étoient qu'un moyen de plus pour conferver leurs places dans un pays où celui qui donne davantage a toujours raifon.

Cette anarchie, ces violences, nous perfuaderent, que pour établir un commerce fûr & permanent, il falloit le mettre fous la protection des armes; & nous bâtimes des comptoirs fortifiés. Dans la fuite, la jaloufie, qui divife les nations Européennes aux Indes comme ailleurs, les précipita dans des dépenfes plus confidérables. Chacun de ces peuples étrangers fe crut obligé, pour n'être pas la victime de fes rivaux, d'augmenter fes forces.

Cependant notre domination ne s'étendoit pas au-delà de nos fortereffes. Les marchandifes y arrivoient des terres affez paifiblement, où avec des difficultés qui n'étoient pas infurmontables. Après même que les conquêtes de Koulikan eurent plongé dans la confufion le nord de l'Indoftan, la tranquillité continua fur la côte de Coromandel. Mais la mort de Nizam El-moulouk, Souba du Decan, y alluma un incendie qui fume encore.

La difpofition de cette immenfe dépouille, appartenoit naturellement à la cour de Delhy. Sa foibleffe enhardit les enfans de Nizam à fe difputer la richeffe de leur pere. Pour fe fupplanter ils eurent recours tour à tour aux armes, aux trahifons, au poifon, aux affaffinats. La plûpart des aventuriers qu'ils affocierent à leurs haînes & à leurs crimes, périrent au milieu de ces horreurs. Les feuls Marattes qui formoient une nation, qui époufoient tantôt un parti, tantôt un autre, & qui avoient fouvent des troupes dans tous, paroiffoient devoir profiter de cette anarchie, & marcher à la fouveraineté du Decan. Les Européens ont prétendu avoir un grand intérêt à traverfer ce deffein profond, mais fecret; & voici pourquoi.

Les Marattes, ont-ils dit, font voleurs par les loix de leur éducation, par les principes de leur politique. Ils ne refpectent point le droit des gens; ils n'ont aucune connoiffance du droit naturel, ou du droit civil; ils portent par-tout avec eux la défolation. Le feul bruit de leur approche fait un défert des contrées les plus habitées. On ne voit que confufion dans tous les pays qu'ils ont fubjugués, & les manufactures y font anéanties.

Cette opinion fit penfer aux nations Européennes, prépondérantes à la côte de Coromandel, que de tels voifins y ruineroient entièrement le commerce, & qu'il ne feroit plus poffible de remettre des fonds aux courtiers, pour tirer des marchandises de l'intérieur des terres, sans que ces fonds fussent enlevés par ces brigands. Le desir de prévenir un malheur, qui devoit ruiner leur fortune, & leur faire perdre le fruit des établissemens qu'elles avoient formés, suggéra à leurs agens l'idée d'un nouveau système.

Dans la situation actuelle de l'Indostan, publierent-ils, il est impossible d'y entretenir des liaisons utiles sans la protection d'un état de guerre. La dépense, dans un si grand éloignement de la métropole, ne peut être soutenue par les seuls bénéfices du commerce, quelque considérables qu'on les suppose. C'est donc une nécessité de se procurer des possessions suffisantes pour fournir à ces frais énormes, & par conséquent des possessions qui ne soient pas médiocres.

Cet argument, imaginé vraisemblablement pour masquer une grande avidité ou une ambition sans bornes, mais que la passion trop commune des conquêtes a fait trouver d'un si grands poids, pourroit bien n'être qu'un sophisme. Il se présente pour le combattre, une foule de raisons physiques, morales & politiques. Nous ne nous arrêterons qu'à une, & ce sera un fait. Depuis les Portugais, qui, les premiers, ont porté dans l'Inde des vues d'agrandissement, jusqu'aux Anglois qui terminent la liste fatale des usurpateurs; il n'y a pas une seule acquisition ni grande, ni petite, qui, à l'exception du Bengale & des lieux où croissent les épiceries, ait pu à la longue payer les dépenses qu'a entraînées sa conquête, qu'a exigées sa conservation. Plus les possessions ont été vastes, plus elles ont été onéreuses à la puissance ambitieuse, qui, par quelque voie que ce pût être, avoit réussi à les obtenir.

Il en sera toujours ainsi. Toute nation qui aura ac-

quis un grand territoire, voudra le conferver. Elle ne
verra fa sûreté que dans des places fortifiées, & l'on
en élevera fans nombre. Cet appareil de guerre éloi-
gnera le cultivateur & l'artifte, également alarmés
pour leur tranquillité. L'efprit des princes voifins fe
remplira de foupçons ; & ils craindront, avec raifon,
de fe voir la proie d'un marchand devenu conquérant.
Dès-lors, ils méditeront la ruine d'un oppreffeur, qu'ils
n'avoient reçu dans leurs ports, que dans la vue d'augmenter leurs tréfors & leur puiffance. Si les circonftances les réduifent à des traités, ils ne les figneront
qu'en jurant, dans leur cœur, la perte de celui avec
lequel ils feront alliance. Le menfonge fera la bafe de
tous leurs accords. Plus long-tems ils auront été réduits à feindre, & plus ils auront eu de loifir pour
aiguifer le poignard deftiné à frapper leur ennemi.

La crainte bien fondée de ces perfidies, détermine-
ra les ufurpateurs à fe tenir toujours en force. Au-
ront-ils pour défenfeurs des Européens ? Quelle confommation d'hommes pour la métropole ! Quelle dépenfe pour les affembler, pour leur faire paffer les
mers, pour les entretenir, pour les recruter ! Si, par
principe d'économie, l'on fe borne aux troupes Indiennes ; que pourra-t-on fe promettre d'un amas confus de gens fans aveu, dont les expéditions dégénérent
toujours en brigandages, & finiffent habituellement par
une fuite honteufe & précipitée ? Leur reffort moral
& phyfique eft relâché au point, que la défenfe de
leurs dieux & de leurs foyers, n'a jamais infpiré aux
plus hardis d'entr'eux, que quelques mouvements paf-
fagers d'une intrépidité bouillante. Des intérêts étrangers & ruineux pour leur patrie, éleveront-ils leur

ame avilie & corrompue ? Ne doit-on pas plutôt préfumer qu'ils feront toujours dans la difpofition prochaine de trahir une caufe odieufe, qui ne leur offrira
aucun avantage permanent & fenfible ?

A ces inconveniens, fe joindra un efprit de concuf-
fion & de rapine, qui, même dans les tems les plus
calmes de la paix, ne différera que peu des ravages
de la guerre. Les agens, chargés de ces intérêts éloignés, voudront accumuler rapidement des richeffes.
Les gains lents & méthodiques du commerce, ne leur
paroîtront pas dignes de leur attention ; & ils préci-
piteront des révolutions qui mettront à leurs pieds des
lacks de roupies. Leur audace aura fait des maux fans
nombre, avant que l'autorité, éloignée de fix mille
lieues, fe foit occupée des foins de la réprimer. Les
réformateurs feront impuiffans contre des millions, ou
ils arriveront trop tard pour prévenir le renverfement
d'un édifice qui n'aura jamais eu de bafe bien folide.

Ce réfultat nous difpenfera d'examiner la nature des
engagemens politiques que les Européens ont contractés avec les puiffances de l'Inde. Si ces grandes acquifitions font nuifibles, les traités faits pour fe les
procurer, ne fauroient être raifonnables. Il faudra que
nos marchands, s'ils font fages, renoncent en même-
tems, & à la fureur des conquêtes, & à l'efpoir flat-
teur de tenir dans leurs mains la balance de l'Afie.

La Cour de Delhy achevera de fuccomber fous le fraix
de ces divifions inteftines, ou la fortune fufcitera un
prince capable de la relever. Le gouvernement reftera féo-
dal, ou redeviendra defpotique. L'empire fera partagé
en plufieurs états indépendans, ou n'obéira qu'à un feul
maître. Ce feront les Marattes ou les Mogols, qui don-

neront des loix. Ces revolutions ne doivent pas occuper les Européens. L'Indostan, quelle que soit sa destinée, fabriquera des toiles. Ils les acheteront, ils nous les vendront : voilà tout.

Inutilement on objecteroit, que l'esprit, qui, de tout tems, a régné dans ces contrées, nous a forcés de sortir des regles ordinaires du commerce; que nous sommes armés sur les côtes; que cette position nous mêle, malgré nous, dans les affaires de nos voisins; que chercher à nous trop isoler, c'est tout perdre. Ces craintes paroîtront un fantôme aux gens raisonnables, qui savent que la guerre en ces régions éloignées, ne peut qu'être encore plus funeste aux Européens qu'aux habitans; & qu'elle nous mettra dans la nécessité de tout envahir, ce qu'on ne peut se promettre; ou d'être à jamais chassés d'un pays où il est avantageux de conserver des relations.

L'amour de l'ordre, donnera même plus d'extension à ces vues pacifiques. Loin de regarder les grandes possessions comme nécessaires, on ne désespérera pas de pouvoir se passer un jour de postes fortifiés. Les Indiens sont naturellement doux & humains, malgré le caractere atroce du despotisme qui les écrase. Les peuples anciens, qui trafiquoient avec eux, se louerent toujours de leur candeur, de leur bonne-foi. Cette partie de la terre est actuellement dans une position orageuse pour elle & pour nous. Notre ambition y a semé par-tout la discorde; & notre cupidité y a inspiré de la haîne, de la crainte, du mépris pour notre continent. Conquérans, usurpateurs, oppresseurs aussi prodigues de sang qu'avides de richesses : voilà ce que nous avons paru dans l'Orient. Nos exemples y ont multiplié les vices nationaux , & nous y avons enseigné à se défier des nôtres.

Si nous avions porté chez les Indiens des procédés établis sur la bonne-foi; si nous leur avions fait connoître que l'utilité réciproque est la base du commerce; si nous avions encouragé leur culture & leur industrie, par des échanges également avantageux pour eux & pour nous : insensiblement, on se seroit concilié l'esprit de ces peuples. L'heureuse habitude de traiter sûrement avec nous, auroit fait tomber leurs préjugés & changé peut-être leur gouvernement. Nous en serions venus au point de vivre au milieu d'eux, de former autour de nous des nations stables & solidement policées , dont les forces auroient protégé nos établissemens par une réciprocité d'intérêt. Chacun de nos comptoirs fût devenu pour chaque peuple de l'Europe une nouvelle patrie , où nous aurions trouvé une sûreté entiere. Notre situation dans l'Inde, est une suite de nos déreglemens , des systêmes homicides que nous y avons portés. Les Indiens pensent ne nous rien devoir, parce que toutes nos actions leur ont prouvé que nous ne nous croyions tenus à rien envers eux.

- Cet état violent déplaît à la plupart des peuples de l'Asie, & ils font des vœux ardens pour une heureuse révolution. Le désordre de nos affaires doit nous avoir mis dans les mêmes dispositions. Pour qu'il résultât un rapprochement solide de cette unité d'intérêt à la paix & à la bonne intelligence, il suffiroit peut-être que les nations Européennes qui trafiquent aux Indes , convinssent entre elles, pour ces mers éloignées , d'une neutralité que les orages, si fréquens dans leur continent , ne dussent jamais altérer. Si elles pouvoient se regarder comme

membres d'une même république, elles feroient difpenfées d'entretenir des forces, qui les rendent odieufes &
qui les ruinent. En attendant un changement que l'efprit
de difcorde, qui nous agite, ne permet pas d'efpérer
fi-tôt, convient-il à l'Europe de continuer le commerce
des Indes, par des compagnies exclufives, ou de le rendre libre? c'eft la derniere queftion qui nous refte à examiner.

Si nous voulions la décider par des généralités, elle ne
feroit pas difficile à réfoudre. Demandez fi dans un état
qui admet une branche de commerce, tous les citoyens
ont droit d'y prendre part; la réponfe eft fi fimple, qu'elle
n'eft pas même fufceptible de difcuffion. Il feroit affreux
que des fujets, qui partagent également le fardeau des
chaînes fociales & des dépenfes publiques, ne participaf-
fent pas également aux avantages du pacte qui les réunit; qu'ils euffent à gémir, & de porter le joug de leurs
inftitutions, & d'avoir été trompés en s'y foumettant.

L.
L'Europe doit - elle rendre li-bre le com-merce des Indes, ou l'exploiter par des compa-gnies ex-clufives?

D'un autre côté, les notions politiques fe concilient
parfaitement avec ces idées de juftice. Tout le monde
fait que c'eft la liberté qui eft l'ame du commerce, &
qu'elle eft feule capable de le porter à fon dernier terme.
Tout le monde convient que c'eft la concurrence qui
développe l'induftrie, & qui lui donne tout le reffort
dont elle eft fufceptible. Cependant depuis plus d'un
fiécle, les faits n'ont ceffé d'être en contradiction avec
ces principes.

Tous les peuples de l'Europe qui font le commerce
des Indes, le font par des compagnies exclufives; & il
faut convenir que des faits de cette efpece font impo-
fans, parce qu'il eft bien difficile de croire, que de grandes nations, chez qui les lumieres en tout genre ont

fait tant de progrès , ſe ſoient conſtamment trompées
pendant plus de cent années ſur un objet ſi important,
ſans que l'expérience & la diſcuſſion ayent pu les éclairer.
Il faut donc, ou que les défenſeurs de la liberté ayent
donné trop d'étendue à leurs principes , ou que les défenſeurs du privilége excluſif ayant porté trop loin la
néceſſité de l'exception. Peut-être auſſi en embraſſant des
opinions extrêmes, a-t-on paſſé le but de part & d'autre,
& s'eſt-on également éloigné de la vérité.

Depuis qu'on agite cette queſtion fameuſe, on a toujours cru qu'elle étoit parfaitement ſimple; on a toujours
ſuppoſé qu'une compagnie des Indes étoit eſſentiellement
excluſive , & que ſon exiſtence tenoit à celle de ſon privilege. De-là les défenſeurs de la liberté ont dit : les privileges excluſifs ſont odieux , donc il ne faut point de
compagnie. Leurs adverſaires au contraire ont répondu:
la nature des choſes exige une compagnie, donc il faut
un privilege excluſif. Mais ſi nous parvenons à faire
voir , que les raiſons qui s'élevent contre les privileges
ne prouvent rien contre les compagnies , & que les circonſtances qui peuvent rendre une compagnie des Indes
néceſſaire, ne font rien en faveur de ſon privilege; ſi
nous prouvons que la nature des choſes exige à la vérité
une aſſociation puiſſante , une compagnie pour le commerce des Indes , mais que le privilege excluſif tient
à des cauſes particulieres , en ſorte que cette compagnie peut exiſter ſans être privilégiée , nous aurons
trouvé la ſource de l'erreur commune , & la ſolution
de la difficulté.

Qu'eſt-ce qui conſtitue la nature des choſes en matiere de commerce ? Ce ſont les climats, les productions,
la diſtance des lieux, la forme du gouvernement, le gé-

nie & les mœurs des peuples qui y font foumis. Dans le commerce des Indes, il faut aller à fix mille lieues de l'Europe chercher les marchandifes que fourniffent ces contrées : il faut y arriver dans une faifon déterminée, & attendre qu'une autre faifon ramene les vents néceffai-res pour le retour. Il réfulte de-là, que les voyages con-fomment environ deux années, & que les armateurs ne peuvent efpérer de revoir leurs fonds qu'au bout de ces deux années. Premiere circonftance effentielle.

La nature d'un gouvernement, fous lequel il n'y a ni fûreté ni propriété, ne permet point aux gens du pays d'avoir des marchés publics, ou de former des magafins particuliers. Qu'on fe repréfente des hommes accablés & corrompus par le defpotifme, des ouvriers hors d'état de rien entreprendre par eux-mêmes ; & d'un autre côté, la nature plus féconde encore que l'autorité n'eft avide, fourniffant à des peuples pareffeux une fubfiftance qui fuffit à leurs befoins, à leurs defirs : & l'on fera étonné qu'il y ait la moindre induftrie dans l'Inde. Auffi pou-vons-nous affurer qu'il ne s'y fabriqueroit prefque rien, fi l'on n'alloit exciter les tifferands l'argent à la main, & fi l'on n'avoit la précaution de commander un an d'a-vance les marchandifes dont on a befoin. On paye un tiers du prix, au moment où on les commande ; un fe-cond tiers, lorfque l'ouvrage eft à moitié fait ; & le der-nier tiers enfin, à l'inftant de la livraifon. Il réfulte de cet arrangement, une différence fort confidérable fur le prix & fur la qualité ; mais il réfulte auffi la néceffité d'a-voir fes fonds dehors une année de plus, c'eft-à-dire, trois années au lieu de deux : néceffité effrayante pour des particuliers, fur-tout en confidérant la grandeur des fonds qu'exigent ces entreprifes.

En effet, les frais de navigation & les risques étant immenses, il faut nécessairement pour les courir, rapporter des cargaisons complettes, c'est-à-dire, des cargaisons d'un million ou quinze cents mille livres, prix d'achat dans l'Inde. Or, quels sont les négocians ou les capitalistes même, en état de faire des avances de cette nature, pour n'en recevoir le remboursement qu'au bout de trois années ? Il y en a sans doute très-peu en Europe; & parmi ceux qui en auroient la puissance, il n'y en a presque aucun qui en eût la volonté. Consultez le cœur humain ; ce sont les gens qui ont des fortunes médiocres qui courent volontiers de grands risques, pour faire de grands profits. Mais lorsqu'une fois la fortune d'un homme est parvenue à un certain dégré, il veut jouir, & jouir avec sûreté. Ce n'est pas que les richesses éteignent la soif des richesses, au contraire ; elles l'allument souvent ; mais elles fournissent en même-tems mille moyens de la satisfaire, sans peine & sans danger. Ainsi, d'abord sous ce point de vue, commence à naître la nécessité de former des associations, où un grand nombre de gens n'hésiteront point de s'intéresser, parce que chacun d'eux en particulier ne risquera qu'une petite partie de sa fortune, & mesurera l'espérance des profits sur la réunion des moyens que peut employer la société entiere. Cette nécessité deviendra plus sensible encore, si l'on considere de près la maniere dont se font les achats dans l'Inde, & les précautions de détail qu'exige cette opération.

Pour contracter une cargaison d'avance, il faut plus de cinquante agens différens répandus à trois cents, à quatre cents, à cinq cents lieues les uns des autres. Il faut, quand l'ouvrage est fini, le vérifier, l'auner, sans quoi les marchandises seroient bientôt défectueuses par

a mauvaife foi des ouvriers, également corrompus par
eur gouvernement, & par l'influence des crimes en tout
enre, dont l'Europe depuis trois fiécles leur a donné
'exemple.

Après tous ces détails, il faut encore d'autres opéra-
ions qui ne font pas moins néceffaires. Il faut des blan-
chiffeurs, des batteurs de toile, des emballeurs, des
blanchifferies même qui renferment des étangs dont les
eaux foient choifies. Il feroit bien difficile, fans doute, à
des particuliers, de faifir & d'embraffer cet enfemble de
précautions ; mais en fuppofant que leur induftrie leur en
fournît la poffibilité, ce ne pourroit jamais être qu'autant que chacun d'eux feroit un commerce fuivi, & des
expéditions toujours fucceffives. Car tous les moyens que
nous venons d'indiquer ne fe créent pas d'un jour à l'autre, & ne peuvent fe maintenir que par des relations continuelles. Il faudroit donc que chaque particulier fût en
état, pendant trois années de fuite, d'expédier fucceffivement un vaiffeau chaque année, c'eft-à-dire, de débourfer quatre millions de livres. On fent bien que cela
eft impoffible, & qu'il n'y a qu'une fociété qui puiffe
former une pareille entreprife.

Mais il s'établira peut-être dans l'Inde des maifons
de commerce, qui feront toutes ces opérations de détail, & qui tiendront des cargaifons toutes prêtes pour
les vaiffeaux qu'on expédiera d'Europe.

Cet établiffement de maifons de commerce à fix mille
lieues de la métropole, avec des fonds immenfes pour
faire les avances néceffaires aux tifferands, nous paroît
une chimere démentie par la raifon & par l'expérience.
Peut-on croire de bonne-foi que des négocians qui ont
une fortune faite en Europe, iront la porter en Afie,

pour y former des magasins de mousselines, dans l'espérance de voir arriver des vaisseaux qui n'arriveront peut-être pas, ou qui n'arriveront qu'en très-petit nombre & avec des fonds insuffisans ? Ne voit-on pas, au contraire, que l'esprit de retour s'empare de tous les Européens qui ont fait une petite fortune dans ces climats ; & qu'au lieu de chercher à l'accroître par les moyens faciles que leur offrent le commerce particulier de l'Inde & le service des compagnies, ils se pressent d'en venir jouir tranquillement dans leur patrie.

Vous faut-il de nouvelles preuves & de nouveaux exemples ? Voyez ce qui se passe en Amérique.

Si l'on pouvoit supposer que le commerce & l'espoir des profits qu'il donne, fussent capables d'attirer les Européens riches hors de chez eux, ce seroit sans doute pour aller se fixer dans cette partie du monde bien moins éloignée que l'Asie, & gouvernée par les loix, par les mœurs de l'Europe. Il semble qu'il seroit tout simple de voir des négocians acheter d'avance le sucre des colons, pour le livrer aux vaisseaux d'Europe à l'instant de leur arrivée, en recevant d'eux en échange des denrées, qu'ils revendroient à ces mêmes colons lorsqu'ils en auroient besoin. C'est cependant tout le contraire qui arrive. Les négocians établis en Amérique ne sont que de simples commissionnaires, des facteurs, qui facilitent aux colons & aux Européens l'échange réciproque de leurs denrées, mais qui sont si peu en état de faire activement le commerce par eux-mêmes, que lorsqu'un vaisseau n'a pû trouver le débit de sa cargaison, elle reste en dépôt pour le compte de l'armateur, chez le commissionnaire auquel elle avoit été adressée. D'après cela, on doit conclure que ce qui ne se fait pas en Amérique se feroit encore moins en Afie, où il faudroit de plus grands moyens, & où il y auroit de plus grandes difficultés à vaincre. Nous ajouterons que l'établiffement fuppofé des maifons de commerce dans l'Inde, ne détruiroit point la néceffité de former en Europe des fociétés, parce qu'il n'en faudroit pas moins débourfer pour chaque armement douze ou quinze cents mille livres de fonds, qui ne pourroient jamais rentrer que la troifiéme année au plutôt.

Cette néceffité une fois prouvée dans tous les cas, il en réfulte que le commerce de l'Inde eft dans un ordre particulier, puifqu'il n'y a point, ou prefque point de négocians qui puiffent l'entreprendre & le fuivre par eux-mêmes, avec leur propre fonds, & fans le fecours d'un grand nombre d'affociés. Il nous refte à prouver que ces fociétés démontrées néceffaires, feroient portées par leur intérêt propre & par la nature des chofes, à fe réunir en une feule & même compagnie.

Deux raifons principales viennent à l'appui de cette propofition : le danger de la concurrence dans les achats & dans les ventes, & la néceffité des affortimens.

La concurrence des vendeurs & des acheteurs réduit les marchandifes à leur jufte valeur. Lorfque la concurrence des vendeurs eft plus grande que celle des acheteurs, le prix des marchandifes tombe au-deffous de leur valeur; comme il eft plus confidérable, lorfque le nombre des acheteurs furpaffe celui des vendeurs. Appliquons ces notions au commerce de l'Inde.

Lorfque vous fuppofez que ce commerce s'étendra en proportion du nombre d'armemens particuliers qu'on y deftinera, vous ne voyez pas que cette multiplicité n'augmentera que la concurrence des acheteurs, tandis qu'il n'eft pas en votre pouvoir d'augmenter celle des vendeurs.

C'eſt comme ſi vous conſeilliez à des négocians d'aller en troupe mettre l'enchère à des effets, pour les avoir à meilleur marché.

Les Indiens ne font preſque aucune conſommation des productions de notre ſol & de notre induſtrie. Ils ont peu de beſoins, peu d'ambition, peu d'activité. Ils ſe paſſe-roient facilement de l'or & de l'argent de l'Amérique, qui loin de leur procurer des jouiſſances, n'eſt qu'un aliment de plus à la tyrannie ſous laquelle ils gémiſſent. Ainſi comme la valeur de tous les objets d'échange n'a d'autre meſure que le beſoin & la fantaiſie des échangeurs, il eſt évident que dans l'Inde nos marchandiſes valent très-peu, tandis que celles que nous y achetons valent beau-coup. Tant que je ne verrai pas des vaiſſeaux Indiens ve-nir chercher dans nos ports nos étoffes & nos métaux, je dirai que ce peuple n'a pas beſoin de nous, & qu'il nous fera néceſſairement la loi dans tous les marchés que nous ferons avec lui. De-là il ſuit, que plus il y aura de marchands Européens occupés de ce commerce, plus la valeur des productions de l'Inde augmentera, plus celle des nôtres diminuera; & qu'enfin ce ne ſera qu'avec des exportations immenſes que nous nous procurerons les marchandiſes qui nous viennent de l'Aſie. Mais ſi par une ſuite de cet ordre de choſes, chacune des ſociétés parti-culières eſt obligée d'exporter plus d'argent, ſans rappor-ter plus de marchandiſes, il en réſultera pour elles une perte certaine; & la concurrence qui aura entamé leur ruine en Aſie, les pourſuivra encore en Europe pour la conſommer; parce que le nombre des vendeurs étant alors plus conſidérable, tandis que celui des acheteurs eſt tou-jours le même, les ſociétés ſeront obligées de vendre à meilleur marché, après avoir été forcées d'acheter plus cher.

L'article des affortimens n'eft pas moins important. On entend par affortiment la combinaifon de toutes les efpeces de marchandifes que fourniffent les différentes parties de l'Inde , combinaifon proportionnée à l'abondance ou à la difette connue de chaque efpece de marchandife en Europe. C'eft de-là principalement que dépendent tous les fuccès & tous les profits du commerce. Mais rien ne feroit plus difficile dans l'exécution, pour des fociétés particulieres. En effet, comment voudroit-on que ces petites fociétés ifolées , fans communication , fans liaifon entr'elles , intéreffées au contraire à fe dérober la connoiffance de leurs opérations , rempliffent cet objet effentiel ? Comment voudroit-on qu'elles dirigeaffent cette multitude d'agens & de moyens, dont on vient de montrer la néceffité ? Il eft clair que les fubrécargues ou les commiffionnaires incapables de vues générales, demanderoient tous en même tems la même efpece de marchandifes , parce qu'ils croiroient qu'il y auroit plus à gagner. Ils en feroient par conféquent monter le prix dans l'Inde , ils le feroient baiffer en Europe , & cauferoient tout à la fois un dommage inévitable à leurs commettans & à l'état.

Toutes ces confidérations n'échapperoient certainement point aux armateurs & aux capitaliftes, qu'on folliciteroit d'entrer dans ces fociétés. La crainte de fe trouver en concurrence avec d'autres fociétés , foit dans les achats, foit dans les ventes, foit dans la compofition des affortimens , rallentiroit leur activité. Bientôt le nombre des fociétés diminueroit , & le commerce , au lieu de s'étendre, fe renfermeroit tous les jours dans un cercle plus étroit, & finiroit peut-être par s'anéantir.

Ces fociétés particulieres feroient donc intéreffées ,

comme nous l'avons dit, à ſe réunir; parce qu'alors tous
leurs agens, ſoit à la côte de Coromandel, ſoit à la
côte de Malabar, ſoit dans le Bengale, liés & dirigés
par un ſyſtême ſuivi, travailleroient de concert dans
les différens comptoirs, à aſſortir les cargaiſons qui
devroient être expédiées du comptoir principal; tandis
que par des rapports & une relation intimes, toutes
ces cargaiſons formées ſur un plan uniforme, concour-
roient à produire un aſſortiment complet, meſuré ſur
les ordres & les inſtructions qui auroient été envoyés
d'Europe.

Mais on eſpéreroit vainement qu'une pareille réunion
pût s'opérer ſans le concours du gouvernement. Il y
a des cas où les hommes ont beſoin d'être excités;
& c'eſt principalement, comme dans celui-ci, lorſqu'ils
ont à craindre qu'on ne leur refuſe une protection qui
leur eſt néceſſaire, ou qu'on n'accorde à d'autres des
faveurs qui pourroient leur nuire. Le gouvernement de
ſon côté ne ſeroit pas moins intéreſſé à favoriſer cette
aſſociation, puiſqu'il eſt conſtant que c'eſt le moyen le
plus ſûr, & peut-être l'unique, de ſe procurer au meilleur marché poſſible les marchandiſes de l'Inde, néceſſaires à la conſommation intérieure de l'état, & à l'exportation qui s'en fait au-dehors. Cette vérité deviendra
plus ſenſible par un exemple très-ſimple.

Suppoſons un négociant qui expédie un vaiſſeau aux
Indes avec des fonds conſidérables. Ira-t-il charger pluſieurs commiſſionnaires dans le même lieu d'acheter les
marchandiſes dont il a beſoin? Non, ſans doute; parce
qu'il ſentira qu'en exécutant fort ſecrettement ſes ordres chacun de leur côté, ils ſe nuiroient les uns aux
autres, & feroient monter néceſſairement le prix des

marchandifes demandées ; en forte qu'il en auroit une moindre quantité avec la même fomme d'argent, que s'il n'eût employé qu'un feul commiffionnaire. L'application n'eft pas difficile à faire, c'eft l'état qui eft le négociant, & c'eft la compagnie qui eft le commiffionnaire.

Nous avons prouvé jufqu'à préfent que dans le commerce des Indes, la nature des chofes exigeoit que les citoyens d'un état fuffent réunis en compagnie, & pour leur intérêt propre, & pour celui de l'état même; mais nous n'avons encore rien trouvé d'où l'on pût induire que cette compagnie dût être exclufive. Nous croyons appercevoir, au contraire, que l'exclufif dont les compagnies Européennes ont toujours été armées, tient à des caufes particulieres qui ne font point de l'effence de ce commerce.

Lorfque les différentes nations de l'Europe imaginerent fucceffivement qu'il étoit de leur intérêt de prendre part au commerce des Indes, que les particuliers ne faifoient pas, quoiqu'il leur fût ouvert depuis long-tems, il fallut bien former des compagnies, & leur donner des encouragemens proportionnés à la difficulté de l'entreprife. On leur avança des fonds ; on les décora de tous les attributs de la puiffance fouveraine; on leur permit d'envoyer des ambaffadeurs ; on leur donna le droit de faire la paix & la guerre, & malheureufement pour elles & pour l'humanité, elles n'ont que trop ufé de ce droit funefte. On fentit en même tems qu'il étoit néceffaire de leur affurer les moyens de s'indemnifer des dépenfes d'établiffement, qui devoient être très-confidérables. De-là les privileges exclufifs, dont la durée fut d'abord fixée à un certain nombre d'années, & qui fe font enfuite perpétués par des circonftances que nous allons développer.

T 3

Les prérogatives brillantes que l'on avoit accordées
aux compagnies, étoient, à le bien prendre, autant de
charges impoſées au commerce. Le droit d'avoir des fortereſſes, emportoit la néceſſité de les conſtruire & de les
défendre. Le droit d'avoir des troupes, emportoit l'obligation de les recruter & de les payer. Il en étoit de même
de la permiſſion d'envoyer des ambaſſadeurs, & de faire
des traités avec les princes du pays. Tout cela entraînoit après ſoi des dépenſes de pure repréſentation, bien
propres à arrêter les progrès du commerce, & à faire
tourner la tête aux gens que les compagnies envoyoient
aux Indes pour y être leurs facteurs, & qui en arrivant ſe
croyoient des ſouverains, & agiſſoient en conſéquence.

Cependant les gouvernemens trouvoient fort commode d'avoir en Aſie des eſpeces de colonies, qui, en apparence, ne leur coûtoient rien ; & comme en laiſſant
toutes les dépenſes à la charge des compagnies, il étoit
juſte de leur aſſurer tous les profits, les priviléges ont
été maintenus. Mais ſi au lieu de s'arrêter à cette prétendue économie du moment, on eût porté ſes regards
vers l'avenir, & qu'on eût lié tous les événemens que
la révolution d'un certain nombre d'années amene naturellement dans ſon cours, on auroit vu que les dépenſes
de ſouveraineté, dont il eſt impoſſible de déterminer la
meſure, parce qu'elles ſont ſubordonnées à une infinité
de circonſtances politiques, abſorberoient plutôt ou plus
tard, & les bénéfices & les capitaux du commerce : qu'il
faudroit alors que le tréſor public s'épuisât pour venir au
ſecours de la compagnie privilégiée, & que ces faveurs tardi-
ves, qui n'apporteroient de remede qu'au mal déjà fait,
ſans en détruire la cauſe, laiſſeroient à perpétuité les compagnies de commerce dans la médiocrité & dans la langueur.

Mais pourquoi les gouvernements ne reviendroient-ils pas enfin de cette erreur ? Pourquoi ne reprendroient-ils pas une charge qui leur appartient, & dont le poids, après avoir accablé les compagnies, finit toujours par retomber tout entier fur eux ? Alors la néceffité de l'exclufif s'évanouiroit. Les compagnies exiftantes, que des relations anciennes & un crédit établi rendent précieufes, feroient foigneufement confervées. L'apparence du monopole s'éloigneroit d'elles à jamais, & la liberté leur offriroit peut-être des objets nouveaux, que les charges attachées au privilége ne leur auroient pas permis d'embraffer. D'un autre côté, le champ du commerce ouvert à tous les citoyens, fe fertiliferoit fous leurs mains. On les verroit tenter de nouvelles découvertes, former des entreprifes nouvelles. Le commerce d'Inde en Inde, fûr de trouver un débouché en Europe, s'étendroit encore & prendroit plus d'activité. Les compagnies attentives à toutes ces opérations, mefureroient leurs envois & leurs retours fur les progrès du commerce particulier ; & cette concurrence, dont perfonne ne feroit la victime, tourneroit au profit des différents états.

Ce fyftême nous femble propre à concilier tous les intérêts, tous les principes. Il ne nous paroît fufceptible d'aucune objection raifonnable, foit de la part des défenfeurs du privilége exclufif, foit de la part des défenfeurs de la liberté.

Les premiers diroient-ils que les compagnies fans privilége exclufif n'auroient qu'une exiftence précaire, & feroient bientôt ruinées par les particuliers ?

Vous étiez donc de mauvaife foi, leur répondrois-je, lorfque vous fouteniez que le commerce particulier ne pouvoit pas réuffir ? Car s'il parvient à ruiner celui des compagnies, comme vous le prétendez aujourd'hui , ce ne peut être qu'en s'emparant malgré elles , par la supériorité de ses moyens & par l'ascendant de la liberté , de toutes les branches dont elles sont en possession. D'ailleurs, qu'est-ce qui constitue réellement vos compagnies? ce sont leurs fonds, leurs vaisseaux, leurs comptoirs , & non pas leur privilège exclusif. Qu'est-ce qui les a toujours ruinées ? ce sont les dépenses excessives, les abus de tout genre , les entreprises folles , en un mot , la mauvaise administration , bien plus destructive que la concurrence. Mais si la distribution de leurs moyens & de leurs forces est faite avec sagesse & économie ; si l'esprit de propriété dirige leurs opérations , je ne vois point d'obstacle qu'elles ne puissent vaincre , point de succès qu'elles ne puissent espérer.

Ces succès feroient-ils ombrage aux défenseurs de la liberté ? Diroient-ils à leur tour que ces compagnies riches & puissantes épouvanteroient les particuliers, & détruiroient en partie cette liberté générale & absolue, si nécessaire au commerce.

Cette objection ne nous surprendroit pas de leur part; car ce sont presque toujours des mots qui conduisent les hommes, & qui dirigent leurs démarches & leurs opinions. Je n'excepte pas de cette erreur le plus grand nombre des écrivains économiques. Liberté de commerce, liberté civile. Nous adorons avec eux ces deux divinités tutélaires du genre-humain. Mais sans nous laisser séduire par des mots , nous nous attachons à l'idée qu'ils représentent. Que demandez-vous , dirois-je à ces respectables enthousiastes de la liberté ? que les loix abolissent jusqu'au nom de ces anciennes compagnies , afin que chaque citoyen puisse se livrer sans crainte à ce commerce, & qu'ils ayent tous également les mêmes moyens de le procurer des jouissances, les mêmes ressources pour parvenir à la fortune. Mais si de pareilles loix, avec tout cet appareil de liberté, ne font dans le fait que des loix très-exclusives, leur langage trompeur vous les fera-t-il adopter ? Lorsque l'état permet à tous ses membres de faire des entreprises qui demandent de grandes avances, & dont par conséquent les moyens sont entre les mains d'un très-petit nombre de citoyens, je demande ce que la multitude gagne à cet arrangement. Il semble qu'on veuille se jouer de sa crédulité, en lui permettant de faire des choses qu'il lui est impossible de faire. Anéantissez les compagnies en totalité, le commerce de l'Inde ne se fera point, ou ne se fera que par un petit nombre de négocians accrédités.

Je vais plus loin; & en faisant abstraction des priviléges exclusifs, je poserai en fait que les compagnies des Indes, par la maniere dont elles sont constituées, ont associé à leur commerce une infinité de gens, qui sans cela n'y auroient jamais eu de part. Voyez le nombre des actionnaires de tout état, de tout âge, qui participent aux bénéfices de ce commerce; & vous conviendrez qu'il eût été bien plus resserré dans la supposition contraire; que l'existence des compagnies n'a fait que l'étendre, en paroissant le borner; & que la modicité du prix des actions doit rendre très-précieuse au peuple la conservation d'un établissement qui lui ouvre une carriere que la liberté lui auroit fermée.

Dans la vérité, nous croyons que les compagnies & les particuliers réussiroient également, sans que les succès des uns pussent nuire aux succès des autres, ou leur donner de la jalousie. Les compagnies continueroient à exploiter des objets qui, exigeant par leur nature & leur étendue de grands moyens & de l'unité, ne peuvent être embraſſés que par une aſſociation puiſſante. Les particuliers au contraire s'adonneroient à des objets, qui ſont à peine apperçus par une grande compagnie, & qui, avec le ſecours de l'économie, & par la réunion d'un grand nombre de petits moyens, deviendroient pour eux une ſource de richeſſes.

C'eſt aux hommes d'état, appellés par leurs talens au maniment des affaires publiques, à prononcer ſur les idées d'un citoyen obſcur que ſon inexpérience peut avoir égaré. La politique ne ſauroit s'appliquer aſſez tôt, ni trop profondément, à régler un commerce qui intéreſſe ſi eſſentiellement le ſort des nations, & qui vraiſemblablement, l'intéreſſera toujours.

Pour que les liaiſons de l'Europe avec les Indes diſcontinuâſſent, il faudroit que le luxe, qui a fait dans nos régions des progrès ſi rapides, jetté de ſi profondes racines, fût également proſcrit dans tous les états. Il faudroit que la molleſſe ne nous ſurchargeât plus de mille beſoins factices, inconnus à nos ancêtres. Il faudroit que la rivalité du commerce ceſſât d'agiter, de diviſer les nations avides de richeſſes. Il faudroit des révolutions dans les mœurs, dans les uſages, dans les opinions, qui n'arriveront jamais. Il faudroit rentrer dans les bornes d'une nature ſimple, dont nous paroiſſons ſortis pour toujours.

Telles ſont les dernieres réflexions que nous dicteront les relations de l'Europe avec l'Aſie. Il eſt tems de s'occuper de l'Amérique.

Fin du cinquieme Livre.

TABLE
DES MATIERES
Contenues dans le second Volume.

A

Tome II. V

M

FIN DE LA TABLE DES MATIERES.

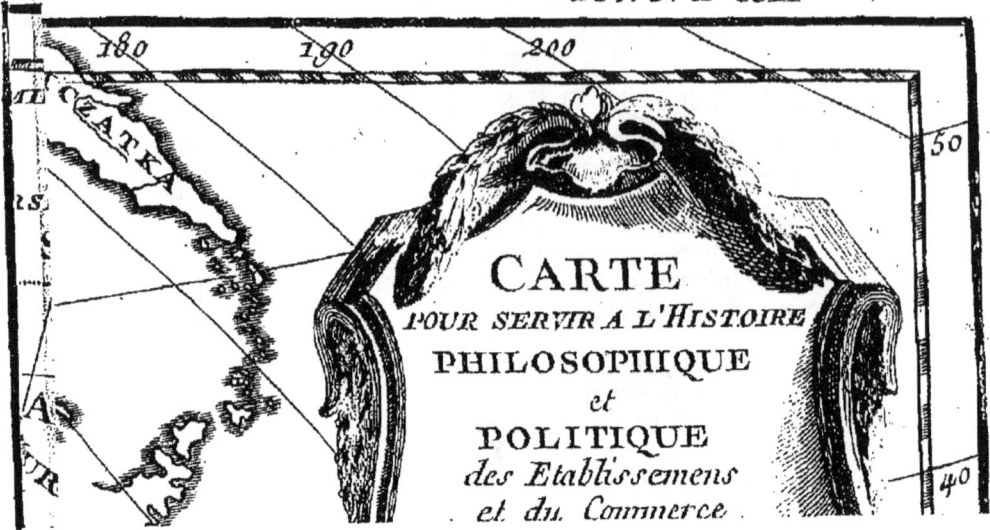

CARTE
POUR SERVIR A L'HISTOIRE
PHILOSOPHIQUE
et
POLITIQUE
des Etablissemens
et du Commerce.

FIN DE LA TABLE DES MATIERES.

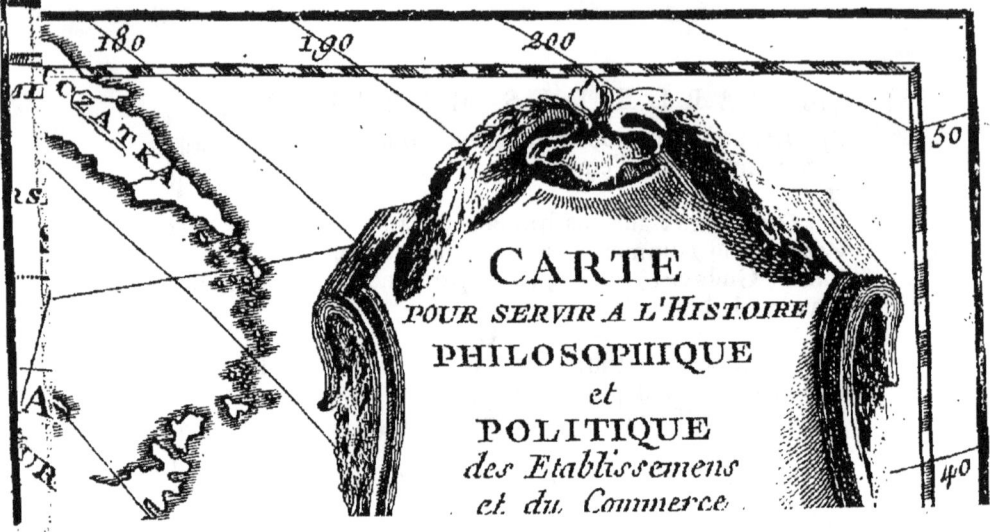

180 190 200

50

CARTE

POUR SERVIR A L'HISTOIRE

PHILOSOPIIIQUE

et

POLITIQUE

des Etablissemens
et du Commerce

40

CARTE
POUR SERVIR A L'HISTOIRE
PHILOSOPHIQUE
et
POLITIQUE
des Etablissemens et du Commerce
DES EUROPÉENS
dans les deux INDES
Dressée par M. Bonne M.r
de Mathematique

ASIE

TARTARIE CHINOISE
MONGALS MONGOUS
TARTARIE MONGOUS
CHINE
CORÉE
TARTARIE INDEPENDANTE
USBECKS
BELKS
MOGOLS
PERSES
GEORGIE
MER CASPIENNE
MER NOIRE
TURQUIE
PERSE
ARABIE
ARABIE DESERTE
ARABIE HEUREUSE
EGYPTE
NUBIE
ETHIOPIE
BARBARIE
MEDITERRANÉE
MER ROUGE
ESPAGNE
FRANCE
ITALIE
POLOGNE
RUSSIE
SIBERIE
EUROPE
AFRIQUE
MONOMOTAPA
MADAGASCAR
MOSAMBIQUE
ZANGUEBAR
COTE D'AJAN
ABISSINIE
OCÉAN INDIEN
LIGNE EQUINOCTIALE
Isles MALDIVES
CEYLAN
MALABAR
COROMANDEL
SIAM
CAMBODGE
COCHINCHINE
BORNEO
LA SONDE
ISLES PHILIPPINES
ISLES MARIANNES
MER DU SUD
NOUVELLE GUINÉE
Tropique du Cancer
Tropique du Capricorne